O Moloch do presente
ADORNO E A CRÍTICA À SOCIOLOGIA

O Moloch do presente

ADORNO E A CRÍTICA À SOCIOLOGIA

Caio Vasconcellos

Copyright ©2012 Caio Vasconcellos

Grafia atualizada segundo o Acordo Ortográfico da Língua Portuguesa de 1990, que entrou em vigor no Brasil em 2009.

Publishers: Joana Monteleone/Haroldo Ceravolo Sereza/Roberto Cosso
Edição: Joana Monteleone
Editor assistente: Vitor Rodrigo Donofrio Arruda
Projeto gráfico e diagramação: Vitor Rodrigo Donofrio Arruda
Revisão: João Paulo Putini
Assistente de produção: Allan Rodrigo
Capa: Allan Rodrigo
Imagem da capa: Autorretrato de Theodor Adorno

Este livro foi publicado com o apoio da Fapesp

CIP-BRASIL. CATALOGAÇÃO-NA-FONTE
SINDICATO NACIONAL DOS EDITORES DE LIVROS, RJ

V446m

Vasconcellos, Caio Eduardo Teixeira
O MOLOCH DO PRESENTE: ADORNO E A CRÍTICA À SOCIOLOGIA
Caio Eduardo Teixeira Vasconcellos.
São Paulo: Alameda, 2012.
256p.

Inclui bibliografia
ISBN 978-85-7939-124-8

1. Adorno, Theodor W., 1903-1969. 2. Teoria crítica. 3. Sociologia.
4. Positivismo. I. Título.

12-0349. CDD: 301
 CDU: 316

032707

ALAMEDA CASA EDITORIAL
Rua Conselheiro Ramalho, 694 - Bela Vista
CEP 01325-000 - São Paulo - SP
Tel. (11) 3012-2400
www.alamedaeditorial.com.br

Aos meus pais,
minhas irmãs e meus amigos.

SUMÁRIO

Prefácio 9

1. Estática e dinâmica como história sedimentada 13

A reforma da inteligência e a reforma da sociedade 15
A estática social e a ordem 31
A dinâmica social e o progresso 43
Herbert Marcuse crítico de Comte 56
Adorno crítico de Comte 61

2. Émile Durkheim e a dominação da natureza 83

Integração social e solidariedade 84
Anomia como diagnóstico da modernidade 104
"Nesse corpo vive uma alma" 118
Adorno crítico de Durkheim 134

3. O conceito de sociedade 161

O *quid pro quo* positivista 161
Pensar além da contradição 171
Sociedade de classes e antagonismo objetivo 200
Indivíduo e regressão 224

Referências bibliográficas 241

Agradecimentos 255

PREFÁCIO

> Crítica da sociedade é crítica do
> conhecimento, e vice-versa.[1]

O cerne desse livro é demonstrar que Adorno ancorou suas críticas à sociologia sem perder de vista a especificidade histórica das sociedades modernas. Não se trata de ressaltar a insuficiência teórica das suas vertentes positivistas – seja pelos problemas que se arrastam desde Comte e Durkheim, seja por suas manifestações contemporâneas. Perscrutar o sedimento social que se armazena em seus conceitos significa transitar da crítica às formas positivistas da sociologia para a crítica da configuração social no capitalismo tardio.

A opacidade de tais conceitos, portanto, não pode ser interpretada como decorrente de mera insuficiência subjetiva, mas sim como marca da contraditoriedade que reside no objeto da sociologia. A crítica aos conceitos sociológicos torna-se um espaço para a compreensão da própria sociedade.

Assim, as questões atinentes à controvérsia sobre o positivismo dizem respeito não tanto ao fortalecimento do positivismo como adversário nas disputas em torno de financiamento de pesquisas, na concorrência por posições nas universidades, mas a um espírito do

---

1 Adorno, Theodor. "Sobre sujeito e objeto", p. 189.

tempo que não ficou confinado no debate intelectual. O adversário não é tanto Popper, mas o desenlace do próprio movimento da sociedade que a torna mais emaranhada e mais ofuscante para quem quiser compreendê-la. A questão decisiva não é diagnosticar o não negligenciável processo de consolidação do espírito burocrático nas discussões acadêmicas, mas a intrincada e complexa burocratização do espírito.

No primeiro capítulo, encaminhei a discussão a partir das reflexões de Comte. Apresento alguns princípios da filosofia positiva e percorro seu pensamento a fim de destacar a maneira pela qual ele articula considerações sobre a estática e a dinâmica social. Além de inserir um princípio dinâmico em suas análises sobre a estática social, Comte também preserva um momento estático em suas teorias a respeito da dinâmica da sociedade. O consenso social articula as diversas esferas da vida social em um todo harmônico e também se coaduna à sua noção de progresso, para demonstrar a superioridade do estágio final da humanidade – o estado positivo.

Antes das críticas de Adorno, apresento as formuladas por Marcuse em *Razão e Revolução*. No capítulo dedicado à sociologia de Comte, Marcuse afirma que essa teoria antecipa o caráter autoritário das sociedades pós-liberais. Seja em suas considerações epistemológicas ou na teoria positiva da autoridade, o pensamento comteano prenuncia o momento em que o Iluminismo nega seu conteúdo emancipatório em favor da reafirmação da ordem social.

No que diz respeito às críticas adornianas, concentrei minhas análises no ensaio "Sobre estática e dinâmica como categorias sociológicas". Por ainda se configurar a partir das mesmas bases materiais, Adorno remete à sociologia comteana a fim de compreender a maneira pela qual as sociedades pós-liberais afirmam e negam seus próprios pressupostos. A incapacidade de delimitar uma distinção entre tais fenômenos, menos que indicar a deficiência subjetiva de Comte, explicita a complexa relação que articula os momentos dinâmicos da sociedade aos seus elementos estáticos.

O segundo capítulo tem como alvo a sociologia de Durkheim. Percorro alguns momentos de seu pensamento procurando trazer à tona os percalços de sua conceitualização: da ênfase à análise da morfologia social e ao conceito de consciência coletiva, que marcam a primeira fase de seu pensamento, passando por suas discussões acerca do suicídio até chegar aos seus textos tardios. Julgo que, a partir dos problemas levantados, sobretudo, em *O Suicídio*, os interesses teóricos de Durkheim se concentram em dar uma resposta e remediar as patologias sociais da modernidade.

Em seguida, apresento as críticas de Adorno presentes em "Introdução à *Sociologia e Filosofia*, de Émile Durkheim". A maneira de Durkheim compreender os fatos sociais é índice do momento em que a sociedade se objetifica plenamente. A peculiar relação entre os sujeitos e a sociedade é hipostasiada e impregna suas reflexões. Fornece justificação teórica para a fundamentação das correntes positivistas e retira da razão a capacidade de interpretar criticamente essa relação.

O terceiro capítulo promove uma discussão do conceito de sociedade do Adorno. Para tanto, recorro, principalmente, às críticas adornianas à insuficiência conceitual inerente às correntes coetâneas do positivismo. Após uma discussão acerca da regressão teórica sobre a qual o positivismo se erige e que deve ser superada pela sociologia crítica, busco delinear como a composição de uma teoria social torna--se essencial para a compreensão de uma sociedade que se configura e se reproduz como uma segunda natureza. No último item, trato da relação entre indivíduo e sociedade que é produto e pressuposto para a reprodução do capitalismo tardio.

I. ESTÁTICA E DINÂMICA COMO HISTÓRIA SEDIMENTADA

O mundo é o sistema do horror, mas por isso mesmo concede-lhe demasiada honra quem o pensa inteiramente como sistema, pois seu princípio unificador é a cisão, e ela reconcilia ao impor inteiramente a impossibilidade de reconciliação do universal e do particular.[1]

De acordo com Henri Gouhier, o positivismo de Auguste Comte pode ser concebido como uma meditação sobre a Revolução Francesa.[2] A Grande Crise representaria o ápice de um movimento de dissolução da antiga ordem social. Convém não esquecer, entretanto, que a análise de Comte sobre a Revolução Francesa a inscreve em um processo histórico mais amplo. Desde o século XIV, a civilização ocidental enfrentava ameaças vindas de dois lados: das tentativas de restauração da ordem anterior – contaminadas de espírito teológico – e de um cego apelo metafísico por transformações.[3] O mal da época das revoluções modernas reside no fato de que um processo histórico que

---

1 Adorno, Theodor. *Minima Moralia. Reflexões a partir da vida lesada*, p. 109.
2 Gouhier, Henri. "Positivisme et Révolution". Paris: J. Vrin, 1948, p. 107.
3 Comte afirma: "Seu erro [dos povos] é apenas mais desculpável, pois eles se enganam na busca do novo sistema, para o qual os impele a marcha da civilização, cuja natureza não foi ainda bem claramente determinada, enquanto os reis prosseguem uma empresa que o exame um pouco atento do passado demonstra ser completamente absurdo. Numa palavra: os reis estão em contradição com os fatos e os povos com os princípios,

deveria ser transitório ter se transformado em permanente.[4] Isso porque, mesmo com reconhecimento da impossibilidade de conservar o Regime Antigo e a necessidade crescente de uma nova ordem social, a ausência da filosofia positiva não permitia a instauração do estado normal da sociedade. No "Plano dos trabalhos científicos necessários para reorganizar a sociedade" (doravante, "Opúsculo Fundamental"), Comte acusa tanto a doutrina dos reis – a restauração teológico-monarquista – quanto a doutrina dos povos – a revolução permanente – de serem inaptas em suas tentativas de frear o estado de desordem social pós-1789. Nenhuma das duas iniciativas pôde fundamentar a moderna teoria da reorganização social. Enquanto isso não ocorre, a ordem se limita a uma restauração passageira e o progresso degenera em anarquia. O espírito teológico e o espírito metafísico mostram-se, portanto, incapazes de fornecer a verdadeira resolução a essa crise intelectual, moral e política que ameaça a Europa. Segundo Comte:

> Como antes da crise, a luta aparente acha-se, pois, empenhada entre o espírito teológico, reconhecido incompatível com o progresso, que ele foi conduzido a negar dogmaticamente, e o espírito metafísico, o qual, depois de terminar, em Filosofia, na dúvida

---

que são sempre mais difíceis de discernir." Comte, Auguste. "Opúsculo fundamental", p. 59.

4 Segundo Benoit, já no Opúsculo Fundamental, Auguste Comte define o período revolucionário francês como necessário, desde que se respeite sua natureza transitória. Assim, a análise de Comte não coincide integralmente com a avaliação completamente negativa elabora por Joseph De Maistre – eleito pelo próprio Comte como uma das fontes de sua "teoria da ordem". Isto porque, além de revelar a caducidade do Antigo Regime, a Revolução Francesa teria sido uma explosão salutar, pois também "(...) manifestou 'a impotência orgânica dos princípios críticos que vinham sendo preparados há cinco séculos'. Na prática, ter-se-ia provado, desde a experiência de 1789, a impossibilidade de construir a sociedade a partir dos princípios negativos." Benoit, Lelita. *Sociologia Comteana. Gênese e Devir*, p. 257.

universal, não pode tender, em política, senão a constituir a desordem ou um estado equivalente de não-governo.[5]

O desenlace virtuoso de tal aporia depende da conciliação harmoniosa entre ordem e progresso. De acordo com Georges Gurvitch, diante do desafio de formular uma síntese entre a ordem e o progresso, Comte a tece por meio do esforço em compatibilizar escritores contrarrevolucionários, que procedem da tradição, com autores marcadamente iluministas e revolucionários. Sendo influenciado tanto por Joseph de Maistre, Jacques-Bénigne Bossuet e Visconde de Bonald quanto por Montesquieu, Adam Smith e o Marquês de Condorcet, o pensamento de Comte revela seu comprometimento com uma tendência que atua desde sua juventude, qual seja, a de ser a ordem o que domina o progresso, e a contrarrevolução a revolução.[6]

A reforma da inteligência e a reforma da sociedade

De acordo com Comte, o primeiro passo para reorganizar a sociedade é definir o verdadeiro caráter da filosofia positiva. É justamente a reflexão sobre os fenômenos sociais que ainda permanecia fora da esfera de influência do positivismo. Essa é a última lacuna a se preencher para constituir a filosofia positiva.[7] O espírito humano, que em todos os tempos e períodos históricos configurou-se a partir da

---

5   Comte, Auguste. "Opúsculo fundamental", p. 63.

6   Gurvitch, Georges. *Tres capítulos de historia de la sociología: Comte, Marx y Spencer*, p. 13. Ainda segundo Gurvitch: "Se vê, por esta confissão de Comte, que não somente sua ideia de ordem foi tomada dos tradicionalistas católicos, mas que também sua ideia da continuidade dinâmica da evolução da humanidade se inspira tanto no providencialismo católico de Bossuet, como na ideia de progresso do espírito humano de Condorcet. Talvez por essa razão, em Comte, a concepção de progresso se reconcilia tão facilmente com a ideia de ordem que, de qualquer forma, mostra-se sempre vitoriosa e predominante." *Ibidem*, p. 20.

7   Comte, Auguste. "Primeira lição", p. 9.

necessidade de construir teorias para ligar os fatos, ainda não percorrera plenamente sua marcha natural. Segundo Comte, essa incompletude é atestada, sobretudo pela incapacidade manifesta de se formular teorias a partir da observação.[8] O impulso inicial, o estimulante indispensável que faz nascer nos homens o interesse pela reflexão teórica e pelo conhecimento, conquanto imprescindível, circunscreve-os dentro de um círculo vicioso. A especulação acerca da natureza íntima dos seres, da origem e do fim de todos os fenômenos não seria capaz de romper as ilusões e as esperanças quiméricas que projetam e imaginam os homens como os detentores da posição de governo de um império ilimitado sobre o mundo.[9]

Nesse sentido, essa postura inicial é tanto o motivo que anima a inteligência humana a sair de um estado de torpor e se consagrar em penosos trabalhos que constituem os primeiros passos do espírito como o alvo que a influência da filosofia positiva pretende atacar e destruir. Se em sua infância era essencial ao espírito humano conceber a partir de ideias exageradas a importância da ação dos homens sobre o universo e sobre a sociedade, passada essa etapa inaugural, a razão humana em sua época de maturidade deve reconhecer a vigência de leis naturais invariáveis.[10] E, para tanto, é necessário que seja constituída por meio de laboriosas investigações científicas,[11] a fim de desvelar regularidades observáveis pela manifestação dos fenômenos. A meta do sistema comteano é, portanto, percorrer um duplo propósito: (a) descobrir por meio da consideração aprofundada dos métodos positivos atuantes na investigação dos fenômenos menos complicados[12] as normas de funcionamento do espírito positivo e, posteriormente, (b) fundar a física social com o intuito de reordenar política e moralmente

---

8   *Ibidem*, p. 5.
9   *Ibidem*, p. 6.
10 *Ibidem*, p. 7.
11 *Ibidem*, p. 6.
12 *Ibidem*, p. 10.

as sociedades modernas. Ou seja, a constituição do espírito positivo forneceria as bases intelectuais para dirigir a urgente reforma social apta a enfrentar os problemas e antinomias sociais mais prementes.

Segundo Comte:

> Nosso mais grave mal consiste nesta profunda divergência entre todos os espíritos quanto a todas as máximas fundamentais, cuja fixidez é a primeira condição duma verdadeira ordem social. Enquanto as inteligências individuais não aderirem, graças a um assentimento unânime a certo número de ideias gerais capazes de formar uma doutrina social comum, não se pode dissimular que o estado das nações permanecerá, de modo necessário, essencialmente revolucionário, a despeito de todos os paliativos políticos possíveis de serem adotados – comportando realmente apenas instituições provisórias. É igualmente certo que, se for possível obter essa reunião dos espíritos numa mesma comunhão de princípios, as instituições convenientes daí decorrerão necessariamente, sem dar lugar a qualquer abalo grave, posto que a maior desordem já foi dissipada por este único feito. É, pois, para aí que deve dirigir-se principalmente a atenção de todos aqueles que percebem a importância dum estado de coisas verdadeiramente normal.[13]

A lei fundamental de desenvolvimento do espírito humano cumpriria então um itinerário seguro e conhecido. Para estabelecer a feliz combinação de estabilidade e de atividade, Auguste Comte acredita ser necessário, sem cair em utopia, expor a superioridade da filosofia positiva em sua tríplice importância permanente: intelectual, moral e social.[14] Tanto no plano individual quanto no das espécies, a evolução intelectual se submete a três estágios teóricos diferentes e sucessivos, a saber: um início provisório e preparatório – o *teológico* –, a modificação dissolvente do estado anterior – o *metafísico* – e, por fim, o regime

---

13 *Ibidem*, p. 18.
14 Benoit, Lelita. *Sociologia Comteana. Gênese e devir*, p. 256.

definitivo da razão humana, o plenamente normal – o *estado positivo*. Da espontaneidade das especulações teológicas, da ávida procura pela origem de todas as coisas até a subordinação da imaginação à observação, haveria um caminho único, mesmo quando se atravessa o périplo desvairado do estado metafísico,[15] a fim de que se cumpra o destino interior do espírito positivo, isto é, a satisfação contínua de nossas necessidades, quer sejam concernentes à vida contemplativa, quer à vida ativa.[16] Como cada estágio é tão indispensável quanto inevitável, o estado metafísico desempenha o papel obrigatório de efetuar uma transição gradual do estado puramente teológico ao francamente positivo. Durante esse período, instala-se nas sociedades uma forçosa alternância entre tender para a vã restauração do estado teológico ou impelir a uma situação puramente negativa para escapar do domínio opressivo da teologia.

No entanto, não é essa a última etapa da inteligência humana. Contraposto tanto ao antigo sistema moral quanto ao atordoante espírito metafísico, *grosso modo*, o positivismo seria a única filosofia capaz de dotar de universalidade o regime moral ao levar a cabo o desafio de substituir na direção da sociedade a estéril agitação política pelo imenso movimento mental nascido no interior do pensamento científico. Devido a sua constituição interna, o espírito positivo tem a tendência continua de estimular e consolidar o sentimento de dever e, portanto, mostra-se qualificado por meio de certa aptidão espontânea a sistematizar a moral humana. Além disso, seria também a única filosofia preparada para combater os efeitos fisiológicos do *espanto*, esta sensação mais terrível que os homens sofrem no momento em que se chocam com fenômenos que parecem ocorrer de modo contraditório às leis naturais, que nos são familiares.[17] O positivismo nos preserva de

---

15 Segundo Comte: "O estado metafísico pode, pois, ser afinal encarado como uma espécie de doença crônica naturalmente peculiar à nossa evolução mental, individual ou coletiva, entre a infância e a virilidade." Comte, Auguste. "Primeira lição", p. 14.
16 Comte, Auguste. *Discurso sobre o Espírito Positivo*, p. 25.
17 *Idem.* "Segunda Lição", p. 23.

tal inconveniente por desvelar a ordem natural que encadeia os diversos acontecimentos e fenômenos sem retornar às velhas e já superadas explicações teológicas e metafísicas. Esse novo regime mental seria o único apto a conciliar o que até então se apresentava como uma fatal oposição, a saber, as divergências aparentes entre as necessidades intelectuais e as necessidades morais. Segundo Comte:

> Percebe-se, pois, graças a este conjunto de considerações, que, se a filosofia positiva é o verdadeiro estado definitivo da inteligência humana, aquele para o qual sempre tendeu progressivamente, não deixou de precisar, no início e durante uma longa série de séculos, quer como método, quer como doutrina provisória, da filosofia teológica; filosofia cujo caráter é ser espontânea e, por isso mesmo, a única possível na origem, a única também capaz de oferecer a nosso espírito nascente o devido interesse. É hoje muito fácil perceber que, para passar da filosofia provisória para a filosofia definitiva, o espírito humano necessita naturalmente adotar, como filosofia transitória, os métodos e as doutrinas metafísicas. Esta última consideração é indispensável para completar a vista geral da grande lei indicada[18]

Entretanto, os diversos ramos do conhecimento humano reconhecem e se submetem aos ditames da filosofia positiva de maneira e com velocidades desiguais. A astronomia, porque é constituída pelos fenômenos mais gerais, simples e independentes de todos,[19] foi a primeira ciência a se desprender do amálgama superticioso e escolástico[20] que ofusca a razão humana. Do lado oposto, a física social, composta de fenômenos e acontecimentos mais complexos e mais diretamente imbricados à vida dos homens e suas paixões, permaneceu

---
18 *Idem*. "Primeira Lição", p. 6.
19 *Ibidem*, p. 8.
20 *Ibidem*, p. 8.

mais tempo arredia ao uso combinado do raciocínio e da observação,[21] adiando assim a descoberta de suas leis efetivas, das relações invariáveis de sucessão e similitude[22] que governam seus fenômenos.

É da anarquia intelectual, desse descompasso que se alimenta a grande crise moral e política[23] que padecem os países civilizados da Europa. A desordem atual das inteligências é fruto do emprego simultâneo de três filosofias radicalmente incompatíveis[24] entre si: a teológica, a metafísica e a positiva. Contaminados pelos encantos da filosofia teológico-metafísica, que malgrado a especificidade de cada uma dessas escolas parecem ser dominadas por uma mesma concepção uniforme de um tipo político imutável[25] e presas à procura incessante de concepções absolutas, esses esforços de sistematização da moral, de organização do conhecimento científico e de apaziguamento da sociedade permaneciam sempre aquém de seus propósitos. Esses espíritos imaginam-se capazes de moldar a sociedade segundo critérios baseados em especulações teóricas descoladas de investigações a respeito da natureza, da complexidade e da especificidade histórica e evolutiva das diversas sociedades humanas. O embate abstrato se travava entre um impossível retorno aos princípios morais defendidos

---

21 Segundo José Carlos Bruni, esse equilíbrio entre raciocínio e observação é bastante complexo. Haveria duas espécies de observação que corresponderiam a duas espécies de estados do mundo externo, são elas, a observação concreta dos seres e a observação abstrata dos acontecimentos. Enquanto a primeira limita-se a perceber os objetos imediatamente dados e é a forma espontânea dos sentidos dirigirem-se ao mundo, a segunda teria uma outra relação com o mundo. Bruni afirma: "A observação abstrata é a fonte essencial da ciência. Isto é, a observação abstrata acrescenta à percepção dos objetos do espaço a sua dimensão temporal. Não se trata somente de corpos, mas também seu modo específico de ocorrência." Bruni, José Carlos. *Poder e ordem social na obra de Auguste Comte*, p. 109.

22 Comte, Auguste. "Primeira lição", p. 4.

23 *Ibidem*, p. 17.

24 *Ibidem*, p. 18.

25 *Idem*. "Quadragésima oitava lição", p. 157.

pelos espíritos teológicos e o desastroso sistema de egoísmo instituído pelo estado metafísico.

Ante tais disparates, a filosofia positiva não pode se restringir à tarefa de uma atividade meramente crítica, mas deve desempenhar um papel ativo e construir o sistema de ideias gerais, capaz de balizar o impostergável consenso científico, moral e social. Deve-se introduzir o estudo dos fenômenos sociais no interior do espírito positivo para que, finalmente, seja possível ordenar o conjunto dos conhecimentos científicos e resumi-los em um único corpo de doutrina homogênea.[26] A autoridade social do espírito positivo, o único sistema filosófico capaz de constituir uma saída intelectual para a imensa crise social desenvolvida, demonstra-se por meio da descoberta de que o verdadeiro progresso é uma progressão contínua para determinado fim. Em vez de se perder em discussões intermináveis a respeito da melhor constituição política, é preciso reconhecer e fixar a finalidade social a ser alcançada, é necessário estabelecer de modo claro e preciso o objetivo da atividade da sociedade. Sendo assim, ao se por em evidência ou empregar as leis lógicas do espírito humano,[27] a filosofia positiva exerce efetivamente uma função essencial para a reforma geral do sistema de educação, contribuindo para o progresso particular das diversas ciências positivas[28] e, por fim e principalmente, fornecendo a única base sólida[29] para a reorganização política e moral da sociedade. Segundo Comte:

> Mas, em política, é evidente que, apesar da incontestável tendência dos espíritos atuais em direção a filosofia mais sã, a disposição preponderante dos homens de Estado e mesmo dos publicistas, seja da escola teológica, seja da escola metafísica, consiste ainda

---

26 *Idem*. "Primeira lição", p. 18.
27 *Ibidem*, p. 13.
28 *Ibidem*, p. 16.
29 *Ibidem*, p. 17.

em conceber habitualmente os fenômenos sociais como indefinidamente e arbitrariamente modificáveis, continuando a supor a espécie humana desprovida de todo impulso espontâneo e sempre pronta a se submeter passivelmente à influência qualquer do legislador, temporal ou espiritual, conquanto ele seja investido de uma autoridade suficiente. Sobre esse ponto capital, igualmente como em todos os outros, a política teológica se mostra naturalmente menos inconsequente que sua rival, pois, ao menos, ela explica, à sua maneira, a monstruosa desproporção que uma opinião desse tipo constitui entre a imensidão dos efeitos realizados e a exiguidade de suas causas precedentes, ao reduzir diretamente o legislador apenas a um simples órgão de uma energia sobrenatural e absoluta (...). A escola metafísica, que, sobretudo em nossos dias, reconhece de uma maneira muito mais vaga e menos relacionada ao artifício da Providência, repousa sem cessar, no entanto, finalmente sobre uma hipótese como essa, pois intervêm habitualmente, em suas vãs explicações políticas, suas ininteligíveis entidades e sobretudo sua grande entidade geral da *natureza*, que envolve atualmente todas as demais e que não é nada a não ser uma degeneração abstrata do princípio teológico.[30]

Para tanto, convém acomodar a física social conforme as premissas da nova classificação e hierarquização[31] do conhecimento humano,

---

30   *Idem*. "Lição quadragésima-oitava", p. 161.
31   Essa nova hierarquização das ciências não se reduz a um simples problema lógico. Segundo Lucien Lévy-Bruhl, a classificação do conhecimento humano intervém como complemento da lei dos três estados para poder explicar porque o espírito positivo não se alastra com o mesmo ímpeto sobre os diferentes ramos dos saberes e, além disso, demonstra o papel que a sociologia deve desempenhar para a construção da filosofia positiva. De acordo com Lévy-Bruhl: "Comte não se prende então às classificações que antecederam à sua. Anteriormente, entre aqueles que o precederam, o método racional de classificação não estava ainda estabelecido. Como se poderia reunir o conjunto das ciências em uma concepção enciclopédica, se algumas delas já fossem positivas, enquanto que os demais permaneciam no estado teológico ou metafísico? Como dispor racionalmente, em um sistema único, concepções heterogêneas? Essas tentativas prematuras deveriam fracassar. Seria necessário, para que o empreendimento pudesse

cuja superioridade é patente. Diferentemente das iniciativas dos enciclopedistas, marcadas por vícios fundamentais que desencadearam uma espécie de prevenção desfavorável[32] a esse tipo de empreendimento, Comte propõe uma classificação que não se supõe assentada em princípios concebidos de maneira alheia ao conhecimento dos objetos a serem organizados, mas a partir do encadeamento natural[33] das ciências, trazendo à tona a dependência mútua que se estabelece entre elas. Essa classificação natural e positiva advém da descoberta do princípio de comparação das múltiplas ordens de fenômenos.[34] Tal princípio nada mais é que a ordem determinada pelo grau de simplicidade ou, por outros termos, pelo grau de generalidade[35] dos objetos nos diversos ramos do conhecimento. Os fenômenos mais gerais ou mais simples, por serem obrigatoriamente os mais estranhos aos homens, são os primeiros a serem estudados numa disposição de espírito mais calma e mais racional.[36] Sucessivamente, as ciências entrariam no círculo do sistema positivo partindo do conhecimento dos fenômenos mais abstratos e abrangentes para o domínio dos objetos mais concretos e particulares.

O destino das ciências e o progresso do conhecimento humano não dependem, portanto, de certa tendência geral, que também se verifica no espírito dos cientistas, de identificar a atividade científica aos ramos e aos assuntos que apresentassem alguma utilidade prática

---

ter êxito, que todas as nossas concepções, relativas às diversas ordens de fenômenos, chegassem à forma positiva. Para tanto, a criação da sociologia foi um evento decisivo. Ela permitiu completar a série das ciências fundamentais. A descoberta das leis dos três estados fundou a sociologia e, no mesmo movimento, efetuou a homogeneidade do saber humano. Por sua vez, essa homogeneidade tornou possível a classificação racional das ciências." Lévy-Bruhl, Lucien. *La philosophie d'Auguste Comte*, p. 58.

32 Comte, Auguste. "Primeira lição", p. 21.
33 *Idem*. "Segunda lição", p. 27.
34 *Ibidem*, p. 30.
35 *Ibidem*, p. 30.
36 *Ibidem*, p. 31.

imediata.[37] Algo observado primeiramente por Condorcet, segundo Comte, os inegáveis avanços científicos do passado tornar-se-iam incompreensíveis se o critério que guia a reflexão intelectual for a capacidade ou a possibilidade de se produzir qualquer resultado prático.

Na verdade, o entrelaçamento e o relacionamento das cinco ciências fundamentais[38] – a saber, a astronomia, a física, a química, a fisiologia e, por fim, a física social – são determinada pela subordinação necessária e invariável ao grau de abstração maior ou menor das concepções correspondentes[39] e não por quaisquer regras dependentes de alguma opinião hipotética. Segundo Comte:

> A lei geral que domina toda essa história do espírito humano (...) não pode ser convenientemente entendida se não a combinarmos, na aplicação, com a fórmula enciclopédica que acabamos de estabelecer. Porquanto é seguindo a ordem enunciada por essa fórmula que as diferentes teorias humanas atingiram, sucessivamente, primeiro o estado teológico, depois o estado metafísico e, por fim, o estado positivo. Se no uso da lei não levarmos em conta essa progressão necessária, encontraremos frequentemente dificuldades que parecerão insuperáveis, pois é claro que o estado teológico ou o estado metafísico de certas teorias fundamentais tiveram temporariamente de coincidir, algumas vezes coincidindo, com efeito, com o estado positivo daquelas que lhes são anteriores em nosso sistema enciclopédico, o que tende a lançar sobre a verificação da lei geral uma obscuridade que não pode ser dissipada a não ser pela classificação precedente.[40]

Por conta do sentido de tal evolução, a atividade intelectual deve se orientar e se regular conforme uma peculiar divisão do trabalho

---

37 Ibidem, p. 23.
38 Ibidem, p. 33.
39 Ibidem, p. 34.
40 Ibidem, p. 35.

científico no interior de cada um desses campos. Embora a relação dos trabalhos particulares com o sistema geral dos conhecimentos objetivos ainda cause inconvenientes em virtude da vigente e excessiva particularidade das ideias, é o aperfeiçoamento dessa mesma divisão e não o ilusório regresso à antiga confusão de trabalhos[41] que governará o progresso da inteligência humana. No que se refere às ciências naturais, não por qualquer afirmação dogmática ou por alguma concepção obscura, mas por uma distinção que é reconhecida e que se estabeleceu em quase todos os tratados científicos,[42] Comte afirma que os saberes se subdividem entre a *física abstrata* – responsável pelo descobrimento das leis gerais relativas a todas as ordens de fenômenos[43] – e a *física concreta* – baseada sobretudo em assuntos mais concretos, particulares e descritivos.[44] Tal diferenciação, manifestada por meio da relação entre a fisiologia geral com a zoologia e a botânica, na qual a primeira fornece as leis gerais da vida enquanto outras determinam o modo de existência de cada corpo vivo particular, não só é historicamente necessária, mas impõe-se logicamente. O aspecto abstrato e teórico do conhecimento não apenas antecede temporalmente o surgimento da sua aplicabilidade prática, mas dita os passos para o progresso real dos ramos particulares das ciências. Diretamente, a disposição presente nas ciências naturais de fundar suas investigações a partir do conhecimento aprofundado de todas as ciências fundamentais[45] orienta as normas segundo as quais se deve construir a nova escala enciclopédica.[46]

---

41 *Idem*. "Primeira lição", p. 12.
42 *Idem*. "Segunda lição", p. 25.
43 *Ibidem*, p. 26.
44 *Ibidem*, p. 25.
45 *Ibidem*, p. 26.
46 *Ibidem*, p. 31.

Preservando tal princípio, o conjunto dos fenômenos naturais[47] apresenta-se como objeto da reflexão positiva por meio de duas classes principais, a saber, (1) uma composta por todos os fenômenos dos corpos brutos, cuja investigação e descoberta de suas leis gerais fica a cargo da *física inorgânica* e, após o estabelecimento e assentamento de certas máximas gerais, o segundo tipo, (2) formado por todos os corpos organizados para os quais a *física orgânica* seria responsável por examinar as modificações causadas pela singularidade da estrutura e composição próprias aos corpos organizados.[48] Assim, no que se refere aos seres vivos, os fenômenos aparecem dispostos também em duas séries distintas: a relativa aos indivíduos e a concernente à espécie. A primeira, que fornece as bases para erigir a física social, é responsável pelo conhecimento aprofundado das leis relativas à vida individual.[49] Entretanto, como a vida social não é derivação imediata dos fundamentos fisiológicos e naturais que constituem a vida orgânica dos indivíduos, a física social tampouco é mero apêndice da fisiologia.[50] O estudo coletivo da espécie impõe certas modificações e complexifica as leis fisiológicas, principalmente por meio das consequências que a ação dos indivíduos desempenharia uns sobre os outros.[51] É a partir da investigação dessa ordem de fenômenos que a física social constitui-se como um corpo de observações diretas e específicas. Segundo Comte, a respeito dos diferentes tipos de conhecimento produzidos pela astronomia e pela física social:

> A primeira considera os fenômenos mais gerais, mais simples, mais abstratos e mais afastados da humanidade, e que influenciam todos os outros sem serem influenciados por estes. Os fenômenos

---

47   Ibidem, p. 31.
48   Ibidem, p. 31.
49   Ibidem, p. 33.
50   Ibidem, p. 33.
51   Ibidem, p. 33.

considerados pela última são, ao contrário, mais particulares, mais complicados, mais concretos e mais diretamente interessantes para os homens; dependem, mais ou menos, de todos os precedentes, sem exercer sobre eles influência alguma. Entre esses extremos, os graus de especialidade, de complicação e de personalidade dos fenômenos vão gradualmente aumentando, assim como sua dependência sucessiva. Tal é a íntima relação geral que a verdadeira observação filosófica, convenientemente empregada, ao contrário de vãs distinções arbitrárias, nos conduz a estabelecer entre as diversas ciências fundamentais. Este deve ser, portanto, o plano deste curso.[52]

Porém, não é uma imediata unidade de método que articula os variados saberes. Embora o espírito que anime as investigações científicas deva ser o mesmo, os diversos campos do conhecimento impõem certas resistências e especificidades que não podem ser ignoradas.[53] A matéria social se sujeita a tais prescrições, mas preserva certa singularidade. Mantém intacta algumas dessas premissas, apesar de desenvolver outras em um sentido peculiar. Por exemplo, mesmo estando no topo da filosofia positiva e, por conta do alto grau de abstração de seus fenômenos, ter-se transformado no instrumento mais poderoso que a inteligência humana pode empregar na investigação das leis

---

52 *Ibidem*, p. 33.
53 Comte afirma: "Uma única ciência não basta para atingir essa finalidade, mesmo escolhendo-a de modo mais judicioso possível. Porquanto, embora o método seja essencialmente o mesmo em todas, cada ciência desenvolve especialmente este ou aquele de seus procedimentos característicos, cuja influência, muito pouco pronunciada em outas ciências, passaria despercebida. Assim, por exemplo, em certos ramos da filosofia, é a observação propriamente dita; em outros, é a experiência, e esta ou aquela natureza de experiências, que constituem o principal meio de exploração. Do mesmo modo, tal preceito geral, que faz parte integrante do método, foi primitivamente fornecido por uma certa ciência e, se bem que possa ter sido em seguida transportado para outras, precisa ser estudado em sua fonte para ser bem conhecido, como, por exemplo, a teoria das classificações." *Ibidem*, p. 37.

dos fenômenos naturais,[54] a ciência matemática não consegue desempenhar a mesma função na análise da vida social. Diante da máxima complexidade dos fenômenos sociais, o conhecimento proveniente das investigações sociológicas não só não se submete a esse tipo de saber, como também se mostra apto a subverter sua hegemonia. Contra esse enlace precário e estéril que se efetiva por meio de hipóteses vagas e quiméricas,[55] a sociologia seria capaz de substituir essa união forçada e insuficiente por uma coordenação estável e fecunda[56] das ciências positivas. A sociologia – como uma espécie de meta-ciência destinada a tomar o lugar da antiga metafísica[57] – mostra-se capaz de romper a supremacia da matemática e instituir um saber que, ao menos em alguma medida, é de outro tipo: mais concreto e mais específico.

Não obstante, de maneira análoga às demais ordens de fenômenos, a sociedade, como objeto de conhecimento positivo, também é apreciada conforme critérios das demais ciências. Os fenômenos morais, embora sejam aqueles nos quais o homem observa a si próprio no que concerne às paixões que o animam,[58] estão submetidos a certas regularidades e aos limites impostos pelas leis naturais. Dessa maneira, são suscetíveis de serem observados a partir de duas óticas fundamentais, ou seja, como aptos a agir e como agindo efetivamente.[59] Segundo Comte:

> Na simples biologia, quer dizer pelo estudo geral da vida individual isolada, essa indispensável decomposição permite, conforme as explicações fornecidas pelo volume precedente, distinguir racionalmente entre o ponto de vista puramente anatômico, relativo às

---

54   Ibidem, p. 38.
55   Idem. "Quadragésima oitava lição", p. 218.
56   Ibidem, p. 219.
57   Gurvitch, Georges. Tres capítulos de historia de la sociología: Comte, Marx y Spencer, p. 28.
58   Comte, Auguste. "Primeira lição", p. 13-14.
59   Ibidem, p. 13.

ideias de organização, e o ponto de vista fisiológico propriamente dito, diretamente próprio às ideias de vida: esses dois aspectos, espontaneamente separados, quase sempre, se encontram desde que exatamente separados apreciados por uma irretocável análise filosófica, que depura e aperfeiçoa a comparação necessária Em sociologia, a decomposição deve ser operada de maneira perfeitamente análoga, e não menos pronunciada, distinguindo radicalmente, no que se refere a cada assunto político, entre o estudo fundamental das condições de existência da sociedade e daquele referente às leis de seu movimento contínuo.[60]

A filosofia positiva completará seu percurso. Como último campo do conhecimento a responder aos estímulos e adequar-se aos requisitos da filosofia positiva, a física social exerce o papel essencial de coroar a nova unidade intelectual.[61] Para que, finalmente, seja possível o predomínio do espírito de conjunto sobre o espírito de detalhe, a tarefa da sociologia não pode ser outra senão efetuar uma síntese entre a vida ativa e a vida contemplativa, entre a ação prática e o conhecimento teórico ou, por outras palavras, conciliar as aspirações de uma doutrina política com as exigências analíticas de uma ciência positiva.

Por conta disso, a relação entre teoria e prática se torna mais complexa. Se, no campo das ciências naturais, é possível estabelecer uma delimitação clara entre os aspectos teóricos do conhecimento e sua posterior aplicação prática, na matéria social essa distinção perde significado. Se o conjunto de nossos conhecimentos sobre a natureza e os procedimentos que se deduzem a partir daí para modificá-la em nosso proveito formam dois sistemas essencialmente distintos,[62] o fato

---

60 Idem. "Quadragésima oitava lição", p. 167.
61 A respeito da ordem hierárquica das ciências positivas, Bréhier afirma: "Esta ordem que é lógica e histórica, é ao mesmo tempo pedagógica: as matemáticas formam a introdução necessária, e a sociologia o coroamento da educação". Bréhier, Émile. *Histoire de la Philosophie*. Tome II, p. 873.
62 Idem. "Segunda lição", p. 24.

de que na sociologia sujeito e objeto do conhecimento se imiscuem obriga Comte a alterar seus primeiros pressupostos acerca da relação entre especulação e ação.[63] A análise rigorosa e precisa desse campo do saber é indissociável do seu interesse e das suas consequências práticas e políticas. A disposição, que se efetiva a partir da exigência intelectual diagnosticada como necessária, de distinguir entre a apreciação estática – a fim de compreender as suas leis de harmonia – e a apreciação dinâmica – para se descobrir suas leis de sucessão – tem repercussão política e social evidente. Em suma, é preciso tornar a estática social como sinônimo de ordem e a dinâmica social, como de progresso. Segundo Comte:

> Para melhor caracterizar esta indispensável decomposição elementar, e a fim de indicar nesse momento um interesse prático, eu creio ser essencial (...) notar aqui que tal dualismo científico corresponde, com perfeita exatidão, no sentido político propriamente dito, à dupla noção de ordem e de progresso, que se pode doravante observar como introduzido espontaneamente no domínio geral da razão pública. Por isso, é evidente que o estudo estático do organismo social deve coincidir, ao final, com a teoria positiva da ordem, que pode, com efeito, consistir essencialmente em tal justa harmonia permanente entre as diversas condições de existência das sociedades

---

63 Georges Gurvitch afirma que Auguste Comte teve de repensar a predominância do conhecimento teórico prévio sobre a ação prática que se limitaria a aplicar e executar os enunciados. O nexo unívoco que se expressa por meio da fórmula "*ciência, daí previdência; previdência, daí ação*" daria lugar a uma relação mais nuançada e mais complexa em virtude da especificidade da realidade social e do conhecimento sociológico. Comte, Auguste. "Segunda lição", p. 23. Segundo Gurvitch: "Se tivesse mantido essa posição, teria de reconhecer uma ruptura brusca entre a sociologia e as outras ciências positivas, pois se estas últimas se afirmam antes de tudo como exclusivamente teóricas, e, em um segundo momento, como práticas – ou melhor, técnicas – a sociologia, ao contrário, se revela nele como teórica e prática ao mesmo tempo. (...). Ao desembocar nesse beco sem saída, Comte se vê obrigado a modificar seu primeiro ponto de vista a respeito da relação entre especulação e ação." Gurvitch, Georges. *Tres capítulos de historia de la sociologia: Comte, Marx y Spencer*, p. 28.

humanas: vê-se, ainda mais sensivelmente, que o estudo dinâmico da vida coletiva da humanidade constitui necessariamente a teoria positiva do progresso social, que, eliminada dos vãos pensamentos da perfectibilidade absoluta e ilimitada, e naturalmente se reduza à simples noção de tal desenvolvimento fundamental.[64]

A estática social e a ordem

Na "Quadragésima sétima lição" do *Curso de Filosofia Positiva* – intitulada "Apreciação sumária das principais tentativas filosóficas empreendidas até aqui para constituir a ciência social" – Comte identifica Aristóteles e Montesquieu como os primeiros pensadores a se sentirem atraídos pela análise da estrutura de ordem da sociedade, isto é, pela investigação sobre a estática social.

O filósofo grego, embora tenha o mérito de ter sido o inventor desse tipo de abordagem, encerrou suas reflexões a limites historicamente bem situados. Segundo Comte, não restariam dúvidas de que a sua memorável *Política* constitui uma das mais eminentes produções da antiguidade, porém sua discussão metafísica acerca do princípio e da forma de governo,[65] combinada com um inevitável conhecimento estreito da variedade histórica e a consequente cegueira diante da noção fundamental do progresso humano,[66] não permitem que o "espírito positivo do estudo racional dos fenômenos" utilize suas reflexões para a constituição da ciência social moderna.

É Montesquieu que possibilitaria esse passo fundamental. Isso porque, no lugar das vãs utopias que ofuscavam os mais eminentes pensadores que creditavam aos legisladores um poder absoluto e indefinido de transformação, o autor de *O Espírito das Leis* percebeu a necessidade

---

64 Comte, Auguste. "Quadragésima sétima lição", p. 168.
65 *Ibidem*, p. 126.
66 *Ibidem*, p. 127.

de subordinar os fenômenos às invariáveis leis naturais,[67] inclusive no estudo das esferas jurídicas, políticas e econômicas. Entretanto, esse pensador francês é suscetível a um juízo semelhante ao dado a Aristóteles. Ambos teriam pensado a estática social como se fosse uma realidade imóvel e, por essa razão, arredia a qualquer noção de progressão ou de mudança. É justamente esse o ponto cego que Comte pretende superar. Nesse sentido, se a vida social é marcada essencialmente por suas condições de existência, essas mesmas condições preservam em seu interior certo elemento dinâmico.[68] As leis da harmonia não compõem um conjunto de vínculos inertes, pois conservam em si uma série de mutações temporais e evolutivas. Enfim, tudo que contribui para o consenso social não só age simultaneamente, mas também por intermédio do tempo.

No entanto, pelas razões analíticas de se partir do exame da anatomia para depois investigar a marcha efetiva do espírito humano em

---

67 *Ibidem*, p. 127.

68 Segundo José Carlos Bruni, o céu com seu conjunto de astros seria o modelo empírico perfeito da exata noção de ordem da sociologia de Auguste Comte. Isso porque, a contemplação do céu que se repete cotidianamente revela a sucessão de suas mínimas alterações visíveis até chegar à noção da harmonia mais perfeita. Bruni afirma: "Em primeiro lugar, ordem significa um tipo determinado de relação, que implica diretamente a sucessão temporal. Mas, justamente, essa sucessão no tempo é imutável; isto é, os elementos submetidos à ordem tem seu movimento regulado por leis constantes: por trás da mudança há imutabilidade. Esta é a determinação inicial da ordem: um suceder invariável. Em segundo lugar, o espaço que contém os elementos ordenados é determinado por leis, que fixam as propriedades de cada ponto, de maneira constante. Assim, o espaço contém os elementos afetados pelas suas leis de existência constante e invariável, de forma que aí o movimento é abstraído. Isto significa portanto a dependência do espaço em relação ao tempo: o espaço imutável é um instante de tempo. Mas, por outro lado, a ordem só pode se verificar enquanto existirem elementos, o que, portanto, supõe o espaço. Assim, ordem implica as dimensões do espaço e do tempo, mas a manterem uma preponderância alternada entre si: quando se pensa o conceito de ordem, oscila-se entre considerá-la como a lei do tempo ou como a lei do espaço." Bruni, José Carlos. *Poder e Ordem Social na obra de Auguste Comte*, p. 123-124.

exercício,[69] tal relação entre estática e dinâmica social tem que ser, inicialmente, deixada suspensa. A ordem espontânea da sociedade humana deve ser investigada em sua autonomia para desvelar seus fundamentos gerais. É com esse objetivo que Auguste Comte propõe que se construa uma teoria positiva da ordem social a partir da análise das condições gerais da existência social examinadas primeiramente no "indivíduo, em seguida na família e enfim na sociedade propriamente dita".[70] Segundo Comte:

> Assim concebida, esta espécie de anatomia social, em que se constitui a sociologia estática, deve ter por objeto permanente o estudo positivo, ao mesmo tempo experimental e racional, das ações e reações mútuas que exercem continuamente umas nas outras, todas e quaisquer das diversas partes do sistema social, fazendo, cientificamente, abstração provisória, tanto quanto possível, do movimento fundamental que, gradualmente, sempre as modifica. Sob esse primeiro ponto de vista, as previsões sociológicas, fundadas sobre o exato conhecimento geral dessas relações necessárias, serão propriamente destinadas a depreender uma das outras, em conformidade ulterior com a observação direta, as diversas indicações estáticas relativas a cada modo de existência social, de uma maneira essencialmente análoga ao que se passa habitualmente hoje em dia na anatomia individual.[71]

No que diz respeito aos indivíduos, Comte salienta dois aspectos essenciais que constituiriam a base da lei da harmonia atuante nessa esfera. Fundamentado sobretudo em uma espécie de extensão da luminosa teoria cerebral do ilustre Franz Joseph Gall,[72] segundo Comte, os homens apresentam uma inclinação problemática, mas instintiva

---

69 Comte, Auguste. "Primeira lição", p. 13.
70 *Idem.* "Quinquagésima lição", p. 284.
71 *Idem.* "Quadragésima oitava lição", p. 170.
72 *Ibidem*, p. 284.

para a vida coletiva. O pai da frenologia prestara um imenso serviço filosófico ao afastar da reflexão científica não apenas as aberrações metafísicas comuns aos séculos anteriores a respeito de um pretenso estado selvagem que antecederia historicamente o surgimento das sociedades, mas porque também levou consigo as falsas apreciações que atribuiriam às combinações intelectuais uma preponderância quimérica sobre a conduta geral da vida humana.[73] No mesmo sentido, Gall proscreveu a tendência de derivar a vida social a partir de certa influência absoluta das necessidades[74] humanas imediatas. Por conta da ascendência das faculdades afetivas sobre as intelectuais[75] atuantes nos indivíduos, as sociedades humanas não seriam nem resultado de algum pacto originário nem se instituiriam ou se conservariam por considerações utilitárias de um conjunto de indivíduos isolados. A atividade intelectual, porque constituída por ações e afazeres menos enérgicos, leva a maior parte dos indivíduos a uma verificável fadiga[76] inapta para construir qualquer vínculo social duradouro.[77] Conquanto fosse desejável alguma diminuição da preponderância das

---

73 Ibidem, p. 285.
74 Ibidem, p. 286.
75 Ibidem, p. 287.
76 Ibidem, p. 287.
77 Bruni afirma que Comte procurava no terreno da afetividade e do sentimento o *locus* de fundamentação da submissão e dominação social, pois a razão prática e teórica seria insuficiente para compreender a estrutura de organização política e moral das sociedades. Segundo Bruni: "Mas o traço característico da estática social de Comte é a dimensão do sentimento, da afetividade, das emoções, do 'coração'. Não se trata apenas de estudar a racionalidade da instituição, encarnada na sua organização função objetivas, mas trata-se principalmente de determinar os sentimentos que os sujeitos devem manifestar no interior de cada uma delas. A operação de atribuição dos sentimentos necessários para todas as injunções da submissão torna-se o trabalho político essencial da política comteana. É como se Comte, para além da justificação objetiva da submissão, se defrontasse com o fato bruto da irracionalidade das relações de poder e duvidasse das suas formas de racionalização, justificação e legitimação." Bruni, José Carlos. *Poder e Ordem Social na obra de Auguste Comte*, p. 164-165.

faculdades afetivas como princípio da conduta humana, o organismo social degenera em problemas insolúveis de um idiotismo transcendente plenamente contraditório com as leis mais fundamentais do movimento,[78] caso fosse governado unicamente pelas faculdades intelectuais dos homens.

Contra tal possibilidade de letargia inata, as relações e atividades afetivas delimitam um objetivo permanente e uma direção determinada[79] para a vida social. Entretanto, a constituição natural dos indivíduos não é suficiente para garantir substancialmente a harmonia e o consenso social. Embora não fossem a única base da natureza moral dos homens, os nossos "instintos menos elevados, os mais particularmente egoístas"[80] representam uma ameaça contínua e um obstáculo considerável sobre as nossas inclinações e nossos impulsos mais nobres relativos à sociabilidade. O que se vê é um conflito permanente entre as bases biológicas que nos levariam espontaneamente à vida social – *grosso modo*, resumidas em torno das faculdades afetivas – e os demais aspectos fisiológicos que nos afastam dos vínculos de sociabilidade – em geral, assentados sobre nossas faculdades intelectuais.[81]

---

78 Comte, Auguste. "Quinquagésima lição", p. 291.

79 *Ibidem*, p. 291.

80 *Ibidem*, p. 290.

81 Na verdade, a argumentação de Auguste Comte é mais complexa. As faculdades intelectuais dos indivíduos não desencadeariam, necessariamente, interesses egoístas e antissociais. A fim de não cair em uma concepção ingênua a respeito da complexidade das sociedades humanas, devem-se reconhecer certos "interesses pessoais" como anseios legítimos. Segundo Comte: "Se considerarmos, como convém, o importante efeito sociológico deste último dado biológico, devemos antes de tudo perceber (...) a necessidade radical de uma tal condição, na qual só se pode lamentar a intensidade. (...) é fácil compreender, com efeito, que somente esta indispensável preeminência dos instintos pessoais pode imprimir à nossa existência social um caráter nitidamente fixo e firmemente constante, determinando uma finalidade permanente e enérgica ao emprego direto e contínuo de nossa atividade individual (...) é incontestável que a noção do interesse geral não poderia ter nenhum sentido inteligível sem aquela do interesse particular, porque a primeira somente pode evidentemente resultar do que a segunda oferece de comum nos diversos indivíduos." *Ibidem*, p. 290-291.

Considerando-se apenas a composição orgânica dos indivíduos, ainda que houvesse esta predisposição natural à vida social, ela não é o bastante para produzir vínculos sociais estáveis e permanentes. Essa instabilidade só poderá ser resolvida quando essa dualidade fosse reposta na esfera imediatamente superior. Segundo Comte:

> Tais são então, sob o primeiro aspecto elementar, os dois tipos de constituição natural cuja combinação determina essencialmente o caráter fundamental de nossa existência social. De uma parte, o homem não pode ser feliz, mesmo quando supera as imperiosas necessidades de sua substância material, sustentado por um trabalho, mais ou menos, dirigido pela inteligência; e, portanto, seu exercício intelectual é espontaneamente antipático: não há e não pode haver nele nada profundamente ativo que não seja as faculdades puramente afetivas, cuja preponderância necessária fixa o objetivo e a direção do estado social. Ao mesmo tempo, na economia real desta vida afetiva, as inclinações sociais são eminentemente próprias apenas a produzir e a manter a felicidade privada, pois seu impulso simultâneo, menos do que ser constituído por algum antagonismo individual, se fortifica diretamente, em relação inversa, de sua extensão gradual: e, no entanto, o homem é e deve ser essencialmente dominado pelo conjunto de seus instintos pessoais, os únicos verdadeiramente suscetíveis de imprimir à vida social um impulso constante e um curso regular. Esta dupla oposição nos indica já o autêntico germe científico da luta fundamental, a qual nós devemos logo considerar o desenvolvimento contínuo, entre o espírito de conservação e o espírito de melhoramento, o primeiro necessariamente inspirado sobretudo pelos instintos puramente pessoais, e o segundo pela combinação espontânea da atividade intelectual com os diversos instintos sociais.[82]

Os vínculos familiares surgem como alternativa a essa disjunção. Sob o ponto de vista político, a família fornece espontaneamente as

---

82 *Ibidem*, p. 293.

condições básicas das diversas disposições essenciais que caracterizam o organismo social ao funcionar como intermediário entre a ideia de indivíduo e a de espécie ou de sociedade.[83] As arestas que a constituição biológica dos indivíduos não consegue eliminar são aplainadas; a insociabilidade latente de alguns momentos da vida biológica é controlada pelos laços familiares.

Isso porque é no interior da família – esta verdadeira unidade social fundamental – que os homens começam a sair de sua pura personalidade e aprendem a viver para os outros.[84] Essa sociabilidade espontânea é experimentada diferentemente por seus diversos membros. A desigualdade constitutiva dos homens, das mulheres e das crianças exige que se examine primordialmente os vínculos familiares internos e não as relações externas que se estabelecem entre as suas diversas unidades.[85] A complementaridade entre os sexos masculinos e femininos é, por essa razão, central.[86] O fato de a mulher encontrar-se

---

83   *Ibidem*, p. 295.

84   *Ibidem*, p. 295.

85   Na "Quinquagésima lição" do *Curso de Filosofia Positiva*, Comte afirma: "Esta consideração fundamental não pode ser somente aplicada neste sentido filosófico, que as famílias tornam-se as tribos, bem como essas as nações; de maneira que o conjunto de nossa espécie poderia ser conhecido como o desenvolvimento gradual de uma família primitiva única, se as diversidades locais não opusessem muitos obstáculos a uma suposição desse tipo. Nós devemos aqui observar sobretudo esta noção elementar sob o ponto de vista político, no qual a família apresenta espontaneamente o autêntico germe necessário das diversas disposições essenciais que caracterizam o organismo social." *Ibidem*, p. 294-295.

86   Em *Curso de Filosofia Positiva*, Comte afirma: "As principais considerações indicadas, na primeira parte desse capítulo, sobre o exame sociológico de nossa constituição individual, já nos permite esboçar de maneira útil uma tal operação filosófica; por meio das duas partes essenciais desse exame podemos diretamente estabelecer, em princípio, a uma a inferioridade fundamental e ao outro a superioridade secundária do organismo feminino observado sob o ponto de vista social. Tendo primeiramente em vista a relação necessária entre as faculdades intelectuais e as faculdades afetivas, nós reconhecemos, com efeito, que a preponderância necessária destas últimas, no conjunto de nossa espécie, é, portanto, menos pronunciada nos homens do que em qualquer outro animal;

em uma espécie de infância contínua não só justifica a "inevitável subordinação da mulher em relação ao homem",[87] mas surge como um paliativo cuja função é abrandar os excessos da razão demasiado fria e demasiado grosseira do sexo dominante.[88] A patente inadequação fisiológica da mulher ao trabalho mental, verificada por meio da menor força intrínseca de sua inteligência, pela sua maior suscetibilidade moral e física e pela sua incapacidade de lidar com abstrações ou com proposições científicas, seria compensada pelo maior desenvolvimento das faculdades afetivas ligadas aos instintos simpáticos e à sociabilidade. O casamento entre homens e mulheres institui a forma primeira de união social.[89] Cada um dos sexos, por suas características inatas, compensa as faltas e contrabalanceia os excessos a fim de que uma forma primitiva de união social se estabeleça.

Além disso, no que se refere à subordinação das idades,[90] os elos familiares instauram não apenas a disciplina natural derivada das relações de obediência e comando entre filhos e pais como também possibilitam uma experiência de continuidade essencial para garantir a

---

e que um certo grau espontâneo de atividade especulativa constitui o principal atributo cerebral da humanidade" *Ibidem*, p. 300-301.

87   *Ibidem*, p. 301.

88   *Ibidem*, p. 302.

89   Lelita Benoit afirma que o reiterado ataque de Auguste Comte à "pretensa igualdade entre os sexos" tinha como pano de fundo as primeiras reivindicações de extensão dos direitos políticos às mulheres. Segundo Benoit: "No que se refere à subordinação dos sexos, a mais necessária e fundamental entre todas, a teoria estática emite uma série de conceitos categóricos e definitivos, mesmo porque confirmados, segundo acredita, por indubitáveis pesquisas frenológicas. Aliás, o combate à teoria metafísica da igualdade dos sexos é evidentemente o que motiva as muitas e longas páginas dedicadas a este assunto. Segundo lemos neste capítulo importante da fundação da sociologia, entre aqueles direitos que, ininterruptamente, vinham sendo reivindicados desde 1789, destacava-se o da igualdade política das mulheres. Acredita o positivismo que, de um programa de extensão do direito político às mulheres, fatalmente se chegaria, como aconteceu, a 'graves ataques à instituição do casamento'". Benoit, Lelita. *Sociologia Comteana. Gênese e Devir*, p. 340-341.

90   Comte, Auguste. "Quinquagésima lição", p. 302.

ligação entre o passado e o futuro das sociedades. A educação dos mais jovens, cujo princípio fundamental baseia-se na imitação do exemplo dos pais, é o meio pelo qual os filhos perpetuam as atividades ensinadas pelos pais. Não obstante, essa separação dos trabalhos presente na esfera familiar não ultrapassa um esboço rudimentar da cooperação desenvolvida e da especialização individual que deverá atuar no âmbito da sociedade em geral. Mais uma vez, se a análise ficasse restrita a essa esfera, a ordem social positiva ainda não conseguiria se estabelecer plenamente. Segundo Comte:

> As sociedades mais ou menos complexas que podemos observar em muitos animais superiores já apresentam em certos casos, sem dúvidas, e sobretudo entre os homens selvagens, na caça ou na guerra, um primeiro esboço rudimentar de uma coordenação mais ou menos voluntária, mas em um grau bastante parcial, bem circunscrito, e, de outro lado, demasiadamente temporal e imperfeito da associação própria à nossa espécie. Nossa simples vida doméstica, que, sob todos os aspectos, contém necessariamente o germe essencial da vida social propriamente dita, manifestou sempre a desvantagem no desenvolvimento espontâneo de uma certa especialização individual das diversas funções comuns, sem a qual a família humana não poderia suficientemente cumprir sua destinação característica. Deve-se, entretanto, reconhecer que a separação dos trabalhos aqui não será jamais diretamente muito pronunciada, seja pela razão do restrito número de indivíduos, seja sobretudo, por um motivo mais profundo e menos conhecido, pois uma tal divisão tenderia a promover certa antipatia ao espírito fundamental da família.[91]

Do mesmo modo que a família configura-se como um corretivo e como um canalizador do potencial desintegrador presente em parte específica da natureza humana, a sociedade constitui-se como o

---

[91] *Ibidem*, p. 309-310.

lugar da harmonia mais perfeita.[92] Pois, ainda que as unidades familiares sejam sua célula fundamental, a sociedade se distingue delas por caracteres diferenciais bem nítidos.[93] A distância é entre a associação baseada em uma verdadeira cooperação e a união formada pela afetividade. Quanto mais complexa se torna a sociedade, quanto maior é o desenvolvimento e a diferenciação dos indivíduos, progressivamente, a cooperação toma o lugar da união e a inteligência substitui a simpatia[94] como princípio de constituição da sociedade. Essa cooperação consiste na distribuição dos trabalhos humanos conforme a exata apreciação das diversidades individuais, permitindo assim conciliar de maneira mais perfeita os indivíduos com o papel a ser desempenhado por eles na sociedade.

---

92   Esse consenso social não deve ser entendido como uma situação que se estabelece espontaneamente e de modo alheio a qualquer contestação ou resistência. José Carlos Bruni afirma: "Pois Comte, diferentemente de Durkheim, não esconde o fato bruto de que todas as relações individuais e coletivas são relações de poder. Partindo do princípio de que não há sociedade sem governo, segue-se que a sociedade doméstica, a sociedade industrial e a sociedade humana em geral são os campos em que se exercem o poder material e o poder espiritual. Distinção básica, mas que não deve nos fazer esquecer da natureza do poder em geral: sua essencial suavidade. Com efeito, toda a teoria do poder de Comte tenta nos fazer crer que o poder, nas modernas sociedades civilizadas, longe de ser o exercício arbitrário da força bruta, tende cada vez mais para a obtenção da submissão voluntária, para a obediência consciente e lúcida, para a eliminação da violência física ou simbólica, para a dominação consentida." Bruni José Carlos. *Poder e Ordem Social na obra de Auguste Comte*, p. 133.
93   Levy-Bruhl, Lucien. *La Philosophie D'Auguste Comte*, p. 293.
94   Levy-Bruhl afirma: "A família é uma 'união' de natureza essencialmente moral, e muito secundariamente intelectual. O princípio constitutivo da família se encontra entre as funções afetivas, (a ternura entre os esposos, dos pais pelos filhos, etc.). A sociedade é, ao contrario, não mais uma união, mas uma 'cooperação' de natureza essencialmente intelectual, e muito secundariamente moral. Sem dúvidas, não se pode conceber que uma associação de homens subsista sem os instintos simpáticos ou seus interesses. Entretanto, quando se passa da consideração de uma família única à coordenação de muitas famílias, o princípio da cooperação acaba necessariamente por prevalecer." *Ibidem*, p. 293.

Entretanto, a complexidade de tal tarefa já não mais permite que ela se realize espontaneamente. O Estado assume a vocação de reprimir e prevenir a tendência à dispersão presente nas ideais, nos sentimentos e nos interesses pessoais. O Estado, portanto, deveria contrabalancear a possibilidade de dispersão social causada pela excessiva divisão do trabalho.[95] Dessa forma, o Governo Central é requisitado para exercer a função de intervir convenientemente no cumprimento habitual de todas as funções sociais particulares e para relembrar constantemente a necessidade da manutenção e da vigência do pensamento de conjunto e do sentimento de solidariedade[96] que devem ser comuns a todos os indivíduos. Tal ação não se restringe à coação material e física, mas se efetiva sobretudo por meio de sua superioridade e autoridade intelectual e moral, a fim de que se realize, finalmente, o governo temporal e o governo espiritual.[97] Afirma Comte:

> Segundo esta sumária indicação filosófica, que o leitor pode desenvolver facilmente, a destinação social do governo me parece sobretudo consistir em conter suficientemente e a prevenir o tanto quanto possível esta fatal disposição à dispersão fundamental das ideias, dos sentimentos e dos interesses, resultantes do princípio mesmo do desenvolvimento humano, o qual, se pudesse seguir sem obstáculos seu curso natural, terminaria inevitavelmente em

---

95 É interessante observar aqui a distinção que Georges Gurvitch observa entre Auguste Comte e Émile Durkheim. Segundo Gurvitch: "A diferença consiste, antes de tudo, em que Durkheim compreendeu muito bem que a divisão social do trabalho e a solidariedade orgânica conduziam à formação de novos grupos, os grupos profissionais, que Comte havia ignorado, por não reconhecer entre o indivíduo e a sociedade global mais que um só grupo, a família (...). Além disso, Durkheim, mais otimista que Comte nessa matéria, acreditava que a divisão social do trabalho e a solidariedade orgânica – a 'cooperação' de Comte – eram capazes de manter a coerência dentro da Sociedade, sem que fosse necessário o reforço do poder dominador do Estado, exigido por Comte." Gurvitch, Georges. *Tres capítulos de historia de la sociología: Comte, Marx y Spencer*, p. 41.

96 Comte, Auguste. "Quinquagésima lição", p. 318.

97 *Ibidem*, p. 318.

deter a progressão social, em seus aspectos importantes. Essa concepção constitui, aos meus olhos, a primeira base possível e racional da teoria elementar e abstrata do governo propriamente dito, observado em sua mais nobre e mais completa extensão científica, que se caracteriza, em geral, pela universal reação necessária, primeiro espontânea e em seguida regularizada, do conjunto sobre suas partes.[98]

Assim compreendida, de acordo com os princípios estabelecidos para a classificação e hierarquização do conhecimento científico, as leis gerais descobertas pela fisiologia são o ponto de partida – como condição necessária, porém não suficiente – para a compreensão da estrutura de ordenação das sociedades modernas. Será sobretudo no entrecruzamento teórico da sociologia com a nascente biologia[99] que Comte procurará fundamentar uma teoria rigorosa da ordem social sem recorrer às categorias teológico-metafísicas. É verdade que, ao efetuar tal ligação, ele acabou enrijecendo a estrutura da sociedade, transformando-a em algo dado, em algo compreendido como "*natural* no sentido radical e estrito do termo".[100] Entretanto, é interessante notar também que, mesmo com esse procedimento, Comte se viu obrigado a reconhecer e preservar um elemento dinâmico, que, no caso, já está presente na própria composição orgânica dos indivíduos. Não seria possível derivar imediatamente uma noção de consenso social estável unicamente através da vigência de leis fisiológicas da frenologia. Homologamente, as demais esferas analisadas apontam para a possibilidade de harmonia societária, porém, para sua plena efetivação, é necessário o desenvolvimento e a contribuição da esfera imediatamente posterior. Tal como a dualidade presente nos indivíduos que é conciliada pelos elos familiares, a indiferenciação resultante da

---

98 *Ibidem*, p. 319.
99 Benoit, Lelita. *Sociologia Comteana. Gênese e Devir*, p. 275.
100 *Ibidem*, p. 275.

educação familiar dos mais novos é compensada pela forma de associação da sociedade e, por fim, à dispersão acarretada pela divisão do trabalho contrapõe-se a noção de governo. Embora devam ser distinguidas analiticamente, tanto a estática quanto a dinâmica social mantêm-se essencialmente imbricadas. O consenso social e a harmonia só se realizam plenamente quando a sociedade se põe em movimento. A estática social, portanto, só se constitui como princípio fundamental da ordem social quando consegue compreender a sua exata relação com a dinâmica social. A estática social só é sinônimo de ordem social e política quando não se ignora o equilíbrio dinâmico que articula suas mais variadas esferas.

A dinâmica social e o progresso

À primeira vista, a história europeia parecia contradizer essa possibilidade de ordenamento social. Sobretudo em sua terceira fase revolucionária, a Revolução Francesa, ao entrar em uma época retrógrada, fornece a viva impressão de que entre os dois movimentos simultâneos que vigoravam desde o século XIV, a decomposição política prevalecia sobre a recomposição social.[101] Se a caducidade do antigo sistema era patente, a impotência orgânica dos princípios críticos preparados para organizar a sociedade francesa transformaram a marcha política da elite da humanidade em um caminho incerto, pois não permitia vislumbrar nenhuma solução às antinomias sociais que se avolumavam. Nesse período, as discussões teóricas desencadearam o grave equívoco de incitar a população mais incapaz a participar ativamente no governo efetivo.[102] O saldo dessas agitações se resumiam às reiteradas tentativas de subversão dos poderes espiritual e temporal, seja pelas propostas progressistas de Voltaire de emancipação mental - que, embora fossem marcadas por alguma confusão, baseavam-se nas

---

101 Comte, Auguste. "Quinquagésima sétima lição", p. 181.
102 *Ibidem*, p. 199

condições essenciais da civilização europeia –, de emancipação social por via de uma ditadura republicana de Rousseau, assentada em justificativas de uma metafísica dirigente eminentemente negativa, ou ainda as fracassadas alternativas políticas construídas por Robespierre ou por Napoleão Bonaparte. Essas iniciativas esbarravam na incapacidade de compreender as reais condições sociais que imperam nas sociedades modernas, pois carecem do pleno desenvolvimento necessário da filosofia positiva. Segundo Comte:

> Esta é a sequência natural de considerações históricas, que, segundo uma apreciação, sumária mas especial, de cada um dos cinco períodos essenciais próprios à crise final na qual a elite da humanidade permanece mergulhada, desde há meio século, nos conduz ao reconhecimento, de uma maneira mais ou menos distinta, no conjunto deste vasto teatro social, e sobretudo na principal sede do impulso decisivo, da irrecusável necessidade de uma reorganização espiritual, para a qual vimos convergirem espontaneamente todas as mais eminentes tendências políticas, e então o inevitável advento, doravante completamente preparado, não espera nada a não ser a indispensável iniciativa filosófica que ainda não se realizou, e que eu ouso imediatamente estabelecer por meio desse Tratado fundamental, destinado a caracterizar, sob todos os aspectos, a racionalidade positiva.[103]

A justa harmonia definitiva das sociedades humanas se efetiva quando a sociedade se movimenta, quando ruma para determinado fim. E tal como no caso do exame da estática social, Comte recorre a um mal-entendido do passado para estabelecer os parâmetros para investigar a dinâmica social, condição necessária para compreender a natureza do estado positivo e, finalmente, completar o processo de desenvolvimento social e humano. No Opúsculo Fundamental, embora reconheça a sua grande dívida com as ideias do *Esquisse d'un*

---

103 *Ibidem*, p. 230.

tableau historique des progress de l'esprit humain de Condorcet, Comte considera essa teoria iluminista equivocada e como uma representação distorcida do processo histórico. Não obstante tenha sido um dos primeiros a ver que a civilização está sujeita a uma marcha progressiva, Condorcet não forneceu os meios para "dar à política uma verdadeira teoria positiva".[104] Em termos gerais, Condorcet falha ao (1) dividir as várias épocas da civilização de modo caótico, quase ao acaso, sem ordem e, além disso, (2) pelo espírito – contaminado de filosofia crítica do século XVIII – que anima seu trabalho. Ao ignorar o encadeamento natural dos progressos da civilização, Condorcet é levado a uma contradição geral e contínua pois, de um lado,

> (...) proclama altamente que o estado da civilização no século XVIII é, sem comparação superior, sob vários pontos de vista, ao que era na origem. Mas esse progresso total somente poderia ser a soma dos progressos parciais, realizados pela civilização em todos os estados intermediários precedentes. Ora, por outro lado, examinando sucessivamente esses diversos estados, Condorcet os apresenta quase sempre como tendo sido, sob os aspectos mais essenciais, épocas de retrogradação. Houve, portanto, milagre perpétuo, e a marcha progressiva da civilização torna-se um efeito sem causa.[105]

As análises de acontecimentos históricos submetem-se a uma reavaliação do passado.[106] Os fenômenos políticos só tem explicação

---

104 Comte, Auguste. "Opúsculo fundamental", p. 111.
105 *Ibidem*, p. 117.
106 A compreensão da história deveria assumir posição privilegiada no interior da filosofia positiva. Apesar de Auguste Comte, em sua juventude, tentar construir sua teoria social a partir do paradigma da economia política, a incapacidade desta ciência limitada em fornecer elementos para pensar as grandes questões relativas à organização e harmonia da sociedade industrial levaram-no a privilegiar as reflexões e indagações históricas. Desde o biênio 1818-1819, Auguste Comte começou a pensar a relação entre ordem e progresso e, paulatinamente, as preocupações históricas foram tomando corpo até serem elevadas à condição de fundamento de sua teoria social. Será, portanto, somente

satisfatória quando são considerados em relação aos diversos estágios da civilização. Bem como ocorre na investigação realizada pelos astrônomos, os físicos, os químicos e os fisiologistas, o espírito da nascente física social deve afastar de si a admiração e a censura dos fenômenos.[107] Se as instituições e doutrinas são relativas ao tempo, há de se eliminar o dogma teológico e metafísico de julgá-las de maneira absoluta. Assim, cada época histórica não pode ser entendida apenas como um período de decadência, de dissolução de uma ordem social. Pois ao lado do desmoronamento da antiga ordem da sociedade – constituída pela articulação entre a autoridade da Santa Sé e o poder militar e feudal – prefigura-se, com a emancipação das comunas e a introdução das ciências positivas na Europa, uma nova ordem social.[108]

Em "Sumária apreciação do conjunto do passado moderno", Comte afirma que após o fim do século XIII a constituição católica e feudal preenchera sob os aspectos mais importantes todas as suas

---

com a publicação dos *Les Opuscules de Philosophie Sociale* (1822), adiantando os pontos essenciais de sua teoria positiva da história, que os textos de Comte são considerados verdadeiramente positivistas. Mesmo assim, segundo Lelita Benoit, já no "2º Caderno" de *A Indústria* – um trabalho de juventude de Comte que possivelmente fora escrito com Saint-Simon – o recurso "(...) à história já tinha sido considerado da maior importância (...). Neste primeiro texto de Comte, já encontramos as mesmas inquietações que, anos mais tarde, o levaram a privilegiar a ciência da história, em detrimento da economia política." Benoit, Lelita. *Sociologia comteana. Gênese e devir*, p. 122.

107 Comte, Auguste. "Opúsculo fundamental", p. 116.

108 A confiança de Auguste Comte em seu método historiográfico e na vigência da lei de sucessão das sociedades chega ao ponto que, ao tratar do surgimento do novo sistema social, sustenta afirmações deste tipo: "Se algum homem de gênio tivesse podido observar, desde essa época, tal estado de coisas, com suficientes esclarecimentos, teria infalivelmente previsto, em sua origem, toda a grande revolução que se efetuou depois; teria reconhecido tenderem inevitavelmente os dois elementos [a capacidade industrial e a capacidade científica; C.V.], acabados de surgir, a derrubar os dois poderes cuja combinação formava o sistema então em vigor. Teria igualmente previsto que esses dois elementos se desenvolveriam, cada vez mais, à custa dos dois poderes, de modo a constituírem, pouco a pouco, um sistema social que devia acabar de substituir o antigo." Comte, Auguste. "Sumária apreciação do conjunto do passado moderno", p. 28-29.

funções – indispensáveis, mas passageiras – no curso da evolução humana e, por causa das graves e irreparáveis alterações das condições de existência política, remete para o começo do século XIV a origem histórica da grande elaboração revolucionária da qual "participaram constantemente, cada uma a sua maneira, todas as classes da sociedade".[109] A marcha da civilização fica, enfim, entendida com um grande contínuo ao longo do tempo; acontecimentos decisivos como a Revolução Francesa não representam qualquer ruptura com o passado, mas devem ser entendidos como uma continuidade fundamental. Comte afirma:

> Tanto nos pareceu tempestuosa a marcha da civilização na série precedente, quanto a acharemos calma na que vamos examinar. Consideramos anteriormente a desorganização sucessiva do antigo sistema social; mas, ao mesmo tempo que se efetuava essa decadência, a sociedade, pouco a pouco, se organizava em todas as suas partes, segundo um sistema novo, que se acha agora bastante desenvolvido a fim de poder substituir o antigo, já em extrema decrepitude. É este desenvolvimento gradual do novo sistema que nos resta observar e explicar.[110]

O que se disse a respeito da história do espírito, vale também para a história social: os três estados são momentos necessários do desenvolvimento das sociedades e das doutrinas políticas. A lei da evolução da humanidade compreende tanto a evolução dos modos de conhecer quanto da sua estrutura de organização social e política. As mudanças diagnosticadas na esfera do pensamento expressam e desencadeiam[111]

---

109 *Ibidem*, p. 25.
110 *Ibidem*, p. 28.
111 É certo que na "Quinquagésima primeira lição" do *Curso de Filosofia Positiva*, Comte afirma que a "história da sociedade é dominada sobretudo pela história do espírito humano". *Idem*. "Quinquagésima primeira lição", p. 342. Entretanto, Auguste Comte não se furta também de apresentar uma linha evolutiva, pela qual passam as diversas

uma série de transformações na estrutura de funcionamento das sociedades. Homologamente, as sociedades humanas têm sua origem na idade teológica, ultrapassam um período caracterizado de metafísico e, por fim e como objetivo, devem chegar à idade positiva.

Entretanto, a relação entre progresso e dinâmica social não é imediata. É certo que Comte compreenda o processo histórico como uma linha evolutiva que interliga as diferentes épocas históricas. Entretanto, ele não ficou alheio às dificuldades de aliar uma compreensão das transformações que sofreram as sociedades humanas e um ideal de melhoramento contínuo, sintetizado na noção de progresso.[112] O que Comte pretende demonstrar é a superioridade da ordem resultante da nascente sociedade industrial em relação às etapas anteriores no processo evolutivo das sociedades humanas. A ordem social positiva a ser instaurada é a única capaz de pôr um termo à desordem vigente – o desemprego e a miséria, a existência da classe operária e de seus conflitos com a classe dos industriais – e restabelecer em novas bases a antiga harmonia perdida. Comte afirma:

> Qualquer sistema social, quer seja feito para um pugilo de homens, quer para alguns milhões, tem por finalidade definitiva dirigir para um objetivo geral de atividade todas as forças particulares, porquanto só há *sociedade* onde se exerce uma ação geral e combinada.

---

sociedades humanas, privilegiando principalmente as mutações nas configurações sociais e políticas. É sobre tais aspectos que me concentrarei nesse item.

112 De acordo com a avaliação de Gurvitch, Auguste Comte era consciente da dificuldade de aliar a dinâmica social – compreendida como por meio de uma continuidade muito rigorosa de fases de sucessão governada pela vigência de leis invariáveis – com uma noção de progresso. Segundo Gurvitch: "Ademais e por essa mesma razão, a noção de *progresso* é inconciliável com a do *inevitável*, com a da *determinação* ilimitada, posto que, se se exclui o providencialismo, o movimento em direção a um ideal só é assim se existe ao mesmo tempo a possibilidade de um movimento inverso que se afaste dele, ou que insira uma limitação muito acentuada da necessidade pela contingência e o esforço humano livre." Gurvitch, Georg. *Tres capítulos de la historia de la sociología: Comte, Marx y Spencer*, p. 44.

Em qualquer outra hipótese, há apenas aglomeração de certo número de indivíduos sobre o mesmo solo. É isto que distingue a sociedade humana da dos outros animais que vivem em grupos. Desta consideração, resulta que o estabelecimento claro e preciso do objetivo da sociedade é a primeira condição e a mais importante de uma verdadeira ordem social, pois fixa o sentido em que deve ser concebido todo o sistema. Por outro lado, já apenas duas metas de atividade possíveis, tanto para uma sociedade, por mais numerosa que seja, como para um indivíduo isolado. Estas vêm a ser: a ação violenta sobre o resto da espécie humana, isto é, a conquista, e a ação sobre a natureza a fim de modificá-la em proveito do homem, ou seja, a produção.[113]

A primeira forma da sociedade humana estabelece-se espontaneamente. Desconhecendo completamente as leis invariáveis que regem os fenômenos, mas dotada de grande capacidade imaginativa, a atividade intelectual característica a esse momento permitiu à humanidade, em vez de aferrar-se à imobilidade de toda uma matéria que parecia condenada à inércia,[114] agir com o objetivo e a esperança de dominar a natureza. No tempo do fetichismo,[115] uma de suas manifestações mais imediatas, os homens conseguiam superar o contraste profundo entre a fraqueza efetiva dos seus meios e seus instrumentos e a possibilidade de dominação real da natureza[116] pela confiança e pela crença em poderes advindos de seres imaginários. Conseguia-se sobressair das profundas trevas de nossa situação original e desenvolver a energia moral[117] necessária para a vida social.

---

113 Comte, Auguste. "Opúsculo fundamental", p. 69.
114 Comte, Auguste. "Quinquagésima primeira lição", p. 351.
115 Auguste Comte distingue três idades fundamentais na fase teológica: a idade do fetichismo, a idade do politeísmo e a do monoteísmo.
116 *Ibidem*, p. 351.
117 *Ibidem*, p. 351.

A filosofia teológica prometia transformar, à nossa vontade, o curso total dos fenômenos políticos.[118] Malgrado seu insucesso, ela foi a primeira versão de um acordo essencial que garantiu perenidade aos vínculos sociais, a saber, a formação de uma comunidade intelectual erigida a partir da adesão unânime a certas noções fundamentais.[119] Em meio a grandes percalços resultantes da incipiência do desenvolvimento das faculdades intelectuais dos homens, que ainda encontravam-se desprovidas de critérios que pudessem "avaliar qualquer nova operação que não seja imediatamente suscetível de um interesse prático",[120] a filosofia teológica constituiu essa unidade intelectual primitiva como também estabeleceu uma primeira divisão do trabalho. Instituiu-se, por meio de certa divisão entre teoria e prática, uma classe especulativa responsável pelo desenvolvimento ulterior do espírito humano.[121] Essa cooperação inicial distinguiu no interior da sociedade uma classe privilegiada que, favorecida por conta de sua posição social e desfrutando de algum lazer físico,[122] pôde concentrar sua atividade no cultivo e no progresso das faculdades cognitivas e reflexivas, tornando-se apta e capaz de dirigir "a organização regular de todas as outras classes".[123] Segundo Comte:

> A propriedade de reunir, como aquelas de estimular e de dirigir, pertencem daqui para frente, de uma maneira mais e mais exclusiva, desde a decadência das crenças religiosas, ao conjunto das concepções positivas que são as únicas capacitadas, hoje em dia, para estabelecer espontaneamente, de um lado a outro do mundo, sobre bases tão duráveis quanto extensas, uma verdadeira comunidade

---

118 *Ibidem*, p. 353.
119 *Ibidem*, p. 353.
120 *Ibidem*, p. 353.
121 *Ibidem*, p. 354.
122 *Ibidem*, p. 354.
123 *Ibidem*, p. 354.

intelectual, que possa servir de fundamento sólido à mais vasta organização política.[124]

Entretanto, no que pese a posterior dissolução desse arranjo inicial, ele demonstrou a viabilidade de uma sociedade fundamentada sobre vínculos estáveis. Como um desenvolvimento ulterior dessa unidade primitiva, a ordem católica é apresentada como o seu exemplo melhor acabado.[125] Os monastérios, por serem os locais de elaboração das concepções cristãs teóricas e práticas, forneceram os fundamentos para a universalidade do catolicismo. A organização interna da Igreja Católica foi de grande importância para a realização contínua de seu ofício social, pois se organizou a partir de uma hierarquia baseada sobretudo no mérito pessoal, capaz de unir os mais diversos segmentos do clero sem qualquer intervenção repressora, garantida pelo princípio de eleição dos superiores pelos inferiores e pela instituição do celibato.[126] No entanto, Comte concentra suas análises sobre a grande atribuição elementar da educação geral[127] da Igreja, sua maior e mais feliz inovação social. Por se estender a todas as classes sociais, essa educação não só intelectual, mas principalmente moral, foi a responsável pela realização da mais importante função do poder espiritual e o fundamento de todas as demais operações necessárias para a constituição e manutenção de qualquer ordem social.[128]

---

124 *Ibidem*, p. 363
125 Na "Quinquagésima quarta lição" do *Curso de Filosofia Positiva*, Comte afirma: "(...) seu imortal esboço manifestou suficientemente a verdadeira natureza dessa grande operação, assim como o espírito geral que deve presidi-la, e as principais condições a preencher, deixando somente para reconstruir daqui em diante, segundo uma filosofia mais real e mais estável o conjunto fundamental deste admirável edifício." *Idem*. "Quinquagésima quarta lição", p. 158.
126 *Ibidem*, p. 189.
127 *Ibidem*, p. 189.
128 O que não significa instituir o despropositado reino absoluto do espírito e o sonho utópico dos gregos em direção a um governo temporal dos filósofos. Segundo Comte: "É

Diferentemente da injusta acusação das épocas posteriores, o catolicismo incentivou o florescimento e o desenvolvimento da inteligência humana. E isso tanto por suas noções rudimentares de história e progresso, por seu catecismo filosófico e pelas suas histórias da Igreja[129] quanto pelas práticas e ritos religiosos que generalizaram uma mesma educação capaz de submeter todos os espíritos.[130] Embora pudessem ser classificados como moralmente ruins, o alcance social dos dogmas da Igreja cumpriu o papel de moderar os apetites e adequar as exigências e reivindicações dos indivíduos aos limites estabelecidos por esta ordem social específica. Por meio do dogma da salvação eterna, pela criação do purgatório – essa saída engenhosa que possibilitou regular a "aplicação efetiva do procedimento religioso às conveniências de cada caso real"[131] – e pela atribuição de divindade ao fundador do Catolicismo[132] estabeleceu-se uma relação clara de superioridade do poder espiritual sobre o temporal. Segundo Comte:

> evidente que, bem distante de poder diretamente dominar a conduta real da vida humana, individual ou social, o espírito é somente destinado, na verdadeira economia de nossa natureza invariante, a modificar, mais ou menos profundamente, por meio de uma influência consultiva ou preparatória, o reino espontâneo da potência material ou prática, seja militar, seja industrial." *Ibidem*, p. 164.

129 *Ibidem*, p. 190.

130 *Ibidem*, p. Essa submissão, ainda que necessária, exigiria uma menor coerção direta para ser respeitada e reconhecida pelos indivíduos. Na "Quinquagésima quarta lição", Comte afirma: no último estágio do progresso da humanidade "(...) a natureza das doutrinas leva, por si mesma, a uma convergência quase insuficiente e exige, por consequência, apenas o recurso mais excepcional e menos frequente à autoridade interpretativa e diretiva." *Ibidem*, p. 165.

131 *Ibidem*, p. 165.

132 Segundo Benoit: "Na verdade, segundo a 'Lição 54', o dogma católico da divindade de Jesus Cristo permitiu que esta doutrina estabelecesse a origem do poder espiritual como completamente autônoma e dotada, daí por diante, de uma genealogia própria e independente do poder temporal. Ora, esta genealogia autônoma não reforçaria, em larga medida, o seu poder sobre os espíritos?". Benoit, Lelita. *Sociologia Comteana. Gênese e devir*, p. 229.

(...) a admirável regeneração gradual que, na idade média, o catolicismo realizou suficientemente, ou, pelo menos, convenientemente esboçou, na moral humana, consistiu, sobretudo, segundo nossas indicações anteriores, em introduzir a supremacia social – que até então ficara com a política – tanto quanto possível, à moral, fazendo prevalecer daí para diante necessidades mais gerais e mais fixas sobre necessidades particulares e variáveis.[133]

O estado metafísico é essencialmente fugidio e indeterminado. Nele, a unidade inicial entre o poder espiritual e o poder temporal foi rompida. Necessário para estabelecer uma transição gradual entre o estágio inicial e o final da linha evolutiva das sociedades,[134] o estado metafísico se diferencia dos demais, pois sua atividade é substancialmente crítica. Seus princípios não traziam imbricadas as críticas que levaram à destruição da ordem antiga com a especulação para a instituição de uma forma nova·. O protestantismo apresenta-se como a primeira fase dessa filosofia revolucionária.[135] O grande movimento de decomposição teve suas primeiras bases constituídas, sobretudo, a partir do dogma protestante do princípio do livre exame que fundamentou todas as demais formas de contestação e de reivindicação de liberdades pessoais, que colocavam em xeque o acordo intelectual da antiga ordem social. Ao permitir cada homem eleger e alçar a sua razão individual como supremo árbitro de todas as questões sociais,[136] o protestantismo desencadeou um processo no qual a liberdade de pensar foi seguida pela liberdade de falar, de es-

---

133 Comte, Auguste. "Quinquagésima quarta lição", p. 178.
134 Na "Quinquagésima quinta lição" do *Curso de Filosofia Positiva*, Comte afirma: "(...) apesar das profundas e deploráveis aberrações e desordens que a distinguem, esta memorável fase social constitui assim mesmo, à sua maneira, um intermediário tão indispensável quanto inevitável na marcha lenta e difícil do desenvolvimento humano." *Idem*. "Quinquagésima quinta lição", p. 267.
135 *Ibidem*, p. 284.
136 *Ibidem*, p. 284.

crever e de agir e que, no limite, levou os sujeitos a pretenderem e se sentirem estimulados a agir conforme suas convicções pessoais e lhes permitiu questionar as restrições sociais que garantiam o equilíbrio permanente das diversas individualidades.[137]

Paralelamente a essas mudanças, a época das revoluções contínuas se caracterizou pelo surgimento de novas instituições políticas configuradas para respeitar e garantir a equivocada ideia da soberania da maioria. A insubordinação dos espíritos foi acompanhada por uma insubordinação política,[138] produzindo uma anarquia moderna que encontrou espaço de desenvolvimento pela da crença ilusória na igualdade universal. Tal situação chegou ao paradoxismo de proclamar como dogma absoluto a vigência indefinida de um estado excepcional e transitório e, como consequência, acreditar na existência de um poder espiritual independente e descolado da escala evolutiva das sociedades. Segundo Comte:

> Tal é, na realidade, a origem primitiva, certamente plenamente inevitável, desse apelo ao livre exame individual, que caracteriza essencialmente o protestantismo, primeira fase geral da filosofia revolucionária. Os doutores que se insurgiram por longos períodos contra os papas e a autoridade dos reis, ou as resistências correspondentes das Igrejas nacionais às decisões romanas, não poderiam certamente evitar de atribuir para si, de uma maneira mais e mais sistemática, um direito pessoal de exame, que, pela sua natureza, não deveria mais permanecer indefinidamente concentrada em tais inteligências e em tais aplicações; e que, com efeito, entendido espontaneamente, por uma invencível necessidade, ao mesmo tempo mental e social, a todos os indivíduos e a todas as questões, gradualmente amenizou a destruição radical, da disciplina católica, em seguida da hierarquia e, por fim, do dogma mesmo.[139]

---

137 *Ibidem*, p. 284.
138 Benoit, Lelita. *Sociologia Comteana. Gênese e Devir*, p. 245.
139 Comte, Auguste. "Quinquagésima quinta lição", p. 284.

Tendo a ciência como forma de reflexão intelectual e a indústria como o meio de transformação da natureza, o estado positivo é o ponto final dessa linha evolutiva. O movimento intelectual que ganha autonomia e passa a girar em falso no estágio metafísico, é controlado quando se reconhece a vigência das leis naturais invariáveis. É principalmente pela indústria que essa conformação se efetiva. É por meio dela que a humanidade percebe estar destinada a realizar sua ação sistemática sobre o mundo exterior de acordo com um satisfatório conhecimento das leis da natureza.[140]

Se o mundo exterior pode ser transformado e se essa transformação se realiza dentro dos limites estritos permitidos pela natureza, qualquer filosofia que pretenda produzir conhecimentos e efetuar mudanças almejando resultados extraordinários tem, necessariamente, vida curta. As enganadoras crenças no potencial transformador da providência divina são eliminadas quando a intervenção ativa dos homens para coordenar a economia natural do mundo real contradiz frontalmente a pretensa perfeição infinita da ordem divina.[141]

Entrementes, como o efetivo estabelecimento dessa nova e definitiva ordem social não se realizou, aspergir o sentimento dessa necessidade é a principal tarefa a ser realizada. Levando a cabo a libertação e a elevação das classes trabalhadoras que o catolicismo iniciou, a atividade industrial moldou os homens para exercer qualquer tipo de atividade produtiva.[142] O trabalho árduo é, então, o fundamento para a nascente disciplina social. Diferentemente das ordens sociais anteriores, nas quais a dor e a morte sancionavam toda subordinação para obter a submissão dos indivíduos, nas modernas sociedades industriais o desejo de um trabalho permanente torna-se a base da ação disciplinar por ter-se transformado na "principal reivindicação comum

---

140 *Idem* "Quinquagésima sexta lição", p. 41.
141 *Ibidem*, p. 41.
142 *Ibidem*, p. 67.

da maioria dos homens livres".[143] As sociedades podem se organizar satisfazendo, finalmente, as três ordens fundamentais que correspondem às necessidades universais dos homens. Segundo Comte:

> Igualmente indispensáveis em suas respectivas destinações e aliás paralelamente espontâneos, estes três grandes elementos (...) correspondem aos três aspectos gerais a partir dos quais o homem pode abordar positivamente qualquer assunto, sucessivamente considerados como bom, quanto à utilidade real que nossa sensata intervenção pode dele retirar para a melhor satisfação de nossas necessidades privadas e públicas; em seguida, como belo, relativamente aos sentimentos de perfeição ideal que sua contemplação pode nos sugerir; e enfim como verdadeiros no que diz respeito às suas efetivas relações com o conjunto dos fenômenos apreciáveis, desde que feita abstração de toda aplicação relativa aos interesses e às emoções dos homens.[144]

Herbert Marcuse crítico de Comte

Ao analisar os desdobramentos da filosofia e da teoria social no período subsequente à dialética hegeliana, em *Razão e Revolução. Hegel e o advento da Teoria Social* Herbert Marcuse afirma que o pensamento europeu entrara numa época de filosofia positiva e de positivismo. Tanto no território alemão[145] quanto no território francês, Marcuse ressalta certa afinidade entre, de um lado, o positivismo e a filosofia positivista e, de outro, instrumentos de estabilização e justificação da ordem social. Dessa forma, malgrado grandes diferenças entre, por exemplo,

---

143 *Ibidem*, p. 67.
144 *Idem*. "Quinquagésima sétima lição", p. 319.
145 "Na Alemanha, a luta se travava contra o sistema de Hegel. Schelling recebera de Frederico Guilherme IV a missão expressa de 'destruir a semente do dragão' que era o hegelianismo; Stahliano, outro anti-hegeliano tornara-se o porta-voz filosófico da monarquia prussiana, em 1840." Marcuse, Herbert. *Razão e Revolução*, p. 297.

aspectos fundamentais da filosofia positiva de Schelling e da teoria social de Auguste Comte, tais sistemas de pensamento compartilhavam uma reação "consciente contra as tendências críticas e destrutivas dos racionalismos francês e alemão".[146] No caso específico de Comte tal tendência se mostra ainda mais patente. Sua teoria social teria sido construída a fim de preparar os homens para a disciplina e a obediência à ordem social estabelecida, pois seria uma espécie de

> (...) defesa ideológica da sociedade de classe média e, mais ainda, abriga as sementes de uma justificação filosófica do autoritarismo. A conexão entre a filosofia positiva e o irracionalismo, que caracterizaram a ideologia autoritária posterior anunciada pelo declínio do liberalismo, está inteiramente clara na obra de Comte.[147]

As críticas de Herbert Marcuse à sociologia de Auguste Comte se articulam em torno de dois eixos principais, a saber: a concepção de ciência positiva e o esboço de uma teoria positiva da autoridade. No primeiro caso, Marcuse afirma que o positivismo comteano embotara as potencialidades críticas e especulativas do racionalismo iluminista francês; no segundo, o ideal de uma suposta harmonia natural se sobrepusera a uma realidade social inerentemente antagônica. Em ambos os casos, as críticas de Marcuse se orientam contra o caráter resignado, autoritário e conservador que perpassa o pensamento de Comte, desde suas premissas metodológicas até o plano de reforma social. Por outros termos, é como se em cada sentença, o positivismo comteano desse testemunho de si, ou seja, admitisse a tarefa de garantir as classes dominantes contra qualquer incursão anarquista. Tal anseio de restabelecer a ordem social carrega consigo um conteúdo social bastante preciso: a manutenção da autoridade e a proteção dos interesses sociais dominantes. Desse modo,

---

146 *Ibidem*, p. 296.
147 *Ibidem*, p. 311.

> De mãos dadas com a sujeição do pensamento à experiência imediata ia o constante alargamento da experiência, de modo que esta deixava de se limitar ao campo da observação científica e proclamava diversos tipos de forças suprassensíveis. De fato, o resultado do positivismo de Comte veio a ser um sistema religioso com um culto requintado de nomes, símbolos e sinais. Ele próprio expusera uma "teoria positiva da autoridade" e se tornara o líder ditatorial de uma seita de cegos adeptos. Este foi o primeiro fruto da injúria à razão na filosofia positiva.[148]

Comte, ao transformar a teoria social em ciência positiva, teria abandonado o ponto de vista transcendental da crítica filosófica.[149] As ditas ilusões transcendentais teriam sido substituídas pela investigação dos fatos; a suposta contemplação ociosa, pelo conhecimento utilizável; a indecisão e a dúvida, pela certeza; e, por fim, a negação e a destruição cederam lugar à organização. O repúdio positivista à metafísica é classificado por Marcuse como um repúdio da exigência dos homens em alterar e reorganizar as instituições sociais de acordo com sua vontade racional.

Desse modo, ao eleger as ciências da natureza como paradigma das ciências sociais, Comte reinterpretou a função e o sentido que a ideia de evidência apresentava desde Descartes. Enquanto que para o racionalismo iluminista o fundamento da evidência teórica e prática era garantido pela liberdade do sujeito pensante, pois pretendia estabelecer um universo que era racional na medida em que fosse dominado pelo poder intelectual e prático do indivíduo, o positivismo

---

148 *Ibidem*, p. 311.

149 Por mais que Comte quisesse elaborar uma filosofia – como indica o próprio título de sua principal obra *Curso de Filosofia Positiva* –, tal incursão, na avaliação de Marcuse, representou algo inteiramente novo, pois, no contexto do positivismo, todo conteúdo autêntico da filosofia foi abandonado. "'A filosofia positiva' é, em última análise, uma contradição *in adjecto*. Ela se refere à síntese de todo conhecimento empírico ordenado em um sistema de progresso harmonioso, seguindo um curso inexorável. Toda a oposição às realidades sociais é subtraída à discussão filosófica." *Ibidem*, p. 309.

deslocou a fonte da evidência do sujeito pensante para o sujeito da percepção. Ou seja, as funções espontâneas do pensamento são retraídas enquanto que as funções passivas e receptivas do sujeito passam a predominar, com objetivo de elevar a observação científica à condição de fonte da evidência. Assim, os conceitos científicos deveriam se submeter ao império dos fatos, tendo que se restringir a manifestar a conexão real entre eles, tornando evidente a tendência à aquiescência do dado. Em *Razão e Revolução*:

> O positivismo está pois interessado em ajudar a "transformar a agitação política em uma cruzada filosófica" que suprimiria tendências radicais que eram, afinal de contas, "incompatíveis com qualquer sadia concepção da história". O novo movimento filosófico ensinará aos homens, no devido momento, que sua ordem social se erige sob leis eternas que ninguém pode transgredir sem punição. Segundo estas leis, todas as formas de governo são "provisórias", o que significam que deverão ajustar seus esforços ao progresso irresistível da humanidade. A Revolução, sob tais condições, não tem sentido.[150]

O segundo ponto – a teoria positiva da autoridade – diz respeito ao papel a ser desempenhado pela nascente ciência política positiva, a saber: equilibrar os diferentes tipos de trabalho a fim de conciliar os interesses de cada um em favor do bem comum. Marcuse adverte que a feição liberal que essa tarefa poderia deixar transparecer é falsa: o instinto de submeter triunfa, o criador da sociologia rende homenagem à obediência e ao comando e a proteção de um braço forte torna-se a condição necessária para a felicidade.

Nesse sentido, o programa positivista de reformas sociais prefigura a "passagem do liberalismo para o autoritarismo".[151] Por meio de seu

---

150 *Ibidem*, p. 314.
151 *Ibidem*, p. 323.

idealismo, Comte mostrou-se capaz de retirar a dinâmica histórica da órbita dos conflitos e antagonismos sociais, tornando a ordem científica positivista o protótipo de toda ordem social.[152] A partir da destinação de sua ciência positiva – a tarefa de organizar e não destruir –, o pensamento comteano acabava por fundir em um todo indistinto o ideal de ordem na ciência à pretensão de uma ordem na sociedade. Em sua interpretação antimaterialista da história, o progresso era, primordialmente, progresso intelectual. Ao conceber a sociedade a partir do prisma de uma harmonia natural, o positivismo – contrariamente à dialética que era negativa, que destruía a estabilidade – considera que o progresso é ordem e todo progresso tende a consolidar a ordem. Assim, não haveria mais lugar para nenhum esforço revolucionário.[153] As sociedades têm que acompanhar a marcha do progresso natural de amadurecimento cultural. Esse relativismo levava, então, a uma teoria positiva da ordem, pois cada forma de governo estabelecida teria o direito relativo de existência. Além disso, o relativismo comteano alteraria o significado da tolerância no interior do pensamento francês. Diferentemente do Iluminismo, no qual a tolerância era sinônimo de

---

152 "Comte queria fundar sua filosofia em um sistema de 'princípios reconhecidos universalmente', princípios que tirariam sua última legitimidade unicamente do 'assentimento voluntário pelo qual o público os confirmasse como resultantes de discussão perfeitamente livre'. 'O público', como no neopositivismo, transforma-se num foro de cientistas, dotados dos instrumentos de conhecimento e do treinamento necessários. As questões sociais, dada sua complexa natureza, devem ser elaboradas por um 'pequeno grupo de uma elite intelectual'. Desta maneira, os resultados mais vitais, de grande interesse para todos, são subtraídos da arena da luta social e destinados à investigação em algum campo de estudo científico especializado." *Ibidem*, p. 316.

153 No entanto, isso não implicava em imutabilidade social. Pois, "as leis que a ciência positivista descobrira, e que a distinguiam do empiricismo, eram positivas também no sentido de afirmarem a ordem estabelecida como base para a negação da necessidade de construção de uma nova ordem. Não que elas excluíssem a necessidade de reforma e de mudança – ao contrário, a ideia de progresso avulta na sociologia de Comte – mas as leis do progresso são parte do mecanismo da ordem estabelecida, de modo que esta progride suavemente para um estado mais algo, sem ter de começar a ser destruída." *Ibidem*, p. 315.

abolição das facções mais influentes que usavam a intolerância como instrumento de dominação, para o positivismo comteano ela passa a significar a justificativa de todas as facções existentes. Nesse sentido, a ação de harmonizar patrões e operários não é tentada no sentido de abolir a posição inferior do operário, mas sim a de prescrever uma nova moral: a de um dever do operariado para com o todo social. Em *Razão e Revolução*:

> Primitivamente, o modelo positivista tinha sido uma nova sociedade, e então, a tolerância equivalia à intolerância com respeito àqueles que se opunham a um tal modelo. O conceito formalizado de tolerância, ao contrário, equivalia a tolerar igualmente as forças da reação e do atraso. A necessidade dessa espécie de tolerância resultava do fato de se ter renunciado a todos os modelos que superassem as realidades estabelecidas, modelos que aos olhos de Comte eram semelhantes àqueles dos que procuravam um absoluto. Numa filosofia que justificava o sistema social dominante, o apelo à tolerância tornou-se cada vez mais útil aos que se beneficiavam do sistema.[154]

Adorno crítico de Comte

Para não se perder no "delírio ocioso de julgar ao acaso a história do mundo",[155] diante da descrição de uma configuração social na qual coexistiriam fenômenos dinâmicos de grande intensidade – como a modernização do Oriente, as transformações no interior de conceitos sociais fundamentais como os de "indivíduo, família, estrato, organização, administração"[156] – e um estado estacionário – manifestado pelos limites criados ao processo de exploração e de expansão do sistema econômico com a industrialização de zonas que estavam fora do

---

154 *Ibidem*, p. 322.
155 Adorno, Theodor. "Sobre estática e dinâmica como categorias sociológicas", p. 203.
156 *Ibidem*, p. 202.

espaço capitalista e também na esfera da cultura, onde o desenvolvimento histórico de seus campos como o da música dão a impressão de ter "alcançado um 'teto', a partir do qual já não se poderia imaginar desenvolvimento algum"[157] –, Adorno afirma ser necessária uma reflexão a respeito dos conceitos sociológicos afins a essa questão.

Ao invés de tentar discernir qual das tendências seria mais vigorosa no fim da Modernidade – o "curso evolutivo predominante desde o final da Idade Média"[158] ou o estado de petrificação sinistramente profetizado por Heinrich Himmler para a duração do Terceiro Reich – Adorno debruça-se sobre a sociologia positiva de Comte, principalmente, em relação à sua exigência de distinguir entre o estudo básico das condições de existência da sociedade – a estática social – e as leis de seu constante movimento – a dinâmica social. Segundo Adorno, tal procedimento não se restringe a "(...) uma mera finesse epistemológica: isso depende de se excluímos algumas leis como invariantes e outras como variantes e, a partir disso, se é possível tirar conclusões sobre a essência da sociedade."[159]

Equilibrar-se sobre essa dicotomia não é exclusividade de Comte. Adorno afirma que certa reflexão sociológica acrítica, fazendo vistas grossas ao fato de que os fenômenos sociais não obedecem de modo algum essa diferença,[160] continuou a fornecer conceitos que partiam dessa distinção durante todo o século XX.[161] Por vezes de forma in-

---

157 *Ibidem*, p. 202.
158 *Ibidem*, p. 203.
159 *Ibidem*, p. 205.
160 *Ibidem*, p. 204.
161 Theodor Adorno não nomeia explicitamente as correntes da sociologia que pretendia criticar, apenas afirma que ela continuou fornecendo "(...) tipos estáticos, como o campesinato – especialmente apreciado como modelo desses –, e tipos dinâmicos como a economia capitalista, cuja essência deveria pertencer à expansão e a dinâmica." *Ibidem*, p. 203. Além disso, o único autor citado por Adorno é Karl Mannheim, que através da introdução do conceito de "*principia media*" (que deveria "mediar entre a suposta lei universal e o que enfrenta as leis como simples *factum*)", acabou incorrendo na mesma

consciente e sempre de maneira irrefletida, o entendimento prático-
-científico imputa à sociedade real uma divisão entre fatos sociais que
se assentam sobre necessidades humanas essenciais – glorificados
metafisicamente – e certos fenômenos classificados como dinâmicos
– considerados e desprezados como mutáveis e fortuitos.[162]

Ressuscitando de alguma maneira o arcaico método da escolástica
– que consistia em configurar o existente concreto a partir da adição
de conceitos universais como os de "essência, acidente, existência,
princípio de individuação"[163] –, tal disposição presente em algumas
vertentes da sociologia coaduna-se à tendência que vigora na tradição
filosófica ocidental,[164] qual seja, distinguir entre o que se institui pela
natureza e o que é estabelecido meramente pelos seres humanos.[165]
Malgrado a suposta dignidade com a qual se reveste esse expediente,
o problema consiste em que assim a sociologia não consegue captar o
conteúdo concreto da vida social.[166]

Segundo Adorno, não há razão substantiva para diferenciar con-
ceitualmente entre a suposta lei universal de socialização e outra
ordem de regularidades que, considerando as vicissitudes das condicionantes concretas de sua efetivação, estabelece certas "leis particulares" de socialização. De acordo com Adorno, é destituído de valor

---

distinção entre momentos estáticos e dinâmicos de determinado fenômeno social. *Ibidem*, p. 205.

162 *Ibidem*, p. 204.

163 *Ibidem*, p. 204.

164 Adorno afirma: "Serve como modelo de pensamento, de modo implícito, que se man-
tiveram as estruturas centrais, universais e grandes, enquanto as especificações logicamente inferiores sucumbiriam ao desenvolvimento; por esse modelo os elementos
dinâmicos são rebaixados de maneira *a priori* a acasos, a meras nuances das categorias
principais, sem que fosse perguntado, se essas não seriam seletivamente formadas de
acordo com o particular e, nessa seleção, remediariam aquilo que não quer obedecer à
outra doutrina da invariância social [*sozialen Invariantenlehre*]." *Ibidem*, p. 204.

165 *Ibidem*, p. 204.

166 *Ibidem*, p. 204.

heurístico enunciar um tipo ideal de lei estática segundo o qual "todo domínio social consiste na apropriação do trabalho alheio"[167] e, ao seu lado, uma proposição dinâmica que destaca a particularidade do sistema feudal e de suas relações de arrendamento. Os servos não experimentam a dominação dos senhores feudais, primeiramente, como uma dominação em si – isto é, conforme uma suposta lei universal do domínio social em geral – e, posteriormente, como uma variante histórica.[168] Por mais que a tipologia sociológica insista nesse procedimento, de que o "domínio de arrendamento se insira em um conceito superior de domínio"[169] e de hierarquizar os tipos sociais de dominação segundo o maior ou menor grau abstração de seus conceitos, essa diferenciação gira em torno de si e confunde em vez de esclarecer sobre o funcionamento das sociedades.

Especificamente sobre Comte, Adorno afirma que a dicotomia entre estática e dinâmica se erige a partir de uma necessidade científica, diagnosticada em um documento dos selvagens tempos fundadores do positivismo, qual seja, o *Curso de Filosofia Positiva*. Por meio de uma inferência por analogia e, portanto, sem qualquer comprovação substantiva, transfere-se para a sociedade a "relação das determinações anatômicas e fisiológicas do organismo".[170] Da mesma forma que em biologia deve se distinguir entre os momentos estruturais que se referem especificamente à vida – isto é, os fisiológicos – e os seus momentos anatômicos, a física social deve identificar em seus fenômenos uma diferenciação semelhante. A sociologia, o ápice conteano da pirâmide das ciências,[171] tem de se submeter aos mesmos princípios das demais ciências, situadas em níveis hierárquicos inferiores. O positivismo se mostra como o herdeiro do idealismo ao defender como

---

167   *Ibidem*, p. 205.
168   *Ibidem*, p. 205.
169   *Ibidem*, p. 205.
170   *Ibidem*, p. 208.
171   *Ibidem*, p. 207.

ideal esta concepção de ciência unitária assentada sobre uma unidade de método que se realiza independentemente e para além de toda divergência dos objetos.[172] Segundo Adorno:

> Comte utiliza conceitos, que entende como estabelecidos pelas ciências naturais, sem confrontá-los com o conteúdo específico que os adentra na sociologia. Já em sua obra se anuncia a divergência fatal entre o método das ciências naturais, manejado de maneira produtiva, e sua elevação irrefletida para a filosofia, que caracteriza as fases posteriores do positivismo. O pensamento de Comte é reificado. De acordo com seu intento, ele instala formas de pensamento como as categorias mais elevadas, assim como as ciências particulares as empregam em face de objetos, que não lhes são problemáticos nem por sua constituição, nem pela sua relação com o sujeito pensante: o aparato da ciência, acabado, se confunde com a filosofia. Por isso ele soma a sociedade a partir da estática e da dinâmica, como se a sua essência fosse imediatamente composta por ambos, no lugar de que ambos, em sua diferença, fossem levados à unidade na sociedade real.[173]

No entanto, a sociedade que é composta pela interdependência vital dos seres humanos e de suas formas derivadas – as formas sociais concretas[174] – não se deixa apreender por esses procedimentos. Em vez de conseguir investigar o estrato estático em sua autonomia, Comte foi levado a hipostasiar as relações entre as pessoas como se fossem a anatomia[175] da sociedade – ou seja, uma estrutura carente de vida. Ao estipular candidamente que se derive dos conceitos de estática social e dinâmica social as correspondentes categorias políticas de ordem e progresso, Comte deixou ainda mais explícito seu com-

---

172   *Ibidem*, p. 207.
173   *Ibidem*, p. 209-210.
174   *Ibidem*, p. 205.
175   *Ibidem*, p. 208.

prometimento com a confusão que apresenta o dispositivo organizador como constitutivo da coisa mesma.[176] Para evitar as consequências funestas resultantes do livre jogo das forças sociais e imaginando conseguir contê-las, Comte colocou "a ordem por cima do progresso, e as leis estáticas acima das dinâmicas".[177] Segundo Adorno:

> A decomposição do mundo em fatos atomísticos, despidos de conceitos, unificados pelo conceito apenas através de um atalho, que é provocada pelo princípio positivista, deve ser enfrentada pelo causador dessa divisão, a própria ciência. A sua organização internamente unânime quer substituir o cosmos que se sobrepõe espiritualmente, a totalidade, de cuja desintegração irrevogável os objetos resultam como "fatos". Nisso tem origem a tentação de atribuir esquemas organizativos, que são devidos apenas à classificação de um material apresentado como desestruturado, àquele material, como se fossem a sua estrutura.[178]

Por meio de tais estratégias o positivismo já se mostrava conformista antes mesmo de eleger os estudos de mercado como modelo.[179] A sociologia de Comte apresenta um vício ideológico de origem. Não foi somente por causa seu fanatismo pela ciência que o sociólogo francês se viu ofuscado ante as incoerências sistemáticas de sua teoria ou diante da sua inadequação aos fatos. Seus erros lógicos também são condicionados por seus interesses políticos. Ao enquadrar os conceitos de estática e dinâmica social nas categorias políticas de ordem e progresso, nele – "em quem a racionalidade não foi tão crítica a respeito de suas debilidades reais como foi no caso dos idealistas

---

176 *Ibidem*, p. 207.
177 *Ibidem*, p. 208.
178 *Ibidem*, p. 207.
179 *Ibidem*, p. 212.

absolutos"[180] – esconde uma intenção apologética de fazer com que algo em si mesmo antagônico – a sociedade moderna – apareça como racional. Ambicionava equilibrar a tensão e garantir tranquilidade a uma burguesia que se via no dilema entre desenvolvimento e solidificação.[181] Buscando a salvação por meio de uma física social que traduzia as contradições sociais em conceitos livres de contradição, Comte se oferecia a resolver a questão social amadurecida pela revolução industrial mediante uma ciência que se colocava como se fosse alheia aos conflitos e aos antagonismos sociais.

Para tanto, tal como Hegel, o autor do *Curso de Filosofia Positiva* enxergava no papel do Estado o responsável pelo ajuste das contradições sociais e pelo assujeitamento das forças[182] que ultrapassam as fronteiras impostas pela forma da sociedade. Também como no caso do filósofo alemão, o sentido dessa atuação não pretendia transformar a sociedade cindida em uma forma superior de sociabilidade, isto é, uma ordem social humanamente mais digna.[183] Na verdade, ambos pretendiam encaixar os excessos resultantes da própria dinâmica das sociedades modernas em uma distorcida engrenagem orgânica para conservá-los dentro das instituições vigentes. Sem grandes dificuldades, o positivismo, que já fora instrumento de uma burguesia ainda revolucionária por conta da expansão capitalista em progresso, converte-se em uma intenção afirmativa.[184] Pretende suavizar a polaridade objetiva, apresentando-a por meio do ponto de vista de uma classificação supostamente espontânea dos fenômenos.[185] Segundo Adorno:

---

180 *Ibidem*, p. 210.
181 *Ibidem*, p. 211.
182 *Ibidem*, p. 210.
183 *Ibidem*, p. 211.
184 *Ibidem*, p. 211.
185 *Ibidem*, p. 211.

> Atrás do ponto de partida categorial, adornado como científico, se impõe a intenção apologética. Para que a manutenção de algo que é, em si, antagônico, aparecesse como racional, os antagonismos não podem ser apresentados como tais, não podem ser atribuídos à própria sociedade. O interesse no progresso, que é, em sua consequência, inconciliável com o interesse na "ordem", está pacificamente localizado ao lado desta. (...) O que, em Comte, aparece como a necessidade prática da separação de estática e dinâmica já é, em si mesmo, ideológico: os conceitos livres de valores escondem que eles, "positivos" em um duplo sentido, confirmam a matéria irracional como o princípio de classificação da razão científica.[186]

Entretanto, a teoria social de Comte é ideológica também em um segundo sentido, qual seja, não corresponde ao seu conteúdo de verdade.[187] Diferentemente de Hegel, em quem não se pode "pensar nenhum ser sem devir e nenhum devir sem ser",[188] Comte converte a estática e a dinâmica em duas seções separadas da sociologia.[189] Suas tentativas posteriores de remediar a dicotomia e pensar sobre as relações entre elas traem suas próprias intenções: reuni-las por meio de um mediador externo é inadequado.

Na verdade, segundo Adorno, os conceitos de estática e dinâmica social determinam-se mutuamente, pois já se encontram "mediados em si mesmos, um implica no outro".[190] Ao ignorar isso, tal disposição deforma o que não se molda segundo esses critérios rígidos. Seu posicionamento político, bem como seu método quase científico-natural, impunham travas à sua teoria. As tendências destrutivas da sociedade moderna – por exemplo, a pauperização, o fato de que o desenvolvimento geral da sociedade burguesa condu-

---

186 *Ibidem*, p. 211.
187 *Ibidem*, p. 212.
188 *Ibidem*, p. 212.
189 *Ibidem*, p. 213.
190 *Ibidem*, p. 212.

za à dissolução anárquica,¹⁹¹ as crises resultantes de uma sociedade liberal abandonada a si mesma¹⁹² – são autoritariamente eliminadas para estipular que tudo o que for essencial para as sociedades serve necessariamente à conservação desta.

A sociedade é conceitualizada a partir do equivocado pressuposto de que a coerção histórica se identifica imediatamente com a autopreservação da espécie e da totalidade da sociedade.¹⁹³ Por mais que Comte se interesse pela reprodução da vida nas formas de sociabilização, o que sobra desse processo não pode ser ignorado: as tendências à decomposição¹⁹⁴ da sociedade são tão reais quanto o seu princípio de conservação.¹⁹⁵ Menos do que a superioridade da intenção metafísica do filósofo alemão, é a materialidade de uma experiência social específica que produz esse entrelaçamento. Todo ente social, embora seja algo historicamente construído, apresenta-se como uma segunda natureza e assim, ao mesmo tempo, todo processo histórico se vê "desligado de suas carências e da espécie a que pertence".¹⁹⁶

Ao estabelecer os critérios de sua física social, Comte não fora capaz de compreender as consequências do entrelaçamento entre o novo e o antigo, posto que a dinâmica capitalista segue o curso de um movimento *sui generis*. Como uma roda que gira sobre si, a totalidade social em sua dinâmica repõe seus fundamentos. Na esteia da violência contra os dominados, a imutabilidade do todo, o triste retorno do

---

191 *Ibidem*, p. 208.

192 *Ibidem*, p. 209.

193 *Ibidem*, p. 209.

194 *Ibidem*, p. 209.

195 Menos do que simples desatenção, o que Adorno afirma é que Comte preferiu esconder as tendências destrutivas das sociedades modernas. Segundo Adorno: "O mesmo Comte sublinhou as tendências 'destrutivas' como uma das primeiras, justo as que escamoteava enquanto pensador sistemático, isto é, o verdadeiro objeto de seu próprio interesse teórico. Daí o conflito precisamente com essa faticidade à qual atribui, como positivista, uma reluctante supremacia sobre o conceito." *Ibidem*, p. 209.

196 *Ibidem*, p. 212.

sempre igual e a eterna reiteração dos princípios de autoconservação e de autocontrole significam uma mesma coisa: são reflexos da aparência de um movimento supostamente ascendente, o momento mítico do progresso que, até então, só se deu sobre as cabeças dos sujeitos.[197] Segundo Adorno:

> Apenas a insistência sobre as predicações simples, sobre a "estática" do contexto, transmite a esta sua insuficiência através da comprovação, que em todo é [Ist] desse tipo está contido um não-é [Nicht-Ist], de acordo com a linguagem de Hegel: que na identidade está contida uma não-identidade. Como um retrato estático, seguindo sua mera definição característica, ganha vida e começa a se mexer, de modo similar a uma gota d'água sob um microscópio, assim é que a afirmação fixada de que algo seja assim e não diferente torna-se ela própria, através da descrição minuciosa do contexto lógico, dinâmica.[198]

Entretanto, esse procedimento não é um simples disparate. Embora tal disposição do espírito lance mão de uma doutrina de invariantes fundamentada em uma frágil ontologia, o fato de que as supostas leis invariantes se corporifiquem como isoladamente em si e não sejam mera projeção de um esquema organizador[199] exige que a reflexão crítica se demore nessa questão. É verdade que em algumas sociedades pré-modernas e, certamente, na atual era da superprodução – onde as necessidades naturais dos homens estão totalmente esquematizadas, quando não produzidas de forma absolutamente planejada[200] –, a distinção entre o que é da ordem da natureza e o que seria instituído socialmente não se sustenta. Contrariamente

---

197 Idem. "Progresso", p. 54.
198 Idem. "Sobre estática e dinâmica como categorias sociológicas", p. 213.
199 Ibidem, p. 205.
200 Ibidem, p. 206.

ao que pensa uma consciência ingênua, mesmo as inegáveis necessidades básicas como as de alimentação, vestimenta, moradia estão imiscuídas em categorias sociais e mudam tão radicalmente que "a quantidade do novo pode-se transformar na qualidade do equivocadamente tido por invariante".[201]

Não obstante, é necessário compreender o porquê do aferramento tão obstinado[202] às construções desse tipo. Mais do que simples comentário de um autor clássico da sociologia ou mera reprovação de um sistema teórico incoerente, a leitura crítica do pensamento de Comte por Adorno vai além da simples detecção do seu evidente condicionamento político. O que atrai Adorno é a expressão de momentos e de processos decisivos do modo de funcionamento e de reprodução das sociedades modernas. Dessa forma, a divisão comteana entre estática e dinâmica da sociedade, longe de indicar uma solução, define um problema: é a persistência da sociologia em recorrer a este dualismo científico que interessa a Adorno. A questão que se coloca é por que imputar à sociedade real a divisão em categorias como as de estática e dinâmica se os fenômenos sociais não se comportam segundo esses conceitos bem definidos? Segundo Adorno:

> O processo social não é nem somente sociedade, nem apenas natureza, mas metabolismo dos seres humanos com esta, a mediação permanente de ambos os momentos. Aquilo que é natural, e que está contido em todos os estágios, não pode ser extirpado cirurgicamente de sua forma social sem violência contra os fenômenos. (...) Por fim, a doutrina da invariância [*Invariantenlehre*] busca sua justificação naquela ontologia, à qual o cientista altamente especializado confia uma verdade sob uma confiança deveras ingênua, que não se comprova em sua própria forma filosófica e que é inteiramente inconciliável com a visada em uma sociedade, que há

---

201 *Ibidem*, p. 206.
202 *Ibidem*, p. 207.

milhares de anos é imposta [*angetan*] ao ser humano, como se ela se originasse na essência de sua existência.²⁰³

Adorno afirma que é Karl Marx que nos permite pensar para além dessa dicotomia. Ao traduzir um motivo hegeliano em chave social – qual seja, o de que o "que se dá com ente, deve ser conceituado enquanto que devenido como 'mediado'"²⁰⁴ –, o autor de *O Capital* eliminou de sua conceitualização a aparência de um ser em si que assombra a compreensão de "tudo aquilo que cai sob a fórmula abstrata da estática social".²⁰⁵ Ao tratar de conceitos como os de estática e dinâmica social sob o ponto de vista da crítica ao fetichismo, Marx retirou de cena a absolutização das situações sociais²⁰⁶ recorrentes na composição de categorias estáticas.²⁰⁷

Entretanto, isso não se deu por afirmações secas que sublinhariam a historicidade de todas as formações econômicas e sociais. Em vez de esmigalhar sua forma coagulada, Marx pretendeu deduzi-la a partir do processo histórico. Embora reconhecesse a insuficiência do processo de abstração que transfigura o conceito geral de estática em *caput*

---

203 *Ibidem*, p. 206.
204 *Ibidem*, p. 215.
205 *Ibidem*, p. 215.
206 *Ibidem*, p. 215.
207 É interessante observar que Adorno afirma que as críticas de Karl Marx a Proudhon em *Miséria da filosofia* caberiam também à sociologia comteana. Segundo Adorno: "A impertinente polêmica marxista contra Proudhon poderia valer também para a sociologia comteana: 'O movimento histórico que revoluciona o mundo de hoje, torna-se para ele no problema de descobrir o equilíbrio correto, a síntese dos pensamentos burgueses. Assim descobre o hábil jovem, mediante simples astúcia, a ideia oculta de deus, a unidade dos pensamentos isolados que só são dois pensamentos isolados porque Proudhon os separou da vida prática, da produção atual que é a combinação da realidade expressa por esses pensamentos'. O 'dualismo' que acusa a Proudhon, o que se dá entre as 'ideias eternas' enquanto que 'categorias da razão pura' e os 'homens e sua vida prática', coincide tanto metódica como substancialmente com o dualismo da estática e a dinâmica." *Ibidem*, p. 215-216.

mortuum da dinâmica social, Marx foi atento ao fato de que também essa abstração nomeia um elemento realmente social.[208] Isto é, que, até o momento, permaneceu invariante o afã por expandir-se a recorrente pretensão em engolir cada vez mais setores novos.[209] Na medida em que a dinâmica repete o sempre-idêntico, em que se reproduz de forma ampliada a fatalidade, a crítica dialética deve recorrer a categorias perenes que se limitaram a modificar seu modo de aparição na forma racional da sociedade a fim de desmistificá-la.[210] Dessa maneira, ela não se restringe em demonstrar o caráter histórico das formações econômicas e sociais, mas, juntamente com isso, precisa colocar em operação uma "doutrina das invariantes".[211] Segundo Adorno:

> Na "pré-história é eterna a sina de suas próprias formas e estruturas [*Gebilde*], pois estas, em um crescimento natural cego, permanecem naturalmente decaídas. Por isso é que, na dialética de Marx, a doutrina da invariância tem uma posição, a de uma ontologia negativa da sociedade que progride antagonistamente. O que lhe é dinâmico, a dissonância carregadora de energia, o antagonismo, é

---

208 *Ibidem*, p. 216.

209 *Ibidem*, p. 216.

210 De acordo com Susan Buck-Morss, esses conceitos seriam utilizados por Adorno com o fito de explicitar a não-identidade de ambos os momentos. Por outros termos, Adorno tenta demonstrar que se o progresso, por um lado, nega o princípio burguês de igualdade e, assim, perpetua a injustiça. No mesmo momento, a estática arrastada pelo progresso desmistifica o próprio progresso.

211 É interessante destacar que Adorno afirma que a utilização de tal doutrina de invariantes teria um potencial crítico ainda mais acentuado, pois tanto os burgueses como seus partidários elogiavam o marxismo pela sua dinâmica, por sua adaptação construtiva à mudança fundamental do real. No entanto, a "dinâmica é só um dos aspectos da dialética: esse no qual a fé no espírito prático acentua preferencialmente o ato dominante, a incansável capacidade de fazer, porque a inovação sempre em curso oculta oticamente a velha falsidade." Adorno, Theodor. "Reflexões sobre a teoria de classes", p. 348.

seu estático, aquilo, em que até hoje nada se alterou e que arruinou toda relação de produção social.[212]

Por ser plenamente ciente do caráter natural da sociedade e, como consequência, de que os sujeitos socializados[213] não são nem donos de si mesmos nem tampouco da sociedade, mais do que uma simples metáfora, ao classificar o livre trabalho assalariado por meio da expressão "escravidão salarial", Marx ensina que a compreensão dialética da "dinâmica social" não dissolve integralmente o sólido e permanente[214] cristalizado em seus conceitos. E isso se deve à particularidade do processo histórico-social e não pela regra da lógica. O que com melancólica esperança Marx nomeou de pré-história, isto é, a repetição cega e desmedida da substância de toda história conhecida, do império da falta de liberdade, enraíza as sociedades modernas, no que pese toda sua racionalidade, em um ciclo irracional.[215] É uma concepção de história como essa que se torna necessária.

Quando o pleno emprego se converte em ideal no momento em que o trabalho não precisa ser a medida de todas as coisas, a estática imanente à dinâmica social revela-se como índice de sua falsidade, de sua irracionalidade persistente.[216] A dinâmica social seria inteiramente outra caso a racionalização dos processos de trabalho fosse orientada segundo critérios de uma configuração humanamente digna do trabalho, conforme a satisfação e a diferenciação das necessidades genuínas, configurada para pensar a conservação da natureza e de sua multiplicidade por meio de sua manipulação com fins humanos.[217]

---

212 *Idem.* "Sobre estática e dinâmica como categorias sociológicas", p. 216.
213 *Ibidem*, p. 217.
214 *Ibidem*, p. 218.
215 *Ibidem*, p. 217.
216 *Ibidem*, p. 215.
217 *Ibidem*, p. 219.

Diante de uma realidade histórica como essa, a filosofia da vida e a ontologia existencial contemporânea[218] patinam. Ideias como as de um fluxo permanente ou o hábito de apresentar categorias dinâmicas sob o nome de historicidade acabam por, de forma paródica, equiparar ao que se denomina por condições existenciais somente a "dominação, a falta de liberdade, o sofrimento, a onipresença da catástrofe".[219] Segundo Adorno:

> A dicotomia entre invariâncias a formas modificáveis, sob uma orientação metafísico-positivista, transporta consigo o dogma metafísico do primado do imutável, que permanece sempre igual a si mesmo, para além do efêmero e, através disso, violenta os fatos sobre cujo conceito pouco havia sido pensado na sociologia desde os tempos comteanos. De outro lado, na disparidade das essências estática e dinâmica na sociedade é possível encontrar algo de sua própria contradição. Ela se reforça onde precisaria alterar-se, pois a gravitação das relações de produção resiste às forças produtivas; ela continua rodando como a roda de fogo mítica, pois deixa de opor resistência através de uma organização racional ao nexo do destino de destruição permanente.[220]

O que não se consegue apreender é o real movimento das sociedades capitalistas. O entrelaçamento entre a imutabilidade e o novo só demonstra suas determinações quando se consegue apreender a realidade social que lhe dá origem. E isso se revela por meio da interpretação do conceito de racionalidade. A razão que é força histórica mostra-se também, por meio de sua forma coisificada e reificada, como um elemento anti-histórico,[221] como um artefato estático. Se foi possível a sociólogos alemães como Max Weber e Werner Sombart apon-

---

218 *Ibidem*, p. 218.
219 *Ibidem*, p. 218.
220 *Ibidem*, p. 218.
221 *Ibidem*, p. 214.

tar os aspectos transformadores e revolucionários da racionalidade, sobretudo quando essa surge como "tendência a romper as formas sociais tradicionais",²²² também é verdade que essa mesma racionalidade transformou a memória em hipoteca irracional, quantificou a experiência qualitativa em padrões regulares e comparáveis e liquidou o tempo. Na sociedade em que rege o princípio de troca universal tudo se passa como se obedecesse ao ritmo da produção industrial, isto é, como se fosse possível reduzir qualquer coisa a ciclos idênticos e intermitentes e potencialmente simultâneos.²²³

E é por conta desse seu duplo aspecto que os momentos anti-históricos da teoria social de Comte dizem mais do que se supõe, a quem o ignore como mera deformação da história do espírito.²²⁴ No âmbito da troca universal – quando tudo o que é histórico se reduz a um resto – realiza-se uma experiência de atemporalidade.²²⁵ A troca de mercadorias funciona, por assim dizer, de duas maneiras. Se de um lado, na troca de equivalentes – isto é, quando se troca igual por igual – um ato compensa o outro e tudo se passa como se nada houvesse acontecido, por outro lado e ao mesmo tempo, na troca ocorre uma injustiça,²²⁶ qual seja, a de que o contratante mais poderoso re-

---

222 Ibidem, p. 213.

223 Ibidem, p. 214.

224 Pois, de acordo com Adorno, o "(...) espectro de uma humanidade sem memória não é, portanto, um simples produto da decadência, uma forma subjetiva de reação de quem, segundo se diz, estaria transbordado de estímulos e já não os controlariam. Mas sim que a historicidade da consciência está conectada necessariamente, enquanto que mensageira de uma situação estática da realidade, com a *ratio*, com o caráter progressivo do espírito burguês e sua própria dinâmica." *Ibidem*, p. 214.

225 Em "Sobre estática e dinâmica como categorias sociológicas", Adorno afirma: "O intercâmbio é, enquanto revogação de um ato por outro, o mesmo intemporal de acordo com o sentido de sua execução, por muito que tenha um lugar no tempo: do mesmo modo que a *ratio*, nas operações matemáticas, elimina de si, segundo sua forma pura, o tempo." *Ibidem*, p. 214.

226 Em "Progresso", Adorno afirma que o contexto geral de ofuscamento cumpre e desrespeita seu princípio constantemente. A essência da sociedade exige essa infração da lei

cebe mais que o outro. Assim, além de ser a configuração racional da invariabilidade mítica, através da reiteração da injustiça da mentira da troca de equivalentes – ou seja, da extração da mais-valia – o processo social que até então seria estático torna-se dinâmico. É esse processo que se apaga que dita as normas e define as formas da sociabilidade. Segundo Adorno:

> Antes, a racionalidade perde crescentemente força para a Mnemósine [*Mnemosyne*], que alguma vez foi a sua própria: também por último, com uma veemência patológica, na Alemanha. O quadro de horror de uma humanidade sem lembrança, no entanto, não é apenas um produto do declínio, um modo de reação subjetivo daqueles que, como se diz, estavam transbordados com incentivos e seriam incapazes de controlá-los. Do contrário, a historicidade da consciência está, como mensageira de um estado estático da realidade, necessariamente ligada à *ratio*, à progressividade do princípio burguês e de sua própria dinâmica.[227]

No que pese tal esquecimento, a sociedade continua a ser antagônica. A paz totalitária dos cemitérios, que aflora da preponderância desmedida dos opressores sobre os oprimidos, é o resultado direto do desdobramento de uma racionalidade que baseou seu desenvolvimento de forma meramente particular.[228] Entrementes, a história não se apaziguará enquanto os seres humanos não forem sujeitos da sociedade,

---

de trocas e, portanto, a afirmação do progresso realiza-se negando o princípio burguês. No entanto, nesse mesmo movimento, o progresso acaba por recolocar os princípios da sociedade burguesa. Segundo Adorno: "A verdade do acréscimo nutre-se da mentira da igualdade. Os atos sociais devem suprimir-se reciprocamente no sistema global, mas não o fazem. Onde a sociedade burguesa satisfaz o conceito que ela mesma cria, não conhece progresso; onde o conhece, infringe sua lei, na qual está contido esse delito, e perpetua a injustiça com a desigualdade sobre a qual deveria elevar-se o progresso." Idem. "Progresso", p. 60.

227 Idem. "Sobre estática e dinâmica como categorias sociológicas", p. 214.
228 Ibidem, p. 215.

ainda que atualmente permaneçam reduzidos à indignidade de simples agentes portadores de um papel social. Por mais extrema que for a opressão e mesmo que se consiga manter o irreconciliado em silêncio, ela não é capaz de extinguir a tensão armazenada dentro[229] do que se oprime.

Não por conta de qualquer princípio metafísico, mas por causa de seu próprio movimento, impede-se que as sociedades modernas se consolidem como algo harmônico. A força que os exploradores infligem contra suas vítimas, como uma força irreconciliável do negativo, põe a história em movimento. O desdobramento imanente das forças produtivas, essas que convertem o trabalho humano em supérfluo até um valor limite,[230] encerra em si mesma um potencial de transformação e de mudança. Que isso não se realize é produto dos momentos estáticos da sociedade que contribuem negativamente ao progresso dominador, na medida em que sua reiteração automática não basta para manter a humanidade.[231] É o tempo no qual os defensores da estática e os poderes supostamente conservadores unem-se em prol da continuidade do princípio do progresso industrial.[232] Em vez de uma diminuição na quantidade de trabalho, que já poderia ser tecnicamente mínimo, faz-se prevalecer o progresso unidimensional.[233] Ante a possibilidade de uma nova qualidade social, perpetua-se a carência e a forma mais primitiva de injustiça ao se aferrar inflexivelmente à torpe tendência[234] que tem vigorado insistentemente. Segundo Adorno:

> A estática imanente à dinâmica social é o índice de sua irracionalidade falsa, persistente. A *ratio* mesma, razão [*Vernunft*] de dominação da natureza, é, simultaneamente, um pedaço daquela

---

229 *Ibidem*, p. 220.

230 *Ibidem*, p. 219.

231 *Ibidem*, p. 219.

232 *Idem*. "Sobre estática e dinâmica como categorias sociológicas", p. 220.

233 *Ibidem*, p. 219.

234 *Ibidem*, p. 219.

ideologia que critica a razão [*Vernunft*]. Ela se torna, para tanto, irremediavelmente objetificada, falsificadora. Em face dela a especulação não é, como Comte e todos os denunciantes da metafísica o queriam, unicamente reacionária, mas também condição de uma liberdade, a qual os positivistas expressam e, ao mesmo tempo, sabotam.[235]

O desafio é pensar de outra maneira a ordem social. E isso, em um duplo sentido. Primeiramente, que essa ordem vigente é constituída por uma série de tensões, de antagonismos e descontinuidades. A dinâmica social é definida pelo estabelecido como eterno e imutável. A estática social não se identifica com os sujeitos vivos, porque o domínio, o fracasso, a renúncia regem invariavelmente. Enquanto persista a carência, a estática é dinâmica enquanto energia potencial.[236] Em tais sociedades a estática social não pode ser compreendida a partir de qualquer imagem de consenso social.

Homologamente, porque seu decurso é unidimensional, a dinâmica das sociedades modernas devora tudo o mais de forma obstinadazz"perseguindo obsessivamente o único".[237] Ao não tolerar nada que lhe seja diferente, concede ao outro um lugar determinado: ou é oprimido ou é exterminado. Como um princípio de identidade que se impõe abstratamente, o caráter sempre-igual da dinâmica se reduz a uma monocracia.[238]

Dessa forma, o sujeito dinâmico – isto é, o gênero humano – que se limitou a dominar a natureza e, por conta disso, nivelou-se a ela, aparece apenas travejado de regressões, apenas como caricaturas sangrentas[239] do que poderia ser um sujeito legítimo. Porém, a mesma metafísica tradicional que se encontra ainda inclinada a hipostasiar seu

---

235 *Ibidem*, p. 215.
236 *Ibidem*, p. 220.
237 *Ibidem*, p. 219.
238 *Ibidem*, p. 219.
239 *Ibidem*, p. 219.

ser e subscrever a continuidade do que é ruim, também é justamente o que aponta para o melhor.[240]

Como um saber crítico, é preciso pensar outra sociedade que implique em uma relação transformada da humanidade com a natureza.[241] O progresso que acaba com a pré-história é o final de semelhante dinâmica.[242] Uma verdadeira sociedade supera essa regressiva dicotomia. A sociedade emancipada não se limitaria a captar o que corresponde a suas condições de existência – suas cadeias que sufocam os indivíduos – e nem continuaria sendo um movimento cego repetido como ato contínuo e única possibilidade. Segundo Adorno, o melhor modelo para se pensar isso talvez fosse o sugerido por Kafka: o de um progresso[243] que "ainda que não teve lugar e que, enquanto segue sendo imanente à ordem social, é sempre por sua vez sua negação".[244] Segundo Adorno:

---

240 *Ibidem*, p. 213.

241 *Ibidem*, p. 220.

242 *Ibidem*, p. 217.

243 Em "Progresso", Theodor Adorno identifica nesse mesmo princípio da sociedade burguesa – a troca – a origem da convergência entre um progresso total com a negação do progresso. A relação é, portanto, muito mais complexa do que se pode imaginar. Com a autoridade do mito que desmistifica o mito, o cumprimento reiterado do contrato de trocas rompido é a única possibilidade de sua abolição. Homologamente, somente a razão – o princípio de dominação social emigrado para o sujeito – seria capaz de uma crítica à dominação. A crítica se volta contra a humanidade que fica confinada a uma totalidade que ela mesma configura; nesse momento, não há progresso. O alvo é essa opressão exercida mediante o controle da natureza externa e interna do homem, que assume sua forma suprema de reflexão no princípio de identidade da razão. Contra esse conceito burguês de progresso – simultaneamente, totalitário e particular –, assentado na resistência do não-idêntico, abre-se a possibilidade de uma totalidade livre de coação, onde desapareceria esse princípio limitador de totalidade. Dessa forma, segundo Adorno: "Progresso significa sair do encantamento – também o do progresso, ele mesmo natureza – à medida em que a humanidade toma consciência da sua própria naturalidade, e pôr fim à dominação que exerce sobre a natureza e, através da qual, a natureza se prolonga. Neste sentido, pode-se dizer que o progresso acontece ali onde ele termina". *Idem*. "Progresso", p. 47.

244 *Idem*. "Sobre estática e dinâmica como categorias sociológicas", p. 213.

Em todos os locais, até mesmo os repressores modernos não deixam que se acalme, são incapazes e não podem fazê-lo, conquanto queiram permanecer na mesma linha. As chances de uma nova derrota são maiores que as de um novo Egito. Mas a-histórico é aquele ser dinâmico, que gira dentro de si próprio sem meta. (...) Na medida em que ela se identifica com a irracionalidade da história, ela consequentemente tomou por seu núcleo o penoso ritmo do tornar-se e decair: no contínuo desenrolar-se dos acontecimentos, nada se modifica. O darwinismo social: sobrevivência do mais forte, comer e ser comido, o que é perturbado e o que perturba na história estão acorrentados como um só ao a-histórico. A condição pacificada não seria nem a imobilidade da ordem totalitária, nem sua mobilidade incansável; a oposição desapareceria na conciliação.[245]

---

245 *Ibidem*, p. 220.

II. ÉMILE DURKHEIM E A DOMINAÇÃO DA NATUREZA

Os burgueses perduram como fantasmas de mau agouro.[1]

Vista de conjunto, a obra de Émile Durkheim é usualmente classificada como uma teoria da integração social. Em uma leitura rasa, tal preocupação poderia significar uma tentativa míope e ingênua de sobrepor certa concepção de ordenamento prévio e harmonioso de interesses dos distintos grupos sociais à turbulência do mundo social moderno. Entretanto, mais do que pressupor um consentimento imediato e estável a respeito dos vínculos sociais que constituem a unidade das sociedades humanas, o autor de *O suicídio* coloca a pergunta acerca dos meios de coesão social como um problema. Se é certo que, desde *Da Divisão do Trabalho Social*, a preocupação básica de Durkheim era destacar a permanência – conquanto que atualizada sobre novos fundamentos – de um conteúdo moral com o qual se revestiriam as sociedades modernas, por outro lado, a elaboração de conceitos como o de anomia, sua investigação sobre os tipos de suicídio explicitam o quão intrincado é o diagnóstico durkheimiano. Este aponta para a possibilidade não propriamente de desintegração das sociedades, mas de desregulamentação e esgarçamento dos nexos sociais.

---

1 Adorno, Theodor. *Minima Moralia. Reflexões a partir da vida lesada*, p. 31.

Em outros termos, em sua tentativa de alçar e legitimar a sociologia à posição de ciência positiva, Durkheim formulou uma interpretação a respeito tanto do surgimento e da especificidade da modernidade capitalista como de seus impasses e aporias.[2] Tendo como pano de fundo um conturbado período da história social francesa, marcado pela ascensão da burguesia, pelo crescimento do movimento operário e por efervescentes crises políticas – a derrota da França para a Alemanha, em 1870, a Comuna de Paris, o caso Dreyfus, a Primeira Guerra Mundial[3] –, Émile Durkheim, como intelectual de seu tempo, enxergava, por meio de suas determinações principais, as sociedades europeias com um sentimento vivo de que elas estavam em crise.[4]

Integração social e solidariedade

Em *Da Divisão do Trabalho Social* (doravante, DTS), Durkheim afirma que seu objetivo era compreender as consequências morais de um fenômeno que, embora já não fosse tão novo, difundiu-se a ponto de tornar-se evidente, qual seja, a tendência inexorável da indústria moderna em assentar seu desenvolvimento em grandes conjuntos de

---

[2] De acordo com Ricardo Musse, contrapondo-se tanto ao ensaísmo filosófico e à pregação doutrinária peculiar às principais vertentes políticas da época – a saber, o conservadorismo, o liberalismo e o socialismo –, Durkheim, ao empreender sua conversão da sociologia em atividade científica específica, necessitava fundamentar sua interpretação sobre a realidade social diferenciando-se das demais "ciências humanas" bem como das principais tendências políticas. Segundo Musse: "Seu êxito (científico, político, institucional, público) no encaminhamento dessa tarefa só pôde ser obtido, porém, graças à sua legitimidade como condutor desse processo. Condição adquirida, sobretudo, pela pertinência de sua compreensão dos mecanismos de funcionamento da vida social. Afinal, as providências necessárias para tornar a sociologia uma atividade científica não consistiam apenas em disposições de ordem prática, atinentes à sua instituição em especialidade dotada de lugar próprio na vida universitária e na rotina intelectual. Exigiam uma obra que se constituísse como uma espécie de demonstração exemplar dessa possibilidade." Musse, Ricardo. "Um diagnóstico do mundo moderno", p. 8.

[3] Ortiz, Renato. "Durkheim – arquiteto e herói fundador", p. 115.

[4] Aron, Raymond. *As etapas do pensamento sociológico*, p. 446.

forças e capitais e na subsequente extrema divisão do trabalho. Da indústria à ciência, das artes à organização política, em todas essas áreas verificava-se o mesmo movimento em direção à divisão e à especialização crescente das funções. Contra a inclinação dos economistas em enxergar apenas sua utilidade e suas consequências econômicas – isto é, o aumento dos rendimentos e da riqueza material –, Durkheim pretendia examinar a natureza da solidariedade social e dos vínculos morais que mantêm coesa a moderna sociedade industrial.[5] À medida que a estrutura segmentária se retrai, que os segmentos sociais perdem sua individualidade, a vida social se generaliza e sua trama se complexifica. Os indivíduos, que antes estavam circunscritos em grupos isolados, relacionam-se mais intensamente e passam, cada vez mais, a "agir e reagir uns em relação aos outros".[6] Como resultado, a solidariedade[7] erige-se a partir de novas bases.

---

5 Segundo Steven Lukes, Durkheim desenvolveu suas teses em DTS se contrapondo a três influentes tradições intelectuais: (a) Auguste Comte e o autoritarismo francês, (b) Herbert Spencer e o utilitarismo e liberalismo inglês e (c) Ferdinand Tönnies e o socialismo de Estado alemão. "Durkheim adotou uma postura crítica com respeito aos três pontos de vista. O ponto de vista de Comte, na medida em que implicava uma detalhada regulação da vida econômica por parte do Estado, não levava em conta (...) a solidariedade natural dos sistemas de atividades que funcionavam independentemente: o 'consenso espontâneo das partes' (...) O ponto de vista spenceriano era porque (...) o livre jogo dos interesses individuais não pode servir para explicar a solidariedade social nas sociedades industriais. (...) Sua acusação contra Tönnies era que sua teoria da *Gesellschaft* explicava a solidariedade social somente em função de mecanismos temporais e artificiais: a influência do controle do Estado." Lukes, Steven. *Émile Durkheim: Su vida y su obra*, p. 143-145.

6 Durkheim, Émile. DTS, p. 252.

7 Segundo Harry Alpert, o termo francês *solitarité* não tinha na época de Durkheim a conotação ética e valorativa de seu uso atual. "A palavra em inglês [*solidarity*] tem, ao menos em seu uso corrente, mais uma conotação ética, valorativa que o termo francês tinha no período em que Durkheim o empregava. Este último usava *solidarité* em um sentido objetivo e biológico para se referir a um tipo de relação entre o todo e suas partes." Alpert, Harry. "Émile Durkheim and the theory of social integration", p. 30.

Para além dos ganhos econômicos que a divisão do trabalho poderia acarretar, o aspecto destacado é o efeito moral que produz, isso porque a sua verdadeira função seria criar, entre as pessoas, um sentimento vivo de solidariedade. Em DTS:

> (...) o mais saliente efeito da divisão do trabalho não é que ela aumenta o rendimento das funções divididas, mas que as torna solidárias. O seu papel em todos estes casos não é simplesmente embelezar ou melhorar as sociedades existentes, mas tornar possíveis sociedades que, sem elas, não existiriam.[8]

A questão posta, no entanto, está longe de ser facilmente resolvida. E não só pela dificuldade e complexidade oriundas da apreensão conceitual do fenômeno social em si, mas também e principalmente pela fluidez que reside na coisa mesma. Trata-se de interpretar o período histórico de constituição de outra vida social, caracterizada pelo adensamento da massa social,[9] pela formação das cidades e seu desenvolvimento,[10] pelo aumento da quantidade e a rapidez das vias de comunicação e passagem[11] e pelo incremento do número total dos membros das sociedades – isto é, do volume social. É o tempo em que os diferentes segmentos e funções sociais entram em contato de forma mais constante, em que os homens tornam-se aptos a experimentar novos prazeres, em quem as necessidades e as aspirações intelectuais já não se satisfazem com explicações grosseiras e exigem novos esclarecimentos e o desenvolvimento da ciência.

Entretanto, essa nova ordem de fenômenos que se tornou em objeto da sociologia ainda não se cristalizara plenamente e, muitas vezes, encontrava-se em estado de "livres correntes que estão perpetuamente

---

8   Durkheim, Émile. DTS, p. 76.
9   *Ibidem*, p. 265.
10 *Ibidem*, p. 254.
11 *Ibidem*, p. 255.

em via de transformação".[12] Nesse ínterim, há pois todo um mundo de sentimentos que deixou de "contar entre os estados fortes e definidos da consciência comum".[13] O efeito direto é que a vida moral das sociedades modernas aparecia como se estivesse sobre areia movediça. A religião,[14] outrora centro da vida social, passa a desempenhar um papel cada vez mais marginal. Embora a consciência comum não corresse o risco de desaparecer, ela enfraquece e se restringe às maneiras

---

12 Idem. *As regras*, p. 45.

13 Idem. DTS, p. 141.

14 É interessante notar que a definição de religião que Durkheim utiliza em DTS difere substancialmente da fornecida em *As formas elementares da vida religiosa*. No livro de 1893, Durkheim equipara religião ao conceito de consciência coletiva nos seguintes termos: "Uma vez afastado, porém, esse elemento, a única característica que todas as ideias, assim como todos os sentimentos religiosos apresentam igualmente é, parece, serem comuns a certo número de indivíduos que vivem juntos e, além disso, terem uma intensidade média bastante elevada." *Ibidem*, p. 151. As diferentes definições sobre a religião não deixaram de ser percebidas por Steven Lukes, que enxerga nessa mudança de enfoque o "ponto de viragem" na teoria social de Durkheim. Segundo Lukes: "Nesse primeiro momento, o enfoque de Durkheim era em boa medida formal e bastante simplista: elaborou uma série de hipóteses sobre a natureza da religião e seu papel na vida social e colocou uma série de questões com as quais a sociologia da religião deveria encarar. Posteriormente, seu tratamento da religião seria bastante mais matizado e complexo, e estaria em contato com uma rica e detalhada massa de material empírico à sua disposição; se dedicaria então a verificar, modificar e ampliar suas hipóteses e, mais adiante, pretendia generalizar suas conclusões para dar respostas sociológicas às questões fundamentalmente filosóficas que afetavam as bases da moral e do conhecimento." Lukes, Steven. *Émile Durkheim: su vida y su obra*, p. 239. A esse respeito, Steven Lukes transcreve uma declaração de Durkheim que nos dá base para distinguir seus primeiros trabalhos sociológicos com sua produção de maturidade. Segundo Durkheim: "Até 1895 não consegui ter uma ideia clara do papel essencial que desempenhava a religião na vida social. Foi neste ano quando, pela primeira vez, encontrei a maneira de abordar sociologicamente o estudo da religião. Foi para mim uma revolução. O curso de 1895 supõe uma linha divisória no desenvolvimento de meu pensamento, a ponto de que tive de revisar todas as minhas investigações anteriores, para ajustá-las a esta perspectiva." *Ibidem*, p. 236.

de pensar e de sentir muito gerais e indeterminadas,[15] deixando espaço livre para uma multidão crescente de dissidências individuais.[16] Os dialetos, os costumes locais, as práticas religiosas, a organização familiar antiga etc. perdem sua significação e todas as suas particularidades culturais sofrem um nivelamento análogo "ao que se produz entre massas líquidas postas em comunicação".[17] A sociedade se transforma e o que se dissolve é a estrutura social correspondente à solidariedade mecânica, isto é, uma comunidade composta de segmentos homogêneos. Ao tratar das novas determinações que a consciência coletiva assumiria nas sociedades modernas, Durkheim afirma:

> Se ela orienta todas as vontades para um mesmo fim, esse fim não é social. Ela tem, portanto, uma situação totalmente excepcional na consciência coletiva. É da sociedade que ela tira toda a força que possui, mas não é à sociedade que ela nos prende: é a nós mesmos. Por conseguinte, ela não constitui um vínculo social verdadeiro. É por isso que se pode acusar, com razão, os teóricos que fizeram desse sentimento a base exclusiva de sua

---

15   A divisão do trabalho só atinge seus objetivos morais quando os indivíduos são estimulados a variarem suas aptidões. Além das mudanças e transformações advindas no meio social, há toda uma série de fatores secundários que podem "facilitar, prejudicar ou entravar completamente seu curso". Isto é, as consequências morais da divisão do trabalho só se produzem completamente enquanto não houver uma oposição "forte e definida da consciência coletiva". Nesse sentido, a divisão do trabalho só se torna a fonte principal de solidariedade quando regredir o estado da consciência coletiva. Segundo Durkheim, as condições para que isso ocorra são: quando a sociedade se torna mais volumosa, o conteúdo da consciência coletiva perde seu caráter concreto e preciso e assume um aspecto cada vez mais indeterminado e abstrato; a "noção de divindade" e sua tendência crescente à transcendência é o maior exemplo desse movimento. Além disso, a universalização das regras e interditos religiosos emancipam-se das "circunstâncias locais, das particularidades étnicas" tornando-se, cada vez mais, "racionais e lógicas". Por fim, diminuição da autoridade da tradição, por conta da separação entre os indivíduos e seu "meio natal". Durkheim, Émile. DTS, p. 306.

16   *Ibidem*, p. 155.

17   *Ibidem*, p. 171.

doutrina moral de dissolver a sociedade. Portanto, podemos concluir dizendo que todos os vínculos sociais que resultam da similitude se afrouxam progressivamente.[18]

A matéria social possibilita novas combinações[19] com uma amplitude e plasticidade de novas proporções. Das hordas, dos clãs ou das sociedades segmentárias à base de clãs,[20] onde a coesão social resulta exclusivamente das semelhanças, de uma massa absolutamente homogênea que absorve os indivíduos de forma a torná-los simples dependentes do tipo coletivo, passa-se então – como lei histórica, que se realiza paulatinamente – para sociedades constituídas como sistemas de órgãos diferentes, cada qual com seu papel especial, nos quais os indivíduos não se agrupam de acordo com relações de descendência familiar, mas segundo a natureza particular da sua atividade social. A organização profissional ocupa, progressivamente, o lugar da organização segmentária, preenchendo-a com sua teia social própria. Surgindo primeiramente nos limites dos segmentos mais simples, o movimento se alastra. Se, inicialmente, a organização profissional e suas instituições adaptam-se e moldam-se conforme as configurações sociais antigas, pois tendem a "se especializar na forma de tecidos, órgãos ou aparelhos diferentes, do mesmo modo que os clãs de outrora",[21] tal acomodação não se mostra confortável e exige mudanças profundas. O meio profissional, que não mais coincide com o meio territorial ou com o meio familiar, subverte as bases morais e sociais para efetivar-se.

A diminuição da distância material e moral entre as diferentes regiões[22] asperge essas transformações por todo o tecido social. Os

---

18 *Ibidem*, p. 155.
19 *Ibidem*, p. 252.
20 *Ibidem*, p. 159.
21 *Ibidem*, p. 173.
22 *Ibidem*, p. 303.

membros dessas sociedades não se sentem tão ameaçados pelo jugo coletivo e suas tentativas de se emanciparem dos usos dominantes não são encaradas como objeto de escândalo público.[23] A regulamentação profissional só mantém autoridade sobre um aspecto restrito da vida dos indivíduos, deixando as demais esferas fluírem de maneira muito mais livre ou, melhor dizendo, não são mais definidas por uma consciência coletiva estrita e determinada. Em DTS:

> (...) na medida em que a constituição social é segmentária, cada segmento tem seus órgãos próprios que são como que protegidos e mantidos a distância dos órgãos semelhantes por meio das paredes que separam os diferentes segmentos. Mas, à medida que as paredes desaparecem, é inevitável que os órgãos similares se alcancem, entrem em luta e se esforcem por substituir-se uns aos outros. Ora, como quer que se faça essa substituição, dela não pode deixar de resultar algum progresso no caminho da especialização.[24]

Essa nova morfologia social tem como consequência imediata tornar a luta pela vida mais intensa e ardente. E aqui, ocorre no mundo social um movimento análogo ao descrito por Charles Darwin acerca da concorrência entre dois organismos. De acordo com Durkheim, haveria rivalidade entre dois ou mais organismos apenas quando eles perseguem as mesmas necessidades e os mesmos objetivos. Em um período de escassez, quando a situação se agudiza na proporção em que "todos os apetites não possam mais ser suficientemente satisfeitos",[25] a disputa é maior e mais voraz quanto maior for o número de concorrentes. Entretanto, o mesmo não se verifica quando os indivíduos coexistentes forem de espécies diferentes; as ocasiões de conflitos diminuem, pois a concorrência não se efetiva.

---

23   *Ibidem*, p. 300.
24   *Ibidem*, p. 267.
25   *Ibidem*, p. 263

O mundo social, por sua vez, seguiria a mesma lei. Nas cidades em que as profissões coexistem pacificamente, isso se dá pelo fato delas perseguirem objetivos diferentes.[26] Homologamente, quanto mais as funções sociais se aproximam, mais e mais elas entram em pontos de contato e, por satisfazerem uma mesma necessidade por vias distintas, tornam-se mais propícias à rivalidade. Por outros termos, ao desempenhar exatamente as mesmas funções, cada atividade só pode avançar e prosperar à medida que elimina seus adversários. O resultado dessa luta não pode ser outro. Ou os concorrentes com alguma inferioridade[27] são derrotados e desaparecem ou são obrigados a se readaptarem ao meio social; e o sentido dessa readaptação tende a assumir a forma de uma nova especialização.[28]

Desse modo, ao invés de entrar reiteradamente em uma luta encarniçada, os membros de uma sociedade pré-existente,[29] que já sintam entre si que são pertencentes a uma mesma comunidade, conseguem transformar relações de pura hostilidade em relações sociais.[30]

---

26 *Ibidem*, p. 264.

27 *Ibidem*, p. 266.

28 A esse respeito: "Porque se, em vez de criarem imediatamente mais uma especialidade, os mais fracos preferissem adotar outra profissão, mas que já existia, precisariam entrar em concorrência com os que a exerceram até então. Portanto, a luta não estaria mais encerrada, mas apenas deslocada, e produziria suas consequências num outro ponto. Finalmente, seria necessário haver em algum lugar ou uma eliminação, ou uma nova diferenciação." *Ibidem*, p. 266-267.

29 Algo importante para a argumentação de Durkheim é o fato de que as consequências morais da divisão do trabalho não se realizam sempre e imediatamente. Além dos casos patológicos de anomia que tratarei posteriormente, uma das precondições para que isso se dê seja que a concorrência não oponha indivíduos muito isolados e totalmente estranhos uns em relação aos outros. Em DTS: "É por isso que, onde esse sentimento de solidariedade é fraco demais para resistir à influência dispersiva da concorrência, esta gera efeitos bem diferentes da divisão do trabalho. Nos países em que a existência é demasiado difícil, em consequência da extrema densidade da população, os habitantes, em vez de se especializarem, retiram-se definitiva ou provisoriamente da sociedade: eles emigram para outras regiões." *Ibidem*, p. 275.

30 *Ibidem*, p. 275.

A divisão do trabalho e das funções e a tendência à especialização não são, segundo Durkheim, uma solução previamente imaginada ou resultado de um plano preconcebido conscientemente; ela se faz por si e progressivamente.[31] Articula os diversos ramos da sociedade, não por efeito do trabalho de um órgão central, mas por conta de um entrelaçamento dinâmico[32] que se dá mecanicamente. Outra unidade surge, então, espontaneamente. Se for certo que, sob determinadas circunstâncias – em tempo de fome ou de crise econômica[33] –, as funções sociais essenciais garantem sua subsistência em detrimento de atividades menos importantes, por outro lado, o funcionamento normal das sociedades advoga em favor da cooperação e da solidariedade entre as diversas funções. Segundo Durkheim:

> A divisão do trabalho é, pois, um resultado da luta pela vida, mas é um seu desenlace atenuado. De fato, graças a ela, os rivais não são obrigados a se eliminarem mutuamente, mas podem coexistir uns ao lado dos outros. Por isso, à medida que se desenvolve, ela fornece a um maior número de indivíduos que, em sociedades mais homogêneas, seriam condenados a desaparecer, os meios para se manterem e sobreviverem.[34]

31　*Ibidem*, p. 276.
32　Segundo Durkheim: "(...) há toda uma vida intestina, um mundo de órgãos que, sem serem totalmente independentes do primeiro, funcionam, porém, sem que este intervenha, sem que ele tenha sequer consciência disso, pelo menos em seu estado normal. (...) Não é o governo que pode, a cada instante, regular as condições dos diferentes mercados econômicos, fixar os preços das coisas e dos serviços, adequar a produção às necessidades do consumo etc. Todos esses problemas práticos levantam multidões de detalhes, prendem-se a milhares de circunstâncias particulares, que só os que estão bem próximos conhecem. Com maior razão, ele não poderá ajustar essas funções umas às outras e fazê-las concorrer harmoniosamente, se não concordarem por si mesmas." *Ibidem*, p. 375.
33　*Ibidem*, p. 269.
34　*Ibidem*, p. 268.

Tais transformações não se limitam à economia. Seus efeitos são múltiplos e se espalham por todas as esferas da vida social. No campo do conhecimento científico, já não é possível abarcar a totalidade dos saberes produzidos pelo conjunto numeroso e heterogêneo das ciências particulares. Quando se especializa, o trabalho do cientista não se encerra em uma ciência particular, mas numa ordem especial de problemas.[35] Paralelamente, a estrutura de organização política também passa por um processo de especialização. O Estado, que nas sociedades inferiores executava somente as funções da justiça e da guerra,[36] tem suas atribuições aumentadas à medida que as sociedades se complexificam. Pouco a pouco, tarefas como a educação da juventude, a proteção da saúde geral, funcionamento da assistência pública, administração das vias de transporte e comunicação tornam-se funções e concentram-se no órgão político central. Até mesmo a constituição psíquica dos indivíduos sofre modificações. As consequências das mudanças que se produziram no volume e na densidade das sociedades, surgidas e fomentadas a partir das novas condições nas quais as funções sociais e os indivíduos são postos, nas quais são obrigados a se especializarem mais, trabalharem mais, estimularem suas faculdades, resultam enfim em um grau mais elevado de cultura.[37] Ou seja, além do acréscimo na riqueza material, dos progressos técnicos e da melhora da produção, do desenvolvimento da ciência, a civilização mesma é um reflexo da divisão do trabalho.

É verdade que a vida social – incluindo as suas formas mais simples – sempre conservou sua especificidade ante a vida biológica. Não obstante, nas sociedades complexas os indivíduos se libertam ainda mais do jugo do organismo.[38] Os homens colocam-se sob o império de causas *sui generis*, que se tornam cada vez mais importantes na cons-

---

35 *Ibidem*, p. 371.
36 *Ibidem*, p. 210.
37 *Ibidem*, p. 348.
38 *Ibidem*, p. 358.

tituição da natureza humana.³⁹ À medida que aumenta a importância do meio coletivo e se abala a do meio orgânico, os homens tornam-se sujeitos de outra vida mais livre, mais complexa, mais independente.⁴⁰ A consciência invade os terrenos dos instintos e, a seu modo, afasta os indivíduos de suas necessidades físicas imediatas. A sensibilidade e a inteligência humanas, mais utilizadas, aguçam-se; a vida cerebral, mais desenvolvida e ocupando um espaço maior na vida dos indivíduos, é incitada a se satisfazer apenas por estímulos mais sutis e refinados. Há uma nova moralização da vida fisiológica. Surge, a partir de então, uma vida psíquica de outra ordem, na qual uma multidão de coisas que, anteriormente, não afetava a vida coletiva indiferenciada torna-se objeto de representações.⁴¹ Em suma, a vida psíquica progride e se consolida acima do corpo. Em DTS:

> Produz-se, assim, um fenômeno que é exatamente o inverso daquele que observamos no início da evolução. Nos animais, é o organismo que assimila os fatos sociais e, despojando-os de sua natureza especial, transforma-os em fatos biológicos. A vida social se materializa. Na humanidade, ao contrário, e sobretudo nas sociedades superiores, são as causas sociais que substituem as causas orgânicas. É o organismo que se espiritualiza.⁴²

O enfraquecimento da consciência coletiva se coaduna a um movimento compensatório. Segundo a interpretação durkheimiana, esse movimento não degenera os vínculos morais entre os indivíduos, mas lhes dá uma nova feição. Numa primeira aproximação, pode-se afirmar que a diferença existente entre as sociedades modernas e as sociedades tradicionais se fundamenta na substituição, paulatina, da

---

39   Ibidem, p. 359.
40   Ibidem, p. 360.
41   Ibidem, p. 361.
42   Ibidem, p. 359.

solidariedade mecânica pela solidariedade orgânica;[43] o desenlace, como foi afirmado, é moralmente virtuoso. *Grosso modo*, Durkheim identifica duas fontes de solidariedade[44] que atuam para garantir a coesão das sociedades: uma por similitude – "gostamos de quem se nos assemelha, de quem sente e pensa como nós"[45] – e a outra por diferença – "diferenças que se supõem e se completam pode ter essa virtude".[46] Nas sociedades que se mantêm juntas por similitude – ou seja, pela solidariedade mecânica –, os elos entre os indivíduos e a sociedade são diretos, isto é, o vínculo se dá entre a unidade e o todo e não entre uma unidade e as demais unidades separadamente.

As modernas sociedades industriais, por outro lado, põem em circulação a outra fonte de solidariedade social. Os vínculos entre os indivíduos e a sociedade não são mais diretos e imediatos. Por exemplo,

---

43 Na verdade, seguindo as indicações de Alpert, esses dois tipos de solidariedade – ou melhor, esses dois princípios de integração social – parecem não ser mutuamente excludentes no interior da argumentação de Durkheim, mas sim dois princípios de integração social que estariam presentes – em diferentes configurações – em todas as sociedades. Alpert, Harry. "Émile Durkheim and the theory os social integration", p. 33. Steven Lukes afirma ainda que tais conceitos deveriam ser entendidos mais como "tipos ideais" do que descrições concretas de sociedades existentes. Lukes, Steven. *Émile Durkheim: su vida y su obra*, p. 147. Entretanto, Durkheim afirma que a chave para a compreensão do "desenvolvimento social" é a tendência de progressivo predomínio da "solidariedade orgânica" sobre a "solidariedade mecânica" como princípio de integração social.

44 De acordo com Robert Merton, a "(...) fonte da vida social, assegura Durkheim, é dupla: a similitude da consciência e a divisão do trabalho social. Em um dos tipos de sociedade, que ele chama 'primitiva', a solidariedade é produzida por uma comunidade de representações que dão nascimento a leis impositivas de práticas e crenças uniformes sobre os indivíduos sob ameaça de medidas repressivas. (...) A divisão do trabalho social, de outro lado, enquanto estimula, e não exacerba, a individualização, também ocasiona uma 'solidariedade orgânica', baseada sobre a interdependência de indivíduos e grupos funcionando cooperativamente." Merton, Robert. " Durkheim's *Division of Labor Society*", p. 21.

45 Durkheim, Émile. DTS, p. 71.

46 *Ibidem*, p. 71.

as regras jurídicas com sanção restitutiva são estranhas à consciência comum, pois não atingem indistintamente todo o mundo.[47] Balizando esse movimento, o individualismo e o livre - pensamento se desenvolvem ao longo da história. Aumenta a importância dada à dignidade individual e, por conta disso, a complexa unidade de meios de ação, crenças e práticas sociais, formas de pensamento e de sentimentos, que se originava a partir de sistemas homogêneos, embebidos em crenças religiosas, é substituída pela defesa dos ideais republicanos e, especialmente, pelo culto ao indivíduo. Por conta disso, esse se reveste em ideais republicanos. Mais do que simples dicotomia entre as duas fontes de solidariedade, na passagem das sociedades tradicionais para as modernas o que parece estar em jogo é, na verdade, o conteúdo da consciência comum ou coletiva. O indivíduo é membro de tal sociedade apenas quando adquire os hábitos e atitudes, crenças e valores que constituem a consciência comum ou coletiva deste grupo.[48] Somente assim é que é possível perceber que os vínculos entre eles não são criados pelos contratos, nem pelo livre jogo dos interesses individuais, mas que esses fenômenos expressam a fonte de solidariedade que é a razão da unidade das sociedades. Segundo Durkheim:

> De fato, é notável que os únicos sentimentos coletivos que se tornaram mais intensos são os que tem por objetivo não coisas sociais, mas o indivíduo. Para que seja assim, é necessário que a personalidade individual tenha se tornado um elemento muito mais importante na vida da sociedade, e, para que a consciência pessoal de cada um tenha aumentado ainda mais do que a consciência comum. É necessário que ela tenha se emancipado do jugo desta

---

47 *Ibidem*, p. 89.
48 Segundo Lukes: "Durkheim pensava que este sistema de crenças, que ele considerava característico da moderna consciência coletiva, outorgava um valor supremo não somente à dignidade individual, mas também (e como corolário) à igualdade de oportunidades, a uma ética do trabalho bastante desenvolvida e à justiça social." Lukes, Steven. *Émile Durkheim: su vida y su obra*, p. 155.

última e, por conseguinte, que esta tenha perdido o domínio e a ação determinante que exerce a princípio.[49]

Como foi dito, em DTS, Durkheim coloca a morfologia social como fundamento da explicação sociológica.[50] Esta, por sua vez, não se contenta em mostrar para que os fenômenos sociais servem e que papel desempenham.[51] Se o primeiro passo da reflexão sociológica estriba-se em compor tipos e espécies sociais a fim de classificar as diferentes sociedades segundo seus caracteres particularmente essenciais,[52] o passo subsequente consiste em arrolar as causas de seu surgimento. Para tanto, é preciso considerar os fatos sociais em si mesmos, independentemente do modo pelo qual os sujeitos conscientes o concebem. A sociedade não é produto da realização da intenção subjetiva dos homens e, por conta disso, afastar sistematicamente as prenoções e as falsas evidências que dominam o espírito do vulgo[53] constitui a passagem do espírito que pensa com a sensibilidade para a ciência. Embora a ciência muitas vezes parta do conhecimento vulgar ou prático[54] – como índice de grupo de fenômenos previamente definidos por certos caracteres exteriores[55] –, a reflexão sociológica impõe uma ruptura com as suas afirmações mais ou menos fluidas, vacilantes e ambíguas e deve definir os seus conceitos de acordo com as propriedades intrínsecas aos fenômenos sociais. A sociologia deve captar,

---

49 Durkheim, Émile. DTS, p. 151.
50 Essa relação assume uma direção bastante clara nos primeiros escritos de Durkheim. *Grosso modo*, a morfologia social é a chave principal de explicação em DTS. No entanto, a relação entre a morfologia social e as representações coletivas sofrem uma inflexão profunda e, resumidamente, os ideais da sociedade tornam-se o fator preponderante na fundação da realidade social na obra tardia de Durkheim.
51 Durkheim, Émile. *As regras*, p. 91.
52 *Ibidem*, p. 81.
53 *Ibidem*, p. 33.
54 *Ibidem*, p. 44.
55 *Ibidem*, p. 36.

investigando as correntes sociais, seja por meio dos hábitos coletivos cristalizados, das regras jurídicas, dos preceitos morais[56] etc. a matéria concreta da vida coletiva.[57] O caráter coercitivo e exterior dos fatos sociais retira das faculdades inferiores da inteligência[58] o critério de verdade. Embora o pensamento conceitual deva partir da sensação causada pela exterioridade dos fatos sociais, a ciência funda-se no momento em que as regras sistemáticas do método científico são obedecidas. Como se fossem forças físicas ou fenômenos naturais, os fatos sociais se submetem a leis sociológicas e regularidades. Aplicar o

---

56 Na verdade, Durkheim estabelece uma ordem de prioridades para as análises sociológicas. Não obstante gozarem do mesmo direito e serem todas produto da sociedade, as correntes sociais, por constituírem-se ainda como realidades fluidas, em perpétuo estado de mudança, não permitem à sociologia, que ainda encontrava-se em estado inicial, produzir conhecimento definitivo. Segundo Durkheim: "(...) se quisermos seguir uma via metódica, precisaremos estabelecer os primeiros alicerces da ciência sobre um terreno firme e não sobre areia movediça. É preciso abordar o reino social pelos lados onde ele mais se abre à investigação científica. Somente a seguir será possível levar mais adiante a pesquisa e, por trabalhos de aproximação progressivos, cingir pouco a pouco essa realidade fugidia, da qual o espírito humano jamais possa se apoderar completamente." *Ibidem*, p. 47.

57 É importante não confundir os fenômenos sociais cristalizados com os elementos da morfologia social. Esta diz respeito aos aspectos de organização política, de distribuição geográfica da população, concentração da população, etc. Da mesma forma, o conceito de fenômeno social não se esgota nas características físicas e materiais da morfologia social. Segundo Durkheim: "(...) como os exemplos que acabamos de citar (regras jurídicas, dogmas religiosos, sistemas financeiros etc.) consistem todos em crenças e em práticas constituídas, poder-se-ia supor, com base no que precede, que só há fato social onde há organização definida. Mas existem outros fatos que têm a mesma objetividade e a mesma ascendência sobre o indivíduo. É o que chamamos de correntes sociais. Assim, numa assembleia, os grandes movimentos de entusiasmo ou de devoção que se produzem não têm por lugar de origem nenhuma consciência particular. Eles nos vêm, a cada um de nós, de fora e são capazes de nos arrebatar contra a nossa vontade." *Ibidem*, p. 4-5.

58 Durkheim, Émile. *As regras*, p. 34.

princípio de causalidade aos fenômenos sociais é, portanto, um postulado empírico.[59] Em *As regras*:

> O esforço principal do sociólogo será portanto procurar descobrir as diferentes propriedades desse meio suscetíveis de exercer uma ação sobre o curso dos fenômenos sociais. Até o presente, encontramos duas séries de caracteres que correspondem de uma maneira eminente a essa condição: o número das unidades sociais ou, como dissemos também, o volume da sociedade e o grau de concentração da massa, ou o que denominamos a densidade dinâmica. (...) Ora, a vida comum só pode ser afetada pelo número dos que nela colaboram eficazmente. Por isso, o que exprime melhor a densidade dinâmica de um povo é o grau de coalescência dos segmentos sociais. Pois, se cada agregado parcial forma um todo, uma individualidade distinta, separada por outras por uma barreira, é porque a ação de seus membros, em geral permanece aí localizada; se, ao contrário, essas sociedades parciais se confundem todas no seio da sociedade total ou tendem a nela se confundir, é porque, na mesma medida, o círculo da vida social se ampliou.[60]

O interesse político de Durkheim enlaça-se com seu ideal de ciência. A distinção entre fenômenos normais e patológicos assume uma posição estratégica em sua argumentação. Algo que ultrapassa os limites de simples recomendações ou asserções metodológicas, é o próprio papel da ciência do homem em sua dimensão prática que está em jogo. Somente assim, seguindo a perspectiva durkheimiana, pode-se reivindicar os direitos da razão sem cair de novo na ideologia.[61] Por outros termos, a sua tentativa de fundar a ciência da moral e, consequentemente, intervir no debate público francês dependia da possibilidade de uma abordagem científica dos fenômenos sociais que

---

59   *Ibidem*, p. 146.
60   *Ibidem*, p. 114-115.
61   *Ibidem*, p. 51.

permitisse não só conhecer o real, mas ser capaz de formular critérios para guiar os homens na determinação de fins superiores através da distinção entre os fatos sociais que são aquilo que deveriam ser e os que deveriam ser de outro modo.[62] A aridez de tal propósito explicita-se pelo caráter tortuoso de sua argumentação. Por exemplo, para que se possa distinguir cientificamente a saúde da doença nas diversas ordens de fenômenos sociais,[63] um dos elementos centrais é que, apesar de Durkheim iniciar sua discussão pela tentativa de delimitar o que são os fenômenos patológicos, ele não consegue estabelecer nenhum critério objetivo capaz de fundamentar essa ordem de fenômenos. Seguindo sua perspectiva, parece não ser possível estabelecer parâmetros objetivos de definição do que seriam os fenômenos patológicos em si. Nem o sofrimento, pois sua relação com a doença carece de constância e precisão; nem a dor, pois sua ausência é por vezes causa de doença; nem a ameaça de nossas chances de sobrevivência, pois a doença não é a única a produzir esse resultado. Nenhum desses critérios parece suficiente para se determinar o caráter patológico de um determinado fenômeno social.

No entanto, mais do que a enumeração de tentativas frustradas de definição conceitual, é preciso destacar que Durkheim só se mostra capaz de imaginar uma forma de delimitação dos caracteres dos fenômenos patológicos ou mórbidos, qual seja, a partir da contraposição com os fenômenos normais.[64] Ao buscar sinais exteriores que permi-

---

62 Segundo Durkheim: "Com efeito, tanto para as sociedades como para os indivíduos, a saúde é boa e desejável, enquanto a doença é algo ruim e que deve ser evitado. Se encontramos portanto um critério objetivo, inerente aos fatos mesmos, que nos permita distinguir cientificamente a saúde da doença nas diversas ordens de fenômenos sociais, a ciência será capaz de esclarecer a prática, sem deixar de ser fiel a seu próprio método". *Ibidem*, p. 51.

63 *Ibidem*, p. 51.

64 Uma estratégia de conceitualização que, em meio a evidentes falhas de leitura, não deixou de ser criticada por Gabriel Tarde. Embora seja uma polêmica que ultrapasse este problema, Tarde critica justamente as estratégias de definição de Durkheim dos fenômenos sociais normais e patológicos. Segundo Tarde: "Para ele [Durkheim], como

tissem distingui-los entre si, Durkheim afirma que os fenômenos sociais – bem como os biológicos – seriam suscetíveis de assumir duas formas diferentes; são elas: ser geral em toda a extensão da espécie e o de ser excepcional. O tipo normal fica sendo aquele de maior generalidade enquanto que o patológico se define em função do primeiro. Em *As regras*:

> Chamaremos normais os fatos que apresentam as formas mais gerais e daremos aos outros o nome de mórbidos ou patológicos. Se concordarmos em chamarmos tipo médio o ser esquemático que constituiríamos ao reunir num mesmo todo, numa espécie de individualidade abstrata, os caracteres mais frequentes na espécie com sua forma mais frequentes poderemos dizer que o tipo normal se confunde com o tipo médio e que todo desvio em relação a esse padrão da saúde é um fenômeno mórbido.[65]

O exame dessa ordem de fenômenos patológicos tem a função de permitir que se compreenda o funcionamento normal das sociedades. Tendo em vista essa finalidade, Durkheim examinou certos fenômenos sociais em que o aspecto moral da divisão do trabalho parecia não se realizar. Em DTS, isso se dá em três formas precisas: (a) a divisão anômica do trabalho, (b) a divisão forçada do trabalho e, por fim, (c) os casos em que a atividade funcional de cada trabalhador é insuficiente para produzir solidariedade. A primeira dessas formas anormais atestava que, em certos pontos, algumas funções sociais não estariam ajustadas umas às outras. As crises industriais ou comerciais, as

---

veremos a seguir, não há outra pedra de toque da normalidade de um fenômeno senão sua generalidade; para ele, o tipo médio, o tipo coletivo, é o tipo normal; logo, tudo o que se desvia disso é uma anomalia. Em seguida, sua proposição volta a afirmar que a criminalidade é algo normal porque favorece a eclosão de anomalias, e que sua supressão seria uma anomalia porque teria como efeito o reino absoluto do estado normal". Tarde, Gabriel. "Criminalidade e saúde penal", p. 59.

65   Durkheim, Émile. *As regras*, p. 58.

falências, o antagonismo entre o trabalho e o capital davam mostras de que ainda havia rupturas parciais da solidariedade orgânica.[66] Ao lado dessa desregulamentação anômica, Durkheim chama atenção para os momentos em que as próprias regras são a causa do mal; isto é, quando a regulamentação não deriva da natureza das coisas, quando ela não se estabelece em virtude de espontaneidades puramente internas,[67] mas de uma coerção externa que bloqueia e enrijece as iniciativas dos indivíduos. Por fim, a terceira forma anormal corresponde ao momento em que a deplorável perda de forças torna a atividade econômica aquém do que poderia. Nessa situação, as funções são distribuídas de modo a não proporcionar matéria suficiente para a atividade dos indivíduos,[68] não permitindo continuidade entre as diversas atividades e, como consequência, tal divisão do trabalho não produz o sentimento de ter continuamente necessidade umas das outras[69] e a solidariedade se afrouxa, em meio ao surgimento de incoerência e desordem.[70] Entretanto, malgrado a influência que tais períodos de desordem possam desempenhar sobre a organização das sociedades, a solução permanece a mesma. Em DTS:

> A maior intensidade da luta implica novos e penosos esforços, que não são de natureza a tornar os homens mais felizes. Tudo acontece mecanicamente. Uma ruptura de equilíbrio na massa social suscita novos conflitos que só podem ser resolvidos por uma divisão do trabalho mais desenvolvida: este é o motor do progresso.[71]

---

66 Idem. DTS, p. 368.
67 Ibidem, p. 393.
68 Ibidem, p. 409.
69 Ibidem, p. 413.
70 Ibidem, p. 409.
71 Ibidem, p. 268.

Não se trata de uma harmonia preestabelecida, mas a própria dinâmica da sociedade encontra um termo efetivo às suas antinomias sociais. A possibilidade de desintegração das sociedades é uma alternativa aberta. Porém, em nenhum dos casos arrolados, o princípio de integração social é posto em dúvida. A tese de que o vínculo de solidariedade se transformou no curso da evolução histórica e se tornou capaz de conciliar um aparente paradoxo – qual seja, que um aumento da individualidade implica no declínio da moralidade – e, por conta disso, com maior ou menor dificuldade, com maior ou menor sofrimento, o próprio desenlace dos processos históricos e sociais encontraria a solução definitiva à morbidez de alguns fenômenos sociais e pareceria satisfazer as exigências e expectativas de Durkheim. No entanto, essa resposta que parecia categórica desaparece do horizonte teórico durkheimiano. Robert Nisbet destaca, por exemplo, que, após *DTS*, Durkheim nunca mais utilizou a distinção entre solidariedade mecânica e orgânica.[72] Mais do que mera sutileza terminológica, é interessante observar que tal movimento expressa uma transformação real na compreensão de Durkheim a respeito das sociedades modernas.

Se o progresso da divisão do trabalho e as consequências moralmente virtuosas da solidariedade orgânica já não estarão mais no centro da argumentação durkheimiana, pode-se apreender daí algo mais do que um simples processo de polimento conceitual. O que seria uma aparente antinomia entre dois movimentos paralelos – isto é, a autonomia individual e sua dependência em relação à sociedade – passou, ao menos em determinados aspectos, a ser compreendida como real. Como espero demonstrar, Durkheim não mais via o curso da evolução social como um aumento necessariamente concomitante de moralidade e individualidade. Pelo contrário, haveria no próprio processo de socialização um componente que faria derreter os vínculos morais necessários para garantir a coesão das sociedades modernas. Nesse

---

72   Nisbet, Robert. *The Sociology of Émile Durkheim*, p. 128.

sentido, o diagnóstico apresentado em DTS já não é mais, ao menos em alguma medida, suficiente. O que parecia ser o caminho de menor resistência não conseguiu canalizar toda turbulência do mundo moderno. Em *As regras*:

> Se ele se orientou e nos orientou nesse novo caminho, foi em primeiro lugar porque o caminho que ele seguia e nos fazia seguir anteriormente se viu como que barrado, pois a intensidade maior da luta, devida à maior condensação das sociedades, tornou cada vez mais difícil a sobrevivência dos indivíduos que continuavam a se dedicar a tarefas gerais. *Por outro lado, se esse instinto faz uma volta e virou principalmente nossa atividade, no sentido de uma divisão do trabalho sempre mais desenvolvida, é porque esse era também o sentido da menor resistência.* As outras soluções possíveis eram a emigração, o suicídio, o crime. Ora, na média dos casos, os laços que nos ligam a nosso país, à vida, a simpatia que temos por nossos semelhantes, são sentimentos mais fortes e mais resistentes que os hábitos capazes de nos afastar de uma especialização mais estreita. São esses últimos, portanto, que haveriam necessariamente de ceder a cada nova arremetida.[73]

Anomia como diagnóstico da modernidade

Após analisar os suicídios egoísta e altruísta – casos em que a questão de fundo era concernente à extensão dos vínculos sociais, isto é, a falta ou o excesso de integração dos indivíduos às sociedades[74] –, Durkheim passa a tratar de um tipo de suicídio em que o problema se transfigura. Com o suicídio anômico, a questão parece se deslocar de uma discussão que se daria a respeito das margens, dos limites das sociedades para a descoberta de uma fonte de mal-estar que se inscreve no interior das próprias relações sociais. O propósito básico do estudo

---

73 Durkheim, Émile. *As regras*, p. 95-96; grifo meu.
74 Giddens, Anthony. *Capitalismo e moderna teoria social*, p. 152.

– extrair "algumas indicações sobre as causas do mal-estar geral de que sofrem atualmente as sociedades europeias e sobre os remédios que podem atenuá-lo"[75] – impeliu a uma radicalidade na problematização durkheimiana capaz de reorientar a significação de sua produção intelectual anterior e condicionar suas preocupações e seus interesses teóricos subsequentes.[76] Se as patologias sociais diagnosticadas em DTS aparentemente continuam as mesmas, agora elas se mostram mais intrincadas e obscuras. O problema já não residiria exclusivamente na mera ausência – ou presença – excessiva da sociedade como causa do suicídio e de outras moléstias sociais, mas no modo pelo qual tal presença se realiza. O problema passa a ser a maneira pela qual as

---

[75] Durkheim, Émile. *O Suicídio*, p. 5.

[76] É bem certo que tal afirmação demandaria um trabalho de pesquisa e de exegese do texto durkheimiano muito além dos limites deste trabalho. De qualquer forma, a crítica especializada na teoria social de Durkheim chama atenção para uma inflexão contemporânea à publicação de *O suicídio*. Segundo Steven Lukes, a obra de Durkheim posterior a *O suicídio* pode ser compreendida como um estudo sistemático das representações coletivas no qual o conceito de consciência coletiva se mostra insuficiente para "distinguir entre as crenças cognitivas, as crenças morais e as crenças religiosas, entre as diferentes crenças e sentimentos, e entre as crenças e sentimentos associados com os diferentes estados do desenvolvimento de uma sociedade." Lukes, Steven. *Émile Durkheim: su vida y su obra*, p. 6. Numa perspectiva bastante próxima, Fernando Pinheiro afirma que, embora as transformações no interior da obra durkheimiana não sejam abruptas, pois os conceitos de consciência coletiva e representações coletivas já coexistem nos primeiros trabalhos de Durkheim, é a partir do estudo de 1897 que o simbolismo coletivo assume o papel de princípio fundante da realidade social. E, então, uma nova relação se dará entre a representação coletiva e seu substrato, instaurando assim uma nova concepção de sociedade como sistema reflexivo. Segundo Fernando Pinheiro Filho: "O processo de autonomização das representações coletivas como foco central da explicação sociológica dá-se fundamentalmente a partir do reconhecimento de que a consciência coletiva, uma realidade apenas residual nas sociedades complexas, não é suficientemente plástica para dar conta da enorme diversidade de suas vidas psíquicas. Seu aspecto formal a faz demasiado estática para entender a ligação entre indivíduos e sociedade via introjeção de crenças e sentimentos coletivos". Pinheiro Filho, Fernando. *A mente do todo: o encontro da sociologia durkheimiana com o problema do tempo*, p. 2.

sociedades exercem uma ação reguladora sobre a vida dos indivíduos. Isso porque, retomando os termos de Durkheim em *O Suicídio*,

> (...) a sociedade não é apenas um objeto que atrai para si, com intensidade desigual, os sentimentos e a atividade dos indivíduos. Também é um poder que os regula.[77]

É interessante notar que nesse percurso Durkheim não se restringe a examinar as manifestações esporádicas do suicídio anômico. Para além da situação de anomia decorrente de períodos de crises econômicas intermitentes, o que parece preocupar nosso autor são os domínios da vida social em que a anomia se manifesta de maneira regular e constante. Assim, após identificar o papel agravante que as perturbações da ordem coletiva exercem sobre o contingente de mortes voluntárias, Durkheim volta-se para o mundo do comércio e da indústria e para a análise do espírito familiar e dos vínculos conjugais, a fim de compreender uma patologia social que parece ser capaz de se espraiar para as demais esferas da vida social e, talvez paradoxalmente, ameaça se tornar um fenômeno social corriqueiro. O progresso econômico que tende a liberar as relações industriais de toda regulamentação, a perda de parte do império moral da religião, o fato do poder governamental ter se tornado instrumento e servidor da vida econômica e, por fim e mais fortemente, o rápido desenvolvimento da grande indústria e a ampliação desmesurada e quase indefinida do mercado acarretaram uma situação de questionamento das classificações, de desencadeamento dos desejos, de paixão pelo infinito, caracterizando um estado geral de descontentamento e desencanto que, no limite, levam os indivíduos ao suicídio. Segundo Durkheim,

---

77 Durkheim, Émile. *O Suicídio*, p. 303.

Eis a razão da efervescência que reina nessa parte da sociedade mas que, dela, estendeu-se para o resto. *É que nela o estado de crise e de anomia é constante e, por assim dizer, normal.* De alto a baixo da escala, as cobiças se levantam sem saber onde pousar definitivamente. Nada é capaz de acalmá-las, uma vez que o objetivo para o qual se voltam está infinitamente além de tudo o que possam atingir.[78]

A normalidade desse fenômeno produz um impasse que difere substancialmente do binômio crime e punição. Pois, se o crime consegue ser tanto um fenômeno patológico incontestável como um fato social corrente, as consequências práticas da distinção entre o fisiológico e o patológico não se apagam pelo fato de o crime ser sempre acompanhado de uma reação social, ou seja, da punição. Por ofender "certos sentimentos coletivos dotados de uma energia e de uma clareza particulares",[79] apesar de lastimável, uma taxa normal de criminalidade é não só inevitável, mas exerce uma função social importante, ao reforçar os sentimentos coletivos que servem de fonte para a solidariedade social.[80] Embora não se deva confundir a função social cumprida por um fenômeno social com sua causa, a pena, antes de tudo, caracteriza-se por ser uma reação passional.[81] A punição é

---

[78] *Ibidem*, p. 325.

[79] *Idem. As regras*, p. 68.

[80] A explicação sociológica da punição é um dos elementos centrais para a discussão mais ampla da teoria sociológica de Émile Durkheim. A interpretação de Émile Durkheim a respeito da punição nos leva, novamente, à discussão a respeito de sua teoria da integração social. De acordo com Edward Tiryakin, dentro da perspectiva durkheimiana o estudo do comportamento criminoso era parte integrante do estudo do comportamento normativo e moral. Tal encaminhamento era, por exemplo, explícito no curso intitulado "Physiologie du Droit et des Moeurs", que Émile Durkheim ofereceu várias vezes em sua carreira acadêmica, no qual o estudo da infração moral e da criminalidade era um complemento essencial em suas análises da sanção e das obrigações morais. Tiryakin, Edward. "Durkheim's two laws of penal evolution".

[81] Com sua aplicação, a pena não se pretende nem castigar com justiça, nem utilmente; apenas castigar. Segundo tal perspectiva, a punição na modernidade manteria os

uma reação emocional de grande intensidade que a sociedade exerce contra aqueles que cometem crimes, isto é, que ofendem gravemente sentimentos arraigados e precisos da consciência coletiva ao violar certas regras de conduta. Desse modo, Durkheim pode afirmar que o crime está ligado às condições fundamentais de toda sociedade e, além disso, como um agente regular da vida social,[82] pode episodicamente desempenhar um papel útil ao desafiar a autoridade excessiva da consciência moral e apresentar-se como alternativa ou antecipar a preparação de uma moral e uma fé assentadas em novas bases.[83]

O caso da anomia é outro. Se ela ameaça se tornar um fenômeno social normal, é a própria existência da sociedade que é posta em xeque. Isto porque, de acordo com a definição de Durkheim, os fatos sociais são normais na medida em que aparecem na maior parte dos casos e que, não obstante possam variar, essas modificações são compreendidas entre limites muito próximos.[84] Ou seja, não haveria critérios absolutos de definição das condições da saúde e da doença.[85] As instituições, as práticas sociais e as máximas morais não podem ser objeto de um julgamento *in abstrato*, como se fossem boas ou más em si mesmas,[86] mas de acordo com uma espécie social determinada

---

  mesmos caracteres fundamentais das sociedades primitivas, ou seja, permaneceu sendo "obra da vingança". No entanto, é um erro crer que a vingança seja uma inútil crueldade. Isto porque o instinto de vingança - instinto de conservação exasperado face ao perigo - responde a uma grave ofensa realizada contra a base moral das sociedades. Segundo Durkheim: "Assim, a pena permanece para nós o mesmo que era para os nossos antepassados. É ainda um ato de vingança, já que é uma expiação. Aquilo que vingamos, aquilo que o criminoso expia, é o ultraje feito à moral." Durkheim, Émile. DTS, p. 108.

82 Idem. *As regras*, p. 73.
83 *Ibidem*, p. 72.
84 *Ibidem*, p. 58.
85 *Ibidem*, p. 59.
86 *Ibidem*, p. 59.

e adequada à fase correspondente de sua evolução[87] histórica. É certo que não é a generalidade de um fenômeno que o dota de seu estatuto social, isto é, pode haver pensamentos que se encontram em todas as consciências particulares, movimentos que se repetem em vários indivíduos que não são fatos sociais; não é por um fenômeno ser comum a uma série de manifestações que o faz objeto da sociologia, mas sim por ele ser produto da sociedade.[88] No entanto, se a normalidade de um fenômeno social é atestada unicamente por seu caráter médio e geral[89] – em contraposição aos patológicos que são excepcionais e se verificam na minoria dos casos[90] –, surge então um obstáculo de outra ordem ao se lidar com o problema da anomia, esse fenômeno que age como um solvente dos vínculos sociais. Uma saída alternativa seria supor que a anomia fosse um acontecimento transitório ou que a dinâmica social pudesse circunscrevê-lo a um local definido. Entretanto, a caracterização do suicídio anômico afasta

---

87 *Ibidem*, p. 60.

88 Em *As regras*: o fato social é "uma resultante da vida comum, das ações e reações que se estabelecem entre as consciências individuais; e, se repercute em cada uma delas, é em virtude da energia social que ele deve precisamente à sua origem coletiva. Se todos os corações vibram em uníssono, não é por causa de uma concordância espontânea e preestabelecida; é que uma mesma força os move no mesmo sentido. Cada um é arrastado por todos." *Ibidem*, p. 9-10.

89 Em *As regras*: "Com efeito, não é a doença concebida por todo o mundo como um acidente, que a natureza do ser vivo certamente comporta, mas não costuma engendrar? É o que os antigos filósofos exprimiam ao dizer que ela é o produto de uma espécie de contingência imanente aos organismos. Tal concepção, seguramente, é a negação de toda ciência; pois a doença não possui nada mais miraculoso que a saúde; ela está igualmente fundada na natureza dos seres. Só que não está fundada na natureza normal; não está implicada no temperamento ordinário dos seres, nem ligada às condições de existência das quais eles geralmente dependem. Inversamente, para todo o mundo, o tipo da saúde se confunde com o da espécie. Inclusive não se pode, sem contradição, conceber essa espécie que, por si mesma em virtude de sua constituição fundamental, fosse irremediavelmente doente. Ela é a norma por excelência e, portanto, nada de anormal poderia conter." *Ibidem*, p. 60.

90 *Ibidem*, p. 58.

tais possibilidades. Diferentemente do crime que também é uma patologia social, mas que desencadeia processos que contribuem para a coesão social, o suicídio anômico tem poder dissolvente sobre os nexos da vida da sociedade.

O conceito de anomia desenvolvido em *O suicídio* se mostra mais radical do que aquele apresentado em DTS.[91] No livro de 1893, a análise de Durkheim sobre a divisão anômica do trabalho se limita a servir de contraponto à tendência de não se reconhecer o aspecto moral da divisão do trabalho, isto é, a de ela ser fonte de uma solidariedade *sui generis*: a solidariedade orgânica. Contra o diagnóstico de Auguste Comte sobre a possibilidade de esgarçamento dos vínculos sociais com a expansão infinita da divisão do trabalho e a consequente superespecialização das funções, Durkheim afirmava que as crises eventualmente surgidas seriam apenas temporárias.[92] O estado de anomia é, então, identificado como um período passageiro no qual não haveria regras de conduta pré-estabelecidas e, portanto, as interações sociais poderiam eventualmente desencadear conflitos em vez de solidariedade.[93] Nesse caso, a anomia pode ser entendida como um hia-

---

91 Segundo Marvin Olsen haveria, nesse sentido, "dois conceitos" de anomia que diferem nos seguintes termos: "(...) como Durkheim primeiro a concebeu em *A Divisão do Trabalho Social*, pode ser definida como uma *condição de regras inadequadas de procedimento para regular as relações de complementariedade entre as partes especializadas e interdependentes do complexo sistema social*." Olsen, Martin. "Durkheim's two concepts of anomie", p. 49; enquanto que em *O suicídio*, Durkheim a conceitualiza como "(...) *normas morais inadequadas para guiar e controlar as ações de pessoas e grupos no interesse do sistema social total*." Ibidem, p. 50. Por outros termos, enquanto que em *A Divisão do Trabalho Social*, o problema enfrentado por Durkheim seria a ausência de regulamentação entre certas funções sociais, em *O suicídio* a questão será a um problema interno à regra moral interiorizada pelos indivíduos.

92 De acordo com Lukes, para Durkheim "(...) o tipo social, única referência para poder julgar a normalidade, não havia completado ainda o curso de sua evolução: seus traços não estão ainda de todo perfilados (...) encontram-se até certo ponto desordenados por uma crise de transição; a própria sociedade está em processo de desenvolvimento." Lukes, Steven. *Émile Durkheim: su vida y su obra*, p. 189.

93 Olsen, Martin. "Durkheim's two concepts of anomie".

to entre a epifania causada pelas rápidas transformações da moderna sociedade industrial e a efetivação plena e a constituição dos vínculos morais que entrelaçam as diferentes funções sociais e os membros das sociedades humanas. Por conta da ampliação descomunal do mercado e o produtor não ser capaz de abarcá-lo pelo olhar, sua regulamentação ainda se realizaria por um tatear ao acaso; pelo surgimento da grande indústria e as mudanças radicais das relações entre patrões e operários, houve pouco tempo para se equilibrar os interesses em conflito; por serem as ciências morais e sociais as últimas a entrar no círculo das ciências positivas, a dispersão dos cientistas seria eliminada e, finalmente, a "unidade da ciência se daria por si mesma".[94]

Tudo se passa como se a verdadeira questão da anomia ficasse restrita às circunstâncias excepcionais e anormais. Nos termos de Durkheim, em DTS:

> Para que possa desenvolver-se, sem ter sobre a consciência humana uma tão desastrosa influência, não é preciso moderá-la pelo seu contrário; é necessário e suficiente que seja ela própria, que nada venha desnaturá-la do exterior.[95]

Voltando a *O suicídio*, a questão já não é unicamente concernente às crises econômicas que fariam a taxa de suicídios variar de quando em quando.[96] Embora a anomia social, mais do que um estado de espírito continue a ser um estado da sociedade, o problema gira em torno das consequências da ausência de regulamentação moral sobre os homens e seus desejos. Por outros termos, uma patologia social que anteriormente se restringia a ser compreendida como um hiato temporal, na verdade, desempenha um papel decisivo no processo

---

94 Durkheim, Émile. DTS, p. 165.
95 *Ibidem*, p. 166.
96 *Idem. O suicídio*, p. 323.

de sociabilização dos indivíduos.[97] Isso porque Durkheim afirma que tudo aquilo que até então era satisfatoriamente regulado e disciplinado pelos poderes morais fora abandonado à sua própria dinâmica. Seja relativo ao valor das diferentes profissões e serviços sociais e a remuneração justa a cada um deles, seja a respeito dos critérios e métodos de recrutamento das funções na hierarquia social, a elevação do bem-estar material à categoria de sagrado resultou na dissolução de toda regulamentação social. A instituição do divórcio fez com que o casamento perdesse sua função de moralizar as relações entre os sexos,[98] levando a uma situação de anomia doméstica. Enquanto a moderna sociedade industrial não conseguir constituir-se como a autoridade capaz de limitar as paixões e harmonizá-las com as faculdades humanas, segundo Durkheim:

> Enquanto as forças sociais, assim libertadas, não reencontram o equilíbrio, seu valor respectivo permanece indeterminado e, por conseguinte, por um tempo inexiste qualquer regulamentação. Já não se sabe o que é possível e o que não o é, o que é justo e o que é injusto, quais são as reivindicações e as esperanças legítimas, quais são as que ultrapassam a medida.[99]

Esta crise na qual imergem as sociedades modernas não se vincula a um pretenso aumento em número ou intensidade das causas objetivas

---

97 Conforme afirma Richard Hilbert, esse estado patológico causado pela anomia se traduziria na consciência individual. Segundo Hilbert, a condição social de anomia é caracterizada por "(...) toda redução do poder regulador da sociedade a um estado suficiente para ser chamado de patológico. Tal estado patológico se reflete na consciência individual como uma situação de angústia, de sentimento de falta de fundamento moral, com sombrias consequências que em casos extremos pode levar ao suicídio." Hilbert, Richard. "Anomie and the moral regulation of reality: the durkheimian tradition in modern relief", p. 2.
98 Durkheim, Émile. *O suicídio*, p. 345
99 *Ibidem*, p. 321.

de sofrimento – isto é, a miséria econômica e as maiores dificuldades que os homens enfrentariam para sobreviver. Se a concorrência é cada vez mais intensa, também é verdade que a divisão do trabalho mais aperfeiçoada e sua cooperação mais complexa são capazes de multiplicar as riquezas, de aumentar o capital de recursos que a humanidade dispõe, de garantir uma remuneração mais rica aos trabalhadores e, por fim, restabelecer um equilíbrio, em um nível superior, entre "o maior desgaste das forças vitais e sua reparação".[100] Até aqui, o que é defendido em DTS preserva seu poder explicativo. Entretanto, a crise é resultado de uma alarmante miséria moral.[101] Uma afecção que não se cura por exortações reiteradas, objurgações metódicas e não está circunscrita às esferas superficiais da vida social, mas se imbrica e atesta uma alteração profunda de nossa estrutura social.[102] Nas sociedades civilizadas elevou-se o número de mortes voluntárias excepcionalmente. Trata-se de uma perturbação profunda na ordem social na qual os avanços anormais do suicídio e o mal-estar geral são índices de uma corrente de tristeza coletiva[103] que incide violentamente sobre a vida dos indivíduos.

A grande tormenta desencadeada pela Revolução Francesa apagou quase todos os vestígios do antigo estado de coisas e não colocou nada em seu lugar. O Estado, que realizaria um esforço doentio para abarcar todas as formas de atividade que apresentassem um caráter social, ao tentar desempenhar a função de regulador da vida dos indivíduos seria, até então, tão invasivo quanto impotente.[104] A tendência de centralização estatal deixa escapar, por entre suas tramas, as tarefas de regulamentação da vida dos membros das sociedades, pois este aparece para os indivíduos por meio de uma ação distante e descon-

---

100 *Ibidem*, p. 506.
101 *Ibidem*, p. 506.
102 *Ibidem*, p. 508.
103 *Ibidem*, p. 512.
104 *Ibidem*, p. 510.

tínua.¹⁰⁵ Enquanto não se transformar o grupo profissional – como a única descentralização possível, na qual a vida social poderia tanto se dividir quanto permanecer íntegra – em base de organização política, os indivíduos permanecem confinados à sua interioridade e nenhuma tentativa de impor freio às suas ações seria eficiente. Em *O suicídio*:

> Nessas condições, é inevitável que mergulhem no egoísmo ou no desregramento. O homem não consegue se apegar a fins que lhe sejam superiores e se submeter a uma regra quando não percebe acima dele nada de que seja solidário. Libertá-lo de toda pressão social significa abandoná-lo a si mesmo e desmoralizá-lo. Essas são, com efeito, as duas características de nossa situação moral. Enquanto o Estado incha e se hipertrofia para encerrar fortemente os indivíduos, mas sem o conseguir, estes, sem vínculos entre eles, rolam uns sobre os outros como moléculas líquidas, sem encontrar nenhum centro de forças que os contenha, os fixe e os organize.¹⁰⁶

A vida fica presa a fios muito tênues. Quando não há correspondência justa e estável entre as necessidades e os meios para satisfazê-las, o movimento da vida tende a se atrofiar e já não mais se reproduz sem dor ou sofrimento. Os homens, em quem a natureza física não estabelece com espontaneidade automática um limite que fixe a quantidade de bem-estar, de conforto e de luxo¹⁰⁷ que possam ser buscados legitimamente, têm uma margem mais ampla para as livres tramas do desejo e entreveem melhores condições e fins mais desejáveis por meio da reflexão do que os impostos pelo equilíbrio orgânico entre o gasto energético e a sua reparação imediata. Sem um meio que faça as vezes do corpo biológico nos animais, a natureza humana

---

105   *Ibidem*, p. 510.
106   *Ibidem*, p. 510.
107   *Ibidem*, p. 313.

— que é sensivelmente a mesma em todos os cidadãos[108] — é incapaz de encontrar um limite obrigatório e permanente às aspirações individuais. Nem a constituição orgânica dos homens, nem a sua constituição psicológica estabelecem um padrão para os gostos e para as suas paixões.[109] Os indivíduos não encontram uma instância capaz de fixar as quantidades de bem-estar e conforto, de controlar o espírito de rebelião etc. Muito pelo contrário, a paixão pelo infinito seria rotineiramente apresentada como uma marca de distinção moral.[110] Lugar onde a força da tradição já não tem mais valor, onde o peso da coerção material não produz os efeitos esperados, onde os mecanismos fisiológicos não conseguem moderar os apetites, só uma autoridade respeitada por todos e para a qual todos se inclinem espontaneamente é capaz de preencher esse vácuo que draga a vida social. Sem uma regulamentação adequada — e reconhecida como legítima — a ação dos indivíduos assenta-se sobre fins egoístas, incapazes de constituir uma ação verdadeiramente moral. Segundo Durkheim, em *O suicídio*:

> Para que seja de outro modo, é preciso portanto, antes de tudo, que as paixões sejam limitadas. Só então elas poderão se harmonizar com as faculdades e, assim, ser satisfeitas. Mas, como não há nada no indivíduo que lhes possa fixar um limite, este lhes deve necessariamente vir de alguma força exterior ao indivíduo. É preciso que uma força reguladora desempenhe para as necessidades morais o mesmo papel que o organismo para as necessidades físicas. Isso

---

108 *Ibidem*, p. 313.

109 Segundo Stjepan Mestrovic, Durkheim compartilharia com Arthur Schopenhauer uma certa percepção sombria acerca dos destinos da modernidade. Perder-se na busca por um fim inacessível é condenar-se a um mal-estar permanente. O simples cansaço resultante deste caminhar já seria causa suficiente para condenar-se a um perpétuo estado de descontentamento. Nossa sensibilidade, que por si só seria um abismo sem fundo, tornar-se-ia uma constante fonte de tormentos e, sem regulamentação, levaria a um estado de egoísmo e imoralidade. Mestrovic, Stjepan. "The social world as will and idea: Schopenhauer's influence upon durkheinians thought", p. 675.

110 Durkheim, Émile. *O suicídio*, p. 327.

significa que essa força só pode ser moral. (...) Só a sociedade, seja diretamente e em seu conjunto, seja por intermédio de um de seus órgãos, está em condições de desempenhar esse papel moderador, pois ela é o único poder moral superior ao indivíduo, e cuja superioridade este último aceita.[111]

O que está por trás desse diagnóstico de Durkheim é a detecção de uma peculiar relação entre os indivíduos e a sociedade.[112] Pode-se entender que ao conceitualizar sobre o suicídio anômico, Durkheim pretendia enfrentar o problema de um descompasso existente entre as expectativas, os anseios e as ambições dos indivíduos e as normas e convenções sociais.[113] No entanto, esse conceito não deve ser entendido como uma aguda disjunção entre certas regras de conduta social e a capacidade socialmente estruturada dos membros do grupo em agirem de acordo com essas normas e objetivos.[114] Ou seja, como se o problema se restringisse à elaboração de métodos mais adequados e eficientes de coerção social a fim de integrar definitivamente os indivíduos à sociedade.[115] Segundo Richard Hilbert, o suicídio anômico

---

111 *Ibidem*, p. 315.

112 Segundo Stevem Lukes, a anomia é "uma patologia peculiar do homem moderno industrial, 'santificada' tanto pela economia ortodoxa quanto pelos socialistas extremos". Lukes, Steven. "Alienation and anomie", p. 69.

113 Segundo Anthony Giddens: "(...) a anomia, como condição geral de estrutura social, define uma 'base' geral para a disjunção entre as normas sociais e os objetivos e aspirações dos indivíduos". Giddens, Anthony. *Capitalismo e moderna teoria social*, p. 98.

114 Merton, Robert. *Social Theory and Social Structure*.

115 A meu ver, esse tipo de leitura que privilegia aspectos nos quais já se veria o prenúncio de certas práticas de controle social e de manutenção conservadora da ordem social pode implicar em grave anacronismo quando se desconsidera a especificidade do contexto social e intelectual no qual Émile Durkheim estava inserido. A esse respeito, Cohen e Scull são bastante convincentes ao destacar que a preocupação central, tanto de Durkheim como de outros autores franceses do século XIX, era estabelecer algum grau de organização e regulação da sociedade baseado em princípios morais sem no entanto recorrer a práticas de pura coerção. Cohen, S. & Scull, A. *Social Control and the*

não seria fruto de uma distorcida conformação com a ordem moral, mas o resultado de ausência de regulação moral e, desse modo, a anomia significa, simultaneamente, o "retraimento da realidade e a possibilidade de experiência objetiva".[116] Em *O suicídio*:

> Só podemos, pois, barrar essa corrente de tristeza coletiva atenuando pelo menos a doença coletiva da qual ela é resultado e sinal. Mostramos que, para atingir esse objetivo, não é necessário nem restaurar artificialmente formas sociais superadas e às quais não se poderia conferir mais do que uma aparência de vida, nem inventar formas inteiramente novas e sem analogias na história. É preciso buscar no passado os germes de vida nova que ele continha e forçar seu desenvolvimento.[117]

State: historical and comparative essays. Corroborando tal argumento, em *O Suicídio*, o próprio Durkheim, ao tratar do suicídio anômico, afirma que para se regular as paixões, só uma força moral pode fazer com que as necessidades morais desempenhem o mesmo papel que as necessidades físicas para os organismos. Segundo Durkheim: "Isso significa que essa força só pode ser moral. É o despertar da consciência que veio romper o estado de equilíbrio no qual o animal dormitava; só a consciência, portanto, pode fornecer os meios de o restabelecer. *A coerção material nesse caso não teria efeito; não é com forças físico-químicas que se pode modificar os corações.*" Durkheim, Émile. *O Suicídio*, p. 315; grifo meu.

116 Hilbert, Richard. "Anomie and the social regulation of reality: the durkheimian tradition in the modern relief", p. 1. De acordo com Hilbert: "Nós nos separamos de interpretações comuns de Durkheim com suas ênfases sobre: a) ordem moral como normas, b) anomia como falta de normas, e c) suicídio anômico como desvio. Ao contrário, nós enfatizamos: a) ordem moral como a fonte de realidade objetiva, b) anomia como a retirada de tal realidade moral, e c) suicídio anômico como uma manifestação comportamental de angústia precipitada por uma redução da experiência objetiva." *Ibidem*, p. 1.

117 Durkheim, Émile. *O Suicídio*, p. 512-513.

"Nesse corpo vive uma alma"[118]

Os desafios postos pela vida moral nas sociedades modernas dá o mote para Durkheim buscar nas formas primitivas da vida religiosa a solução do enigma capaz de fornecer outra resposta aos dilemas sociais modernos.[119] O conceito de consciência coletiva que permaneceu como uma realidade residual apesar das transformações na morfologia social, certamente, mostra-se insuficiente para tal tarefa. Mais do que um simples processo de refinamento conceitual, tal desenlace do pensamento durkheimiano expressa a detecção de um entrave para o qual o movimento do princípio de integração peculiar às sociedades modernas gira em falso. É na vida do espírito investigada em sua autonomia que Durkheim concentra suas apostas para fortalecer a coe-

---

118 Idem. *Sociologia e filosofia*, p. 95.

119 Em prefácio à segunda edição da DTS, Émile Durkheim afirma que os agrupamentos profissionais desempenhariam a função de regular a vida econômica das sociedades contemporâneas e que, a partir de então, as moléstias sociais detectadas em *O suicídio* seriam eliminadas por meio da ação mais eficaz dessas organizações. Entretanto, a solução que parecia ser de continuidade, na verdade, é uma mudança de ênfase. Pois a resolução do verdadeiro problema, não estava só na criação de um grupo intermediário capaz de vigiar mais de perto os indivíduos; a questão premente era descobrir a fonte da autoridade legítima das instituições sociais a fim de que os indivíduos possam submeter suas vidas ao seu controle e à sua regulamentação. Em DTS: "Os problemas em meio aos quais nos debatemos nem por isso estariam resolvidos. Com efeito, sempre haverá um aparelho econômico e agentes diversos que colaborarão para seu funcionamento; portanto, será preciso determinar seus direitos e seus deveres, e isso para cada forma de indústria. Será necessário que, em cada profissão, um corpo de regras se constitua, fixando a quantidade de trabalho, a justa remuneração dos diferentes funcionários, seu dever para com os demais e para com a comunidade etc. Estaremos, pois, não menos que atualmente, em presença de uma tábula rasa. O estado de anarquia não desaparecerá porque a riqueza não se transmitirá mais segundo os mesmos princípios de hoje, pois ele não decorre do fato de que as coisas estejam aqui e não ali, nestas mãos em vez de outras, mas de que a atividade de que essas coisas são a ocasião ou o instrumento não é regulada; e ela não se regulará por encanto, quando for útil, se as forças necessárias para instituir essa regulamentação não forem previamente suscitadas e organizadas." Durkheim, Émile, p. xxxix.

são social. O estabelecimento de uma moral laica e racional o forçou a voltar seus interesses para a compreensão das origens da própria vida social. Seria imperativo reconhecer nos indivíduos uma nova realidade capaz de, sem interferir em sua liberdade e dignidade, moldar seu comportamento a fim de controlar seus interesses egoístas e seus desejos. É preciso, pois, que os membros das sociedades modernas reconheçam nela a fonte legítima de autoridade e tornem-se, através dela, finalmente livres. Em *Sociologia e Filosofia*:

> O indivíduo submete-se à sociedade e na submissão está a condição para que se libere. Liberar-se, para o homem, é tornar-se independente das forças físicas, cegas, ininteligentes; mas ele não o conseguirá, a menos que oponha a tais forças uma grande potência inteligente, sob a qual se abrigue: é a sociedade. Colocando-se à sua sombra, ele se põe de certa forma, sob sua dependência; mas esta dependência é libertadora.[120]

São esses os problemas enfrentados por Durkheim em sua maturidade intelectual. Se for possível traçar uma linha de continuidade entre suas inquietações anteriores, ela não pode ignorar a especificidade dessa etapa de sua reflexão sociológica.[121] A inflexão que ora se observa postula certa autonomia das representações coletivas que, não obstante continuem a ser produtos da sociedade, têm uma realidade

---

120 Durkheim, Émile. *Sociologia e Filosofia*, p. 78.
121 De acordo com Renato Ortiz, menos do que um corte radical, o que se verifica é uma reorientação da perspectiva durkheimiana. Segundo Ortiz: "A coerção, tema trabalhado em textos anteriores, adquire agora um estatuto transcendental e sagrado. É possível dizer que as sociedades indígenas exercem uma grande atração em Durkheim, pelo fato de compor uma totalidade articuladora de diferentes níveis sociais. O caráter moral, integrador, visto pelo autor como 'harmonioso', portanto regulador do consenso, contrapõe-se assim à ausência desse mesmo traço unificador nas sociedades contemporâneas. Diante da crise da modernidade (divisão do trabalho acelerada, multiplicidade de crenças e atitudes, individualismo), a religião dos primeiros homens ofereceria uma lição de coesão social". Ortiz, Renato. "Durkheim - um percurso intelectual", p. 132.

própria, realizam uma série de movimentos, de novas combinações, reagem umas sobre as outras e não são mera derivação de transformações na morfologia social,[122] mas são constituintes do tecido social. Em *Formas*:

> Mostrando na religião uma coisa essencialmente social, absolutamente não pretendemos dizer que ela se limita a traduzir, em outra linguagem, as formas materiais da sociedade e as suas necessidades vitais imediatas. Certamente, consideramos como evidência que a vida social depende do seu substrato e traz a sua marca, da mesma forma como a vida mental do indivíduo depende do encéfalo e até de todo o organismo. Mas a consciência coletiva é algo mais que simples epifenômeno de sua base morfológica, assim como a consciência individual é algo mais que simples eflorescência do sistema nervoso. Para que a primeira apareça, é preciso que se produza uma síntese *sui generis* das consciências particulares. Ora, essa síntese tem como efeito liberar todo um mundo de sentimentos, ideias, de imagens que, uma vez surgidos, obedecem a leis que lhes são próprias.[123]

A sociedade é concebida como uma realidade *sui generis*. Como a noção de alma, que não deve ser pensada separada de seu corpo ou como um ideal, uma existência sonhadora e solitária, a sociedade é sinônimo de sua vida representativa. Se a alma está no mundo,[124] se ela mistura sua vida à vida das coisas, da mesma maneira a sociedade

---

122 Em "Representações", Durkheim afirma: "Realmente, é impossível de se compreender como o panteão grego ou romano se formou se não conhecermos a constituição da cidade, a maneira pela qual os clãs primitivos pouco a pouco se confundiram uns nos outros, o modo pelo qual a família patriarcal se organizou etc. Mas, por outro lado, essa vegetação luxuriante de mitos e lendas, todos esses sistemas teogônicos, cosmológicos etc., que o pensamento religioso construiu, não se ligam diretamente a particularidades determinadas da morfologia social." Durkheim, Émile. *Sociologia e filosofia*, p. 38.

123 Idem. *As formas*, p. 501.

124 Ibidem, p. 36.

é una, reconhece-se apenas em sua totalidade, embora seja composta de indivíduos. É um agregado que pensa, que sente, que quer.[125] Ainda que não se realize a não ser pelas consciências individuais, a atividade da sociedade não se deixa apreender ao investigar "o complexo pelo simples, o superior pelo inferior".[126]

A vida coletiva que reside no substrato coletivo é, ao mesmo tempo, dele dependente e distinta. À medida em que a vida associativa se desenvolve, os fenômenos que dependem do todo tornam-se relativamente autônomos em relação às partes que os compõem. Difundem-se e atingem certa ubiquidade, que os libera dos limites circunscritos pelo "número dos elementos sociais, pela maneira pela qual se agrupam e se distribuem".[127] Há uma diferença qualitativa: o mundo novo que se abre à ciência positiva é mais complexo do que seus elementos particulares. Como a vida psíquica, que é composta de um sistema com "grande número de camadas mentais superpostas, demasiado profundo e complexo",[128] a sociedade que se define como uma hiperespiritualidade ultrapassa e não se deixa apreender a partir da simples análise de seus reinos inferiores. O modo de funcionamento desse simbolismo é a própria atividade da sociedade.[129] Esta não se

---

125 *Ibidem*, p. 34.
126 *Ibidem*, p. 37.
127 *Ibidem*, p. 38.
128 *Ibidem*, p. 40.
129 Giannotti afirma: "A comparação já feita entre a sociedade, tal como Durkheim a entende, e Deus como ideal transcendental de Kant adquire toda a sua força. Última instância de toda e qualquer atividade totalizadora e sintetizante, somente a sociedade se responsabiliza essencialmente pela diferença e pela identidade, pela inclusão ou exclusão dos objetos em grupos e em classes de equivalência. Dá consistir na única força ordenadora no real, instalando a pirâmide das categorias lógicas, que pensam o mundo. Mas, isto faz com que a sociedade, sucedendo a Deus, passe a carregar todo o peso da racionalidade, transformando-se no último fundamento do real." Giannotti, Arthur. "A sociedade como técnica da razão", p. 60. No mesmo sentido, o próprio Émile Durkheim afirma: "A vida social exige que as consciências individuais estejam em acordo. Para que se apercebam, cada uma delas deve exprimir aquilo que sente. Ora,

liga a uma substância que garanta a sua estabilidade,[130] mas se objetiva por meio de uma síntese totalizante que institui um processo de cristalização em símbolos.[131] Segundo Durkheim, em "Representações":

> Eis aí também como o fenômeno social não depende da natureza pessoal dos indivíduos. É que na fusão da qual ele resulta, todas as características individuais, sendo divergentes por definição, neutralizam-se e apagam-se mutuamente. Apenas as propriedades mais gerais da natureza humana sobrenadam; e precisamente por causa de sua extrema generalidade não poderiam explicar as formas muito especiais e complexas que caracterizam os fatos coletivos. Não se quer dizer que elas nada tenham com o resultado mas que são apenas suas condições mediatas e longínquas. O resultado não se produziria se elas não o admitissem. Não são elas entretanto que o determinam.[132]

A memória torna-se, segundo essa perspectiva, o paradigma da vida mental. Essa não consiste em reproduzir estados de consciência já experimentados, pois a vida mental é resultado de uma elaboração verdadeiramente intelectual, que se distingue e constitui uma realidade relativamente independente de seu substrato material. Mais do que mera sombra projetada, a vida psíquica, por sua unidade e continuidade, não se forma através de uma poeira de elementos orgânicos,

---

para isto é preciso tomar as coisas como símbolos. É porque a sociedade se expressa por meio das coisas, que ela é levada a transformar, a transfigurar o real. É assim que, nas representações míticas, os objetos, as plantas, por exemplo, tornam-se seres capazes de experimentar sentimentos humanos. As representações míticas são falsas em relação às coisas, mas verdadeiras em relação aos sujeitos que as pensam." Durkheim, Émile. *Pragmatismo e Sociologia*, p. 191.

130 Giannotti, José Arthur. "A sociedade como técnica da razão", p. 57.
131 *Ibidem*, p. 56. Segundo Giannotti, o fundo conceitual de toda representação, isto é, sua capacidade de remeter à totalidade da sociedade, é o que garante universalidade aos fenômenos sociais.
132 Durkheim, Émile. *Sociologia e filosofia*, p. 33.

nem se fragmenta em uma geografia cerebral que é mais fantasia do que ciência.[133] A associação e a ligação de ideias, a maneira pela qual e a ordem que determinados pensamentos retornam ao espírito e a semelhança entre duas ou mais representações só são compreendidas quando se reconhece que essas representações psicológicas são fenômenos concretos, dotados de propriedades específicas. A persistência das representações na consciência é como que um índice de que a memória não é espelho de uma experiência empírica, de uma sensação pura que se repete ante os sujeitos, mas que o laço entre o presente e o passado se estabelece com ajuda de intermediários puramente intelectuais e por isso as representações passadas subsistem.[134] Em "Representações":

> (...) se a memória é exclusivamente uma propriedade dos tecidos, a vida mental nada é, pois não é nada além da memória. Não queremos dizer com isso que nossa atividade intelectual consista exclusivamente em reproduzir sem modificações os estados de consciência anteriormente experimentados. Mas para que eles possam ser submetidos a uma elaboração verdadeiramente intelectual, diferente, por conseguinte, da que resulta exclusivamente das leis da matéria viva, é preciso ainda que tenham existência relativamente independente de seu substrato material. De outra forma, aqueles estados de consciência reunir-se-iam, assim como nascem e renascem, em função de afinidades puramente físicas.[135]

Algo análogo acontece no plano do pensamento científico. Os conceitos têm vida própria. São representações coletivas e, portanto, têm sua autonomia e sua realidade garantidas pelo fato de serem resultado da atividade da sociedade. Os conceitos e o pensamento científico são os modos mais bem acabados pelos quais a sociedade

---

133 *Ibidem*, p. 23.
134 *Ibidem*, p. 27.
135 *Ibidem*, p. 20.

representa e pensa a si mesma. A partir do momento em que os homens acreditam[136] que determinada representação expressa o meio no qual eles vivem, isto é, com o aparecimento da consciência e a consequente necessidade que se experimenta pelo conhecimento, tem-se instituído "um ser que não existiria sem ela".[137] A noção de verdade, já existente antes mesmo de sua forma científica, implica a presença de outro universo imposto "aos homens com caráter obrigatório bastante significativo".[138] A crença em ideias mitológicas revela a direção exata da relação entre as representações coletivas e a realidade objetiva; sua objetividade não está fundamentada na natureza das coisas, mas no fato de que são essas ideias e essas crenças que conferem aos objetos do pensamento sua realidade.[139] A sociedade toma consciência de si e cria sua realidade. As verdades científicas, embora não prescindam da necessidade de expressar o mundo tal qual ele é,[140] cumprem o mesmo papel que as ideias mitológicas. Se são impessoais, se são dotadas de universalidade e necessidade e se expressam o que a sociedade é nela mesma, seu objetivo é representar as coisas como se elas fossem

---

136 O acento dessa afirmação não recai sobre a atividade individual de reconhecer algo como verdadeiro, mas sim da imposição de um determinado conjunto de verdades que se apresenta aos homens como verdadeiro, independentemente de sua vontade ou da natureza das coisas. Em *Pragmatismo e Sociologia*: "O problema não é saber em que posição podemos afirmar que uma determinada proposição é verdadeira ou falsa. O que é admitido como verdade hoje pode ser considerado como falso amanhã. O que importa é conhecer as causas que levaram os homens a acreditar que uma representação está conforme a realidade. As representações que foram reconhecidas como verdadeiras ao curso da história, apresentam para nós um mesmo interesse: não consideramos que haja representações privilegiadas. Se desejamos escapar àquilo que existe de mais estreito no velho Racionalismo, é necessário ampliar o horizonte, libertando-nos de nós mesmos, do nosso próprio ponto de vista." Durkheim, Émile. *Pragmatismo e Sociologia*, p. 186.

137 Ibidem, p. 184.
138 Ibidem, p. 186.
139 Ibidem, p. 187.
140 Ibidem, p. 192.

representadas por um entendimento impessoal,[141] independente do sujeito que as observa. No que pese sua especificidade, a função social permanece a mesma, qual seja, garantir os meios para o consenso social. Em "Representações":

> A relação que, nesse conceito, une o substrato social à vida social é, em todos os pontos, análoga àquela que se deve admitir entre o substrato fisiológico e a vida psíquica dos indivíduos, desde que não se queira negar toda a psicologia propriamente dita. (...) A independência, a exterioridade relativa dos fatos sociais em relação aos indivíduos é mesmo mais imediatamente aparente que a dos fatos mentais com relação às células cerebrais; pois os primeiros, ou pelo menos, os mais importantes deles, trazem, de maneira visível, a marca de sua origem. Com efeito, se se pode contestar talvez que todos os fenômenos sociais, sem exceção, se imponham aos indivíduos vindos de fora, a dúvida não parece possível no que tange às crenças e práticas religiosas, regras da moral, aos inumeráveis preceitos do direito, ou seja, pelas manifestações mais características da vida coletiva. Todas são expressamente obrigatórias; ora, a obrigação é a prova de que essas maneiras de agir e de pensar não são obra do indivíduo, mas emanam de uma potência moral que ultrapassa, quer a imaginemos misticamente sob a forma de um deus, quer dela façamos uma concepção mais temporal e científica.[142]

É interessante observar como uma estratégia análoga articula as proposições de Durkheim a respeito da ordenação moral das sociedades modernas. Em "O dualismo da natureza humana e as suas condições sociais", Durkheim afirma que os homens – em todas as épocas e civilizações – tiveram um sentimento vivo, uma espécie de percepção imediata acerca da dualidade constitucional da natureza humana. Entre alma e corpo, pensamento conceitual e sensações, atividade

---

141 *Ibidem*, p. 195.
142 *Idem. Sociologia e filosofia*, p. 33.

moral e suas tendências sensíveis, os homens sempre se seccionaram em duas ordens distintas e antagônicas, a saber: um ser que representa as coisas em função de si próprio e um ser que conhece as coisas como se participasse noutro pensamento que não o nosso.[143] Mais do que mera aparência, a universalidade e a persistência de tal dualidade não deixam dúvidas de que esse sentimento se assenta em uma determinada configuração social. O homem e seu duplo constituem uma antinomia que de tão profunda e radical nunca poderá ser rigorosamente resolvida. Nos termos de Durkheim:

> Não é portanto sem razão que o homem se sente duplo. Há realmente nele dois grupos de estados de consciência que contrastam entre eles pelas suas origens, a sua natureza e os fins que se propõem. Uns apenas exprimem o nosso organismo e os objetos com os quais ele está mais diretamente em ligação. Estritamente individuais, eles ligam-nos apenas a nós próprios e não podemos separá-los de nós assim como não nos podemos separar do nosso corpo. Os outros, pelo contrário, vêm-nos da sociedade; traduzem-na em nós e ligam-nos a algo que nos ultrapassa.[144]

Tal dualidade, entretanto, não é integralmente reduzida à distinção entre indivíduos e sociedade. A argumentação de Durkheim é mais complexa. A dualidade incide entre a esfera sensível e a esfera racional da constituição dos homens. O eu se estrutura tanto pela individualidade apoiada em seu corpo, em sua sensibilidade, como por seus aspectos impessoais e racionais. O eu não é nem só algo idêntico a ele mesmo e, ao mesmo tempo, nem totalmente constituído pela consciência coletiva. O antagonismo que marca a relação entre essas duas esferas é causado pela divergência entre as exigências e imposições peculiares a cada um desses domínios. De um lado, o particularismo

---

143 Durkheim, Émile. "O dualismo da natureza humana e as suas condições sociais", p. 292.
144 *Ibidem*, p. 302.

dos vínculos pessoais, dos interesses egoístas e das sensações. De outro, a universalidade de relações impessoais, dos atos que ultrapassam os interesses egoístas e do pensamento conceitual. Ante tais reivindicações antagônicas e permanentes,[145] o trabalho da civilização pode ser caracterizado por meio das reiteradas tentativas de superação da dualidade e conciliação dessas duas esferas. Conciliação que, de acordo com a perspectiva de Durkheim, só constituíram um ato moral mediante a desvalorização da esfera sensível. Nos termos de Durkheim:

> Não nos podemos entregar a fins morais sem dependermos de nós mesmos, sem afastarmos os instintos e as inclinações mais enraizadas no nosso corpo. Não há ato moral que não implique sacrifício, uma vez que, tal como Kant bem o mostrou, a lei do dever não se pode fazer obedecer sem humilhar a nossa sensibilidade individual ou, como ele dizia, "empírica".[146]

A força dessa peculiar constituição do homem – o *homo duplex* – levou Durkheim a rejeitar duas alternativas de superação da dualidade: a do monismo e a do kantismo. Ao invés de harmonizar a aporia, ambas as doutrinas eludem o problema. A primeira, seja em sua versão idealista, seja na versão empirista,[147] não consegue diferenciar a ativi-

---

[145] Trata-se de um conflito que marcará toda a história das civilizações. Incapaz de eliminar a dor, a norma universal teria por função substituir o papel desempenhado pela religião ao longo do tempo. Segundo Durkheim: "E como a parte do ser social no ser completo que nós constituímos aumenta sempre à medida em que avançamos na história, é totalmente inverossímil que alguma vez se possa iniciar uma era onde o homem seja dispensado de resistir a si mesmo e possa viver uma vida menos tensa e mais fácil. Pelo contrário, tudo faz prever que o esforço aumentará sempre com a civilização." *Ibidem*, p. 303.

[146] *Ibidem*, p. 293.

[147] O monismo empírico, ao afirmar que os conceitos não passam de sensações mais ou menos elaboradas, reduziria todo ato humano a motivações utilitárias. Nunca poderia explicar como "(...) o inferior se podia tornar superior, como é que a sensação individual, obscura e confusa, se podia tornar num conceito impessoal, claro e distinto, e

dade moral de qualquer outra atividade interessada. O kantismo, por outro lado, restringe-se – ao meramente fundar o dualismo na coexistência em duas faculdades distintas – a nomear as duas aptidões contrárias sem conseguir saber por que elas coabitam simultaneamente num único e mesmo ser, não obstante sua oposição.[148] Entre essas duas alternativas, Durkheim aposta suas fichas na esfera impessoal e racional da constituição dos homens cristalizando uma norma universal para o ordenamento moral das modernas sociedades industriais. Apesar de fundamentar a fonte de solidariedade numa experiência emocional capaz de substituir o mundo "imediatamente avaliável por nossas percepções por outro, um mundo moral",[149] tal fluxo perpétuo só adquire caráter virtuoso quando se realiza coletivamente. Os homens só conseguem transcender seus apetites egoístas e suas inclinações particulares mediante a vida coletiva. A sociedade torna-se, portanto, a única fonte da humanidade. Segundo Durkheim:

> Ora, é evidente que as paixões e tendências egoístas derivam da nossa constituição individual, enquanto que a nossa capacidade racional, quer teórica quer prática, depende diretamente de causas sociais. Tivemos muitas vezes ocasião de afirmar que as regras da moral são normas elaboradas pela sociedade; o caráter obrigatório que as caracteriza são é mais do que a própria autoridade da sociedade comunicando-se a tudo o que dela sai.[150]

---

como é que o interesse se podia transformar em desinteresse". *Ibidem*, p. 296. Como um espelho, o "monismo idealista", ao classificar as sensações como "conceitos confusos e emaranhados", acreditaria que a "dualidade" humana seria resolvida tão logo o campo do conhecimento conceitual se alargue, sobretudo com o desenvolvimento da ciência, tornando-a o "fator mais importante da nossa vida mental". *Ibidem*, p. 296.

148 *Ibidem*, p. 298.
149 Shilling, C. & Mellor, P. "Durkheim, morality and modernity: collective effervescence, homo duplex and the sources of moral action", p. 196.
150 Durkheim, Émile. "A dualidade da natureza humana e suas condições sociais", p. 302.

O impulso que se exige para uma ação moral, embora seja também desejável, afasta os homens deles mesmos e os elevaria acima da natureza.[151] Todo ato moral apresenta, de acordo com Durkheim, duas características básicas: a de ser um bem desejável pelos homens e de ser um dever. Homologamente a noção de sagrado, que se define como o ser proibido que não se ousa profanar e, ao mesmo tempo, o ser bom, amado, procurado,[152] o sistema de regras de conduta que compõe a realidade moral não se impõe aos indivíduos como uma obrigação, mas o ato moral aparece aos sujeitos como algo que interessa, de alguma maneira, à nossa sensibilidade.[153] E, para tanto, não basta que algum imperativo moral seja consoante à opinião dominante. Se a realidade moral se apresenta sob dois aspectos diferentes, isto é, um aspecto objetivo e outro subjetivo, uma parte que consiste em um "conjunto de regras que formam a moral de um grupo"[154] e, a outra, na maneira pela qual cada consciência individual imagina essa moral, não se autoriza deduzir daí que o direito de intervir legitimamente na realidade moral possa se basear na razão do indivíduo ou em qualquer sentimento pessoal.

A ciência dos fatos morais que Durkheim pretendia fundar é, antes de tudo, a própria razão humana – "impessoal, que não se realiza verdadeiramente senão na ciência"[155] – aplicada à ordem moral a fim de não só conhecê-la e compreendê-la, mas principalmente para poder transformá-la. Afastando-se do subjetivismo sentimental, a ciência que se aplica metodicamente com o objetivo de dirigir o curso da vida moral[156] esclarece aos sujeitos individuais a verdadeira configuração moral adequada às sociedades. Isso porque a vida moral das socieda-

---

151 *Idem. Sociologia e filosofia*, p. 44.
152 *Ibidem*, p. 44.
153 *Ibidem*, p. 44.
154 *Ibidem*, p. 82.
155 *Ibidem*, p. 72.
156 *Ibidem*, p. 72.

des não é o resultado de um embate entre o indivíduo e a coletividade, entre os sentimentos pessoais contra os sentimentos coletivos, mas se abriga na consciência da coletividade. Cada indivíduo isolado só assimila fugidios fragmentos das ciências pelos quais se apreende apenas superficialmente as múltiplas correntes morais[157] que agem em cada um dos períodos históricos. É só na sociedade e pela sociedade que vivem em plenitude a ciência e por meio da qual é possível compreender toda a riqueza e complexidade da vida moral. Segundo Durkheim:

> Ora, a consciência que a sociedade faz de si, na opinião e pela opinião, pode ser inadequada à realidade subjacente. Pode ocorrer que a opinião esteja repleta de ideias sobreviventes, em retardo quanto ao estado real da sociedade; pode acontecer que, sob a influência de circunstâncias passageiras, certos princípios, até mesmo essenciais, da moral existente estejam, por algum tempo, rejeitados no inconsciente e sejam, por conseguinte, como que inexistentes. (...) Será afirmando, entretanto, que nunca pode ser desejada moral diferente daquela que é exigida pelo estado social da época. Querer moral diversa da que está contida na natureza da sociedade será negar esta sociedade e, por conseguinte, negar-se a si mesmo.[158]

A autoridade moral da sociedade não advém de sua superioridade física ou material. A sociedade não é mera legisladora moral e nem reduz sua atividade à de polícia burguesa com o gendarme que a protege.[159] A autoridade moral é uma espécie de consciência, como se fosse um tipo realidade psíquica mais elaborada e mais rica. O que nos libera do jugo da natureza, fazendo com que a submissão dos indivíduos aos seus ditames seja encarada pelos próprios sujeitos com deferência. O mesmo sentimento que o fiel deposita ao se inclinar perante seu Deus é compartilhado pelos

---

157 *Ibidem*, p. 74.
158 *Ibidem*, p. 46.
159 *Ibidem*, p. 79.

membros da sociedade. Esse devotamento não é resultado de uma suposta perfectibilidade do ordenamento social. Se as sociedades têm "suas mesquinharias, como também suas grandezas",[160] a satisfação que os homens sentem o se submeterem, deve-se ao fato de que as sociedades são constitutivas dos indivíduos. Como afirma Vialatoux,[161] é por meio dela que os homens transcendem a pura animalidade e se constituem como uma personalidade, dotando de forma a nossa consciência moral e o pensamento lógico. É só assim, quando começa a vida em grupo, que o devotamento e o desinteresse[162] adquirem, finalmente, plena significação e sentido. Em *Sociologia e Filosofia*:

> (...) a sociedade apresenta essa característica, dado que ela é fonte e depositária de todos os bens intelectuais que constituem a civilização. É da sociedade que nos vem tudo que é essencial à vida mental. Nossa razão individual é e vale tanto quanto essa razão coletiva e impessoal, que é a ciência, fato social por excelência, tanto pela maneira pela qual é criada, quanto pela maneira pela qual se conserva. Nossas faculdades estéticas, a finura de nosso gosto, dependem do que seja a arte, fato social por idêntica razão. É à sociedade que devemos nosso domínio sobre as coisas, o que faz parte de nossa grandeza. É ela que nos liberta da natureza.[163]

Fundamentando-se sobre tal autoridade que é possível à sociologia realizar juízos de valor. Se não há diferenças de natureza entre

---

160 *Ibidem*, p. 79.
161 Vialatoux, Joseph. *De Durkheim à Bergson*, p. 18.
162 Durkheim, Émile. *Sociologia e filosofia*, p. 59.
163 *Ibidem*, p. 78-79.

os julgamentos de valor[164] e os julgamentos de realidade,[165] isso se dá pelo fato de que a atividade da sociedade e sua razão coletiva e impessoal – e não os indivíduos e o efeito das coisas sobre sua sensibilidade – transforma uma avaliação de valor em algo objetivo. Para além dos juízos emitidos pelos sujeitos, que não têm por meta atribuir às coisas um valor que lhes pertença, mas as preferências individuais, Durkheim chama atenção para outro tipo de juízo. Esse se refere ao valor de determinado objeto como uma realidade *sui generis* que é independente da maneira pela qual um sujeito determinado – seja ele individual ou coletivo – o sente no momento em que se pronuncia. Uma teoria sociológica do valor compreendida enfrenta dificuldades de contornar os diferentes tipos de valor; se há valores econômicos, valores morais, valores religiosos etc. é impossível estabelecer qualquer parâmetro comum que possa medir o modo pelo qual as coisas afetam o funcionamento da vida social.[166] Os valores de luxo se apresentariam como se fossem inexplicáveis, pois embora sejam os mais valiosos, não desempenham necessariamente nenhuma função útil às sociedades. O valor de uma coisa não deriva da simples constatação dos efeitos que ela produz em razão de suas propriedades intrínsecas.[167] Se uma coisa é sagrada, ela o é em virtude da capacidade dos homens de ultrapassar a experiência empírica e representar uma coisa como um ideal. Essa capacidade de "acrescentar ao mundo sensível

---

164 Em "Julgamentos de valor e julgamentos de realidade", Durkheim define os julgamentos de valor nos seguintes termos: "(...) tem por objeto dizer não aquilo que as coisas são, mas aquilo que elas valem em relação a um sujeito consciente, o valor que este último a elas atribui; a esses da-se o nome de julgamento de valor". *Ibidem*, p. 84.

165 Segundo Durkheim, esse outro tipo de juízo: "Quando dizemos que os corpos são pesados, que o volume dos gases varia na razão inversa da pressão que sofrem, nós formulamos julgamentos que se limitam a exprimir determinados fatos. Eles enunciam aquilo que existe e, por essa razão, nós os chamamos julgamentos de existência ou de realidade." *Ibidem*, p. 84.

166 *Ibidem*, p. 88.

167 *Ibidem*, p. 86.

um mundo diferente"[168] não é nem inata aos homens, e nem se prende a um fim ou objetivo transcendental.[169] É, mais uma vez, a atividade *sui generis* da sociedade que estabelece tal hierarquia e ordenamento valorativo. Em "Julgamentos de valor e julgamentos de realidade", Durkheim afirma:

> Em suma, a tarefa do sociólogo deve ser a de reconstruir o ideal, sob todas as formas, à natureza, mas conservando-lhe todos os atributos distintivos. E se a empresa não lhe parece impossível é porque a sociedade preenche todas as condições necessárias para explicar essas características opostas. Ela também decorre da natureza, embora a domine. Isto porque, não somente para ela convergem todas as forças do universo, mas além disso, elas são aí sintetizadas de maneira a dar origem a um produto que ultrapassa em riqueza, em complexidade e em capacidade de ação tudo aquilo que serviu para formá-la. Numa palavra, ela é a natureza, elevada ao mais alto ponto de seu desenvolvimento e concentrando todas suas energias para de qualquer maneira ultrapassar a si mesma.[170]

---

168 *Ibidem*, p. 91.

169 Em "Julgamentos de valor e julgamentos de realidade", Durkheim afirma que os valores econômicos são o exemplo mais bem acabado do fato de que o valor de uma coisa não deriva de suas propriedades empíricas e nem exprimem nada de transcendental. Essa característica, em vez de distinguir os valores econômicos dos demais, constitui, na verdade, uma definição comum a todos os tipos de valores. Segundo Durkheim: "Certamente existem tipo diferentes de valores, mas são espécies de um mesmo gênero. Todos correspondem a uma avaliação das coisas, ainda que seja feita, conforme o caso, de pontos de vista diferentes. O progresso que a teoria do valor tem feito recentemente é precisamente o de ter estabelecido bem a generalidade e a unidade da noção. Mas, então, se todas as espécies de valores são evidentes, e se alguns deles se ligam tão intimamente à nossa vida empírica, os outros não poderiam ser independentes desta." *Ibidem*, p. 93.

170 *Ibidem*, p. 99.

Adorno crítico de Durkheim

O motivo para ler Durkheim, de acordo com Adorno, não decorre de sua importância na institucionalização da sociologia como disciplina acadêmica e nem é restrito a exercício de reconstrução da história das ideias. O descaso que se verificava das ciências sociais alemãs em relação a Durkheim[171] não se justificava, pois algumas questões que surgiram a partir de suas reflexões, sobretudo as derivadas da "tese da autonomia das tendências sociais perante às tendências individuais-psicológicas",[172] permanecem atuais no contexto do capitalismo tardio. Outro exemplo é dado pelo seu interesse na investigação da memória – compartilhado com seu grande opositor em vida, Henri Bergson, cuja oposição não fora tão radical[173] como ambos imaginavam –, que indica a atualidade de seu pensamento ao perceber prematuramente que se perfilava "essa perda de continuidade da consciência que hoje se converteu em algo grave".[174]

Mas, mais que isso, o sociólogo francês de maior influência, contemporâneo à geração de Max Weber, Georg Simmel e Ernst Troeltsch, deve ser lido pela mesma razão que anima a disputa do especulativo provocador contra o positivismo.[175] Ambos denunciam-se a partir de sua autocrítica. A interpretação crítica da obra de Durkheim não se restringe em destacar ideias e temas próprios à sua escola que permanecem atuais, mas detectar em meio à tessitura de seus conceitos os momentos em que eles se contradizem. E tais contradições manifestam-se, sobretudo, (1) pelo subjetivismo latente desencadeado

---

171 Segundo Adorno, a recepção alemã do pensamento de Durkheim ficou muito aquém de sua importância. Até então, sua obra só estava disponível de forma incompleta em traduções e por meio de uma escassa e insuficiente bibliografia secundária. Adorno, Theodor. "Introdução à *Sociologia e Filosofia*, de Émile Durkheim", p. 229.

172 *Ibidem*, p. 229.

173 *Ibidem*, p. 238.

174 *Ibidem*, p. 238.

175 *Ibidem*, p. 231.

por meio da espiritualização da objetividade,[176] (2) pela hipostasia da consciência coletiva na fundamentação da autonomia das ciências sociais e de seu método científico, ou ainda, malgrado todas as suas declarações em favor da empiria, (3) pelo fato de se relacionar com os conteúdos fornecidos pela experiência como se fossem um elemento perturbador do método.[177]

O sociólogo francês, que quis retirar abruptamente o ideal de compreensão da sociologia, não deu espaço para a contradição desenvolvida e prendeu-se à mitologia nua.[178] Ofuscou-se ante a descrição da sociedade preocupando-se com sua ordem, mas que, continuadamente, seguia sendo ameaçado pela sombra de algo caótico e sem sentido.[179] Seu ponto cego é a incapacidade de pensar a coisificação, atestada por uma concepção de sociedade que contrapõe à negação abstrata de um simples aglomerado de indivíduos outra afirmação abstrata da sociedade como algo que está por cima deles.[180] Motivo pelo qual toda sua obra está enfeitiçada, segundo Adorno:

> O conceito durkheimiano de fato social e de seu caráter coisal retrocede a sua própria experiência da sociedade, a qual ele verificou com meios positivistas da estatística.[181]

O cerne da interpretação de Adorno não reside na denúncia do conteúdo conservador de Durkheim. Se for certo que se pode identificar elementos autoritários impregnados em suas reflexões, seus momentos apologéticos e não-críticos se manifestam mais fortemente

---

176 Idem. "Introdução à *Sociologia e Filosofia*, de Émile Durkheim", p. 230.
177 Ibidem, p. 246.
178 Ibidem, p. 238.
179 Ibidem, p. 240.
180 Ibidem, p. 234.
181 Ibidem, p. 231.

na atitude de seu pensamento.[182] O que motiva a crítica adorniana não é desmascarar o vínculo do seu conceito de fato social e da acentuação de seu caráter coisificado à possibilidade de deter o desmoronamento da consciência coletiva ameaçada pelo conflito iminente entre capital e trabalho, reconhecer a prefiguração das bases de organização política próprias às sociedades autoritárias no ideal constitucional da corporação profissional,[183] ou ainda, explicitar as consequências tacanhas e não-libertárias da maneira tendenciosa de contrapor à suposta imoralidade das relações extraconjugais[184] a ética da moral sexual do matrimônio, que impregnam os preceitos e as bases de sua ciência da moral.

Adorno não pratica uma leitura externa de Durkheim, mas sim a crítica imanente. Em vez de sabotar o saber produzido a partir da detecção de que os "juízos a respeito dos quais uma situação desejável se separa daquilo o que ela é",[185] ao invés de ignorar a diferença entre a realidade da sociedade e a consciência que ela tem dela mesma, a crítica adorniana busca o que se transforma em elemento móvel de seu pensamento e, somente assim, afia seu aguilhão – isto é, a distinção entre a coisa e seu conceito.[186]

Em um sentido inverso, o interesse de Adorno também não se concentra no comprometimento de Durkheim com temas e ideais republicanos. Isso porque a valorização da dignidade individual e sua tentativa de defender a liberdade humana contra tendências retrógradas que afloravam no contexto histórico de reorganização da República Francesa revelou-se imbricada a uma ingenuidade inaudita; a dignidade de tais sentimentos coletivos fora radicalmente refutada e menosprezada pela história. O pretenso caráter sagrado das pessoas,

---

182 *Ibidem*, p. 234.
183 *Ibidem*, p. 239.
184 *Ibidem*, p. 239.
185 *Ibidem*, p. 256-257.
186 *Ibidem*, p. 257.

sobre o qual Durkheim depositou tanta expectativa, assentado sobre o imaginário dos ideais humanitários universais não fora capaz de deter o retorno de regressões sempre terríveis.[187] Segundo Adorno:

> O que Durkheim assinala como emancipação dos sentimentos coletivos, e o que não considerou como imanente à pessoa mas sim como que marcado a ferro no coletivo, foi liquidado nos campos de concentração do coletivo, sem que seu consciente ou inconsciente tenha se rebelado demasiadamente contra.[188]

Na verdade, é o modo pelo qual Durkheim compreende a sociedade que atrai Adorno. E, de saída, Durkheim classifica-se entre os positivistas. Embora o termo seja amplo e, em alguma medida, impreciso, há um núcleo em torno do qual circundam temas, pressupostos e implicações partilhados pelos positivistas. Apesar da distância que separa Durkheim do chamado Círculo de Viena e da filosofia analítica, é possível identificar algo que os aproxime.

O programa do positivismo durkheimiano se expressa por meio da sua doutrina "dos fatos sociais como base única do conhecimento sociológico".[189] A ciência que significava observar, comparar, classificar[190] apreende seus objetos através de uma lente que enxerga os *faits sociaux* como se fossem coisas absolutamente dadas, excluindo toda especulação teórica que determinado pensador individualmente concebe ou as tentativas de compreendê-los por meio de simples observação interior.[191] Preservando uma espécie de aspiração à totalidade que garantiu a adesão à sua doutrina por parte dos sociólogos

---

187 *Ibidem*, p. 237.
188 *Ibidem*, p. 237.
189 *Ibidem*, p. 230.
190 *Ibidem*, p. 230.
191 Durkheim, Émile. *As regras*, p. xx-xxi.

franceses de sua época,[192] Durkheim lançou as bases de um positivismo voltado para o exame da consciência coletiva, mas previamente, a depurou tanto da arbitrariedade subjetiva quanto da mera opinião não reforçada pelos fatos.[193] Crítico de Comte, que teria permanecido aferrado a um conceito tão metafísico como o de progresso,[194] o autor de *As regras* partilhou com toda a tradição do positivismo a elevação à posição de critério de verdade a certeza sensível, disponível apenas nos sujeitos humanos individuais.[195] O que permaneceu intacto desde o sensualismo humeano, passando por Ernst Mach até chegar a Rudolf Carnap, encontra em Durkheim uma formulação que admite unicamente os "*stubborn facts* como fonte legítima de conhecimento".[196] Tal subjetivismo contamina o momento objetivo próprio das correntes positivistas e leva consigo qualquer possibilidade de estabelecer critérios de distinção entre o que é na verdade uma sociedade e o que se imagina que ela seja. Segundo Adorno:

> Quem carrega a culpa é a teoria central. No lugar da objetividade dos processos de vida sociais, ela coloca a objetividade da *conscience collective*. Se o seu espírito é promovido à substância de uma sociedade, algo que ainda precisa ser derivado, então a distinção entre a consciência falsa e correta se esvai; assim como Durkheim também tem dificuldades de delimitar o normal do patológico; dificuldades, aliás, que também Freud encontrou.[197]

No entanto, tal doutrina dos fatos sociais tem o mérito de destacar um dos momentos centrais para a interpretação das

---

192 Adorno, Theodor. "Introdução à *Sociologia e Filosofia*, de Émile Durkheim", p. 230.
193 *Ibidem*, p. 232.
194 *Ibidem*, p. 231.
195 *Ibidem*, p. 232.
196 *Ibidem*, p. 232.
197 *Ibidem*, p. 230.

sociedades modernas. Concebido como aquilo que não pode ser absorvido pelos indivíduos, como o que aparece como incomensurável e impenetrável,[198] os fatos sociais não podem ser compreendidos e devem ser tratados como coisas. A sociologia encontra seu verdadeiro objeto onde acaba a inteligibilidade.[199] Embora retire da razão crítica a possibilidade de penetrar em seu objeto, ela também é responsável por Durkheim ter se mostrado superior às correntes contemporâneas do positivismo ao destacar de modo mais enérgico os fenômenos da institucionalização social e da coisificação.[200]

A sociedade é entendida a partir de sua anterioridade e transcendência absoluta em relação aos sujeitos individuais e, nesse sentido, presta testemunho de sua autonomização crescente como um ser em si, que se emancipa não só ante o sujeito cognoscente como também frente aos indivíduos integrados pelo coletivo. O que já era ossificado, perde ainda mais vida por conta desse enfoque. Uma coerção que não desencadeia nenhuma autoconsciência subjetiva e que se imagina ininteligível a qualquer intuição compreensiva subjetiva, configura-se a partir da experiência da natureza da sociedade segundo o modelo do que causa dano.[201] E mais que isso, o modo pelo qual Durkheim trata esse momento central da sociabilização hipostasia essa intransparência das instituições feitas pelos homens como se fosse a própria essência da sociedade.[202] A coisificação não só se denuncia por meio dos conceitos da sociologia durkheimiana, como também mostra ter poder sobre eles. A sociedade é mistificada.

Se o velho Comte ornamentou sua sociologia por meio da autoridade da religião e de seus emblemas irracionais, Durkheim converteu a sociedade em sucedâneo da religião. A comparação que

---

198 *Ibidem*, p. 233.
199 *Idem. Introdução à Sociologia*, p. 207.
200 *Idem.* "Introdução à *Sociologia e Filosofia*, de Émile Durkheim", p. 233.
201 *Ibidem*, p. 233.
202 *Idem. Introdução à sociologia*, p. 207.

conservava aspectos de Iluminismo crítico no século XVIII e com Ludwig Feuerbach – isto é, o programa de desencantar a religião como projeção social[203] – regrediu com Durkheim a uma adoração da própria sociedade, adicionando a ela um caráter divino por ter se tornado a imagem da religião. É por essa razão que, "contagiado pelos povos subdesenvolvidos",[204] o estudo da magia dominou cada vez mais seus escritos e as relações primitivas tornaram-se o protótipo de todo o social.[205] Segundo Adorno:

> As condições suprapoderosas, aquelas que assim se tornaram, a segunda natureza de Hegel, torna-se a primeira; a história torna-se aquilo, o que, aliás, ela também é, história natural, ainda que uma do espírito. Já no livro acerca da divisão do trabalho ele derivou e sancionou a civilização de maneira imediata e inquebrantada da luta pela existência. (...) No entanto, seu método descritivo e comparativo é tudo menos politicamente neutro, ou, até mesmo, crítico. Reagindo à teoria de Marx, ela havia sido criada para justificar o caráter durável da sociedade, para o qual se orientou, igualar o estranhamento [*Entfremdung*] social à socialização por excelência, em vez de reconhecê-la como nascida da possibilidade de algo mutável.[206]

Entretanto, na sociedade há também o que não se deixa apreender por tais meandros. A disposição em tratar como coisas os fatos sociais deforma os momentos da vida social que não apresentam imediatamente um caráter coisificado. As relações entre as pessoas, os contextos funcionais, as tendências de desenvolvimento são desvalorizados como se fossem algo mutável, fortuito, caprichoso,

---

203 Idem. "Introdução à *Sociologia e Filosofia*, de Émile Durkheim", p. 234.
204 *Ibidem*, p. 235.
205 *Ibidem*, p. 234.
206 *Ibidem*, p. 233.

contrastando vivamente com o ideal de certeza instituído como norma[207] em *As regras*. Os critérios de racionalidade e inteligibilidade da prática científica fornecem o paradigma de toda experiência possível. Embora o conhecimento da sociedade se construa a partir de seus aspectos supostamente irracionais e incompreensíveis ao sujeito cognitivo, a coisa permanece a mesma. Adorno chama atenção para uma analogia que se estabelece entre o enfoque sociológico durkheimiano e a "teoria psicológica da forma [*Gestalttheorie*]",[208] que se desenvolveu na Alemanha após a morte do sociólogo francês. Em ambos os casos, são as regras do jogo científico-positivista que ditam as regras. A teoria que observa experimentalmente o dado de forma imediata a fim de descobrir neles estruturas em si, concebidas independentemente das funções categoriais dos sujeitos e encoberta pela aparência do irrefutável, equipara a existência simplesmente ao que é objetivamente sensível.[209]

Do lado durkheimiano, tal tendência se realiza ao se prescindir da determinação histórica das formas de consciência e instituições coletivas em favor de uma diferenciação empírica que se assenta em direção aos fenômenos originários [*Urphänomenen*][210] ou elementares. Segundo Adorno:

> (...) sua doutrina da consciência coletiva, inteiramente o entusiasmo exagerado, com o qual ele foi para esse lado, estavam desprotegidos contra ataques do mesmo tipo daquele ocorrido ao seu conceito de progresso. Dotar o consciente de capacidades e funções que estão, evidentemente, abstraídos do indivíduo singular, e, então, colocá-los como anterior a esse, não é menos provocador para a razão humana irrefletida do que a categoria do

---

207 *Ibidem*, p. 246.
208 *Ibidem*, p. 239.
209 *Ibidem*, p. 239.
210 *Ibidem*, p. 234.

progresso, que, de qualquer maneira, tem o seu maior apoio no desdobramento da racionalidade.[211]

A relação entre indivíduo e sociedade é entendida de um ponto de vista enviesado. Consequência necessária de um conceito de sociedade que se choca bruscamente com qualquer individualidade,[212] Durkheim se satisfaz em descrever a duplicação dos chamados sentimentos coletivos[213] nos indivíduos. Se, em consonância à grande tradição filosófica, o autor de *O suicídio* reconheceu o indivíduo como uma categoria mediada pela sociedade, a própria mediação é pensada como se pairasse no ar. Em sua cegueira, foi vítima do que na filosofia se concebeu como um de seus grandes objetos,[214] isto é, que essa razão impessoal só se faz real na consciência dos indivíduos humanos e que sua objetividade tanto remete como não se reduz a eles. Em Durkheim, a equiparação entre a impessoalidade da razão científica e seu caráter coletivo fica aquém de sua potencialidade cognitiva e crítica. Por não incluir em tal conceito de sociedade um *principium individuationis*,[215] ele ignora a dialética entre o geral e o particular, entre os indivíduos e a sociedade. A diferenciação entre a objetividade estrutural e os modos subjetivos de conduta social torna-se uma dicotomia. É certo que há uma fratura entre a sociedade e seus membros, pois a lei social atua consoante uma a sociedade não é dos indivíduos.[216] As leis sociológicas e as leis psicológicas divergem por causa da sociedade, enquanto se continuar a preencher repressivamente as relações entre os indivíduos e a sociedade. Entretanto, restrita a esses termos, a doutrina dos fatos sociais, o protótipo do especificamente social, adquire irracionalidade

---

211 *Ibidem*, p. 231.
212 *Ibidem*, p. 232-233.
213 *Ibidem*, p. 236.
214 *Ibidem*, p. 237.
215 *Ibidem*, p. 233.
216 *Ibidem*, p. 258.

quando elimina fanaticamente seus elos com os sujeitos vivos e suas motivações.[217] A ciência, que não estabelece relações entre o índice de suicídios e as motivações dos suicidas, vê a constância se tornar um enigma e difama os indivíduos declarando-os como mortos.[218] A categoria do indivíduo, como ser cindido, é concebida como eterna e imutável. Ao seu lado, Durkheim personaliza o social, o coletivo de maneira igualmente dogmática, pois a consciência desse sujeito coletivo não é derivada das práticas sociais. Segundo Adorno:

> A objeção da unilateralidade, em geral uma etiqueta barata para livrar-se de teoremas acentuados como incômodos, atinge Durkheim de modo preciso: sabidamente ele se deixa impressionar tanto por um lado do social, o coletivo, que o outro, o individual, acaba, por sua vez, por se perder de vista como social, e, separado, obnubila-o como algo eterno, o que ela, de acordo com seu próprio conhecimento de sua mediação, não o é. Nem de maneira menos

---

217 *Ibidem*, p. 258.
218 Acerca de *O suicídio*, Adorno afirma: "Durkheim procurou demonstrar a autonomia absoluta da imposição social através do suicídio (...). Ele procurou demonstrar isso, em primeiro lugar, baseado nos números de suicídios permanecerem relativamente constantes no âmbito de períodos históricos mais ou menos homogêneos e, a seguir, baseado na media do número de suicídios apresentada estatisticamente dependerem do quanto são rígidos ou flexíveis os sistemas de normas, os sistemas sociais normativos a que os homens estão sujeitos. (...) ele estabeleceu uma espécie de hierarquia entre as religiões, segundo a qual as normas mais rígidas são as do catolicismo, naturalmente na França, seguido pelo judaísmo e a seguir pelo protestantismo. (...) Disso ele inferiu que o suicídio é um *fait social*, um fato social, que nada tem a ver com a psicologia individual na medida em que se apresenta mediante uma tal constância e regularidade estatística. Mas, com uma focalização com essa, a relação que o âmbito social tem com as leis científicas efetivamente se mistifica (...). Isto é, quando não se pode indicar e não se pode compreender de que maneira aquelas peculiaridades estruturais de sistemas normativos rígidos ou flexíveis se realizam nos indivíduos singulares, quando, em outros termos, não se consegue dizer nada acerca dos mecanismos psicológicos que levam uma pessoa a cometer suicídio, ou que impedem uma pessoa de cometer suicídio, então (...) o suicídio se torna simplesmente algo milagroso, incompreensível." Idem. *Introdução à sociologia*, p. 273-274.

dogmática ele personaliza o coletivo: em seus escritos está dito, explicitamente, "que a sociedade pode ser observada como uma pessoa". O direcionamento do sujeito coletivo com "consciência" alcança, ao menos, que um conceito de consciência tão objetivo, ou seja, sem consciência, fosse articulado em seu paradoxo.[219]

Como espelhos invertidos, a relação que Adorno estabelece entre Durkheim e Sigmund Freud revela não só por suas distâncias como por suas proximidades. Se a reivindicação de transformar a sociologia em psicologia aplicada tão cara a Freud é inaceitável ao Durkheim maduro, um conceito como o de inconsciente – enquanto negação das "concepções racionalistas da motivação social"[220] – acomodou-se sem dificuldades ao seu objetivismo sociológico. Segundo Adorno, os mesmos atributos foram fixados no conceito freudiano do Super-eu e na consciência coletiva durkheimiana. O racionalismo cartesiano de tanto prestígio não consegue explicar a dinâmica social, e isto se explicita por meio do duplo aspecto da vida psíquica dos indivíduos. Ambos os autores perceberam que ela é composta por uma fina cortina de fenômenos transparentes e conscientes e por outros fenômenos que carecem de toda coerência. Uma contraposição que precisa ser apreendida em chave social.

Além de partilharem a oposição ao materialismo fisiológico vulgar, outro elemento que os aproxima é o interesse na investigação de temas como a "proibição do incesto, a exogamia e o totemismo".[221] Entre os dois pensadores, a modernidade capitalista é descrita a partir de seus anacronismos. É como se as conquistas da civilização recorressem reiteradamente àquilo que caracteriza as sociedades primitivas, como se o progresso da racionalidade não tivesse sido capaz de eliminar e de fazer calar "a voz do que ficara para trás" ou do que fora

---

219　Idem. "Introdução à *Sociologia e Filosofia*, de Émile Durkheim", p. 237.

220　*Ibidem*, p. 243.

221　*Ibidem*, p. 243.

vítima[222] no caminho da *Aufklärung*. Segundo Adorno, não seria alheia a tal concepção de sociedade que um dos "discípulos mais célebres" de Émile Durkheim, a saber, Lucien Levy-Bruhl, tenha empreendido a tarefa de compreender a irracionalidade, a partir do exame do racionalismo pré-lógico dos primitivos, como forma de pensamento que gozava de todo o direito.[223] Segundo Adorno:

> Tanto Freud quanto Durkheim caíram na ideia de utilizar os comportamentos e as instituições daqueles que, a partir de então, eram chamados de primitivos, como a chave para os fenômenos de regressão da sociedade contemporânea. Esses correspondem tanto do ponto de vista da neurose, quanto da pressão coletiva, a comportamentos de povos naturais; em todo caso, o desenvolvimento da *cultural anthropology*, que trabalhou precisamente essa verdade dos fatos a partir do alcance da civilização superior [*Hochzivilisation*], deve tanto ao Durkheim maduro e à sua revista quanto o deve Freud.[224]

Mas o que em Freud ressoava com possibilidade de crítica, Durkheim revaloriza em favor da sociedade. A violência que se revelava por meio da diagnose das neuroses e que queria ser vencida pela psicanálise, em Durkheim torna-se positiva. Como se o critério da sanção social fosse suficiente para atestar positividade de alguma ação moral ou instituição social, Durkheim se regojiza em calar o inconformado ao justificar a mesma coletividade que é objeto de crítica; o que é visto como suspeito e condenável é o inadaptado e não a adaptação mesma.[225]

---

222 *Idem*. "Ideias para a sociologia da música", p. 262.
223 *Idem*. "Introdução à *Sociologia e Filosofia*, de Émile Durkheim", p. 240.
224 *Ibidem*, p. 244.
225 *Ibidem*, p. 244.

Os seus preceitos morais não só não conseguem se distinguir como incitam a violência do socialmente sancionado. Mesmo contrapondo-se a Weber, a crítica durkheimiana à tese da neutralidade axiológica[226] não escapou à reificação; seu conceito de valor prendeu-se aos limites da coisificação heterônoma.[227] É certo que afirmar ou negar a separação entre valor e conhecimento de modo abstrato significa participar da falsa consciência.[228] O simples juízo lógico, que tem a pretensão de se limitar a descobrir a verdade e separá-la do que é falso, encontra-se comprometido com um comportamento valorativo. A alternativa é acompanhar o momento crítico imanente à ideia – isto é, a transcendência que o conceito tem sobre a realidade empírica – e contrapor conceito à coisa, a fim de desvelar a falsidade da sociedade. Em outros termos, trata-se de mostrar que ela não cumpre sua promessa de realizar essa união de homens livres cuja ideia lhe é inerente.[229]

Durkheim, no entanto, equiparou a coletividade e objetividade.[230] Se fugir da cegueira do ideal tradicional de ciência, se não conceba a atividade do cientista como decomposta na forma pela qual ele vê a realidade social – ora como especialista, ora como cidadão, que mostra "o seu interesse por essa realidade através de escritos políticos"[231] –, o caminho utilizado foi o da simples hipóstase normativa do es-

---

226 Adorno afirma: "E sobretudo quando se lê uma das primeiras obras fundamentais de Durkheim, *La division du travail* [A divisão do trabalho], o *pathos* valorativo é patente, o que nele se relaciona de modo estreito com o que assinalei acima, ou seja, a hipóstase dos fatos sociais, dos *faits sociaux* que, como foi cristalizando em sua obra, são orientados também de modo normativo e reconhecidos como determinantes de valor. Esses dois momentos, o dos *faits sociaux* como dados impenetráveis e o de seu aspecto valorativo, cristalizam-se posteriormente com muita nitidez na teoria da *conscience* (consciência) ou do *esprit collectif* (espírito coletivo) de Durkheim." Idem. *Introdução à Sociologia*, p. 198.

227 Idem. "Introdução à *Sociologia e Filosofia*, de Émile Durkheim", p. 241.

228 *Ibidem*, p. 241.

229 *Ibidem*, p. 252.

230 *Ibidem*, p. 241.

231 Horkheimer, Max. "Teoria Tradicional e Teoria Crítica", p. 132.

pírito coletivo.[232] Permaneceu circunscrito à mesma coisificação dos valores formada originalmente na economia, ao subscrever os valores sancionados coletivamente segundo o subjetivismo de uma coisa julgada de acordo com a *conscience publique* e não pensada criticamente como tempo médio de trabalho social necessário.[233] Segundo Adorno:

> O objetivismo sociológico de Durkheim fomenta a simpatia através de reificação e de consciência reificada. Na verdade, ele não reconhece nenhuma instância de recurso contra o que está socialmente sancionado a não ser a própria sociedade sancionadora. É desnecessário possuir uma grande fantasia, para imaginar, qual será o seu juízo.[234]

O pensamento de Durkheim se constrói no momento posterior e por meio da dissolução e esquecimento do sistema hegeliano.[235] E não só formalmente por Durkheim ter se apropriado de seus fragmentos com valor modificado e de ter deformado alguns de seus temas de múltiplas formas grotescas. O acento é sobre a sistematicidade de sua teoria. Segundo Adorno, o objetivismo de Durkheim recorda Hegel, sobretudo sua doutrina do espírito objetivo. Esta, por sua vez, já havia sido espiritualizada pelo filósofo alemão. Já em Hegel é possível perceber que o seu conceito de espírito, em seu momento de totalidade, foi limitado aos objetos da ciência do espírito, excluindo assim tanto o trabalho material quanto suas condições sociais de realização. Se partilham uma mesma concepção de sociedade como o conjunto de ideias, convenções e sentimentos,[236] o passo subsequente dado por Durkheim recai em uma regressão. A afinida-

---

232 Adorno, Theodor. "Introdução à *Sociologia e Filosofia*, de Émile Durkheim", p. 241.
233 *Ibidem*, p. 242.
234 *Ibidem*, p. 245.
235 *Ibidem*, p. 235.
236 *Ibidem*, p. 235.

de eletiva com Hegel tem vida curta.²³⁷ Durkheim classifica a emancipação do social dentro da imediaticidade pela qual ela aparece ao observador.²³⁸ Assim, Durkheim fornece à reflexão científica um modelo que a psicologia freudiana denominava identificação com o agressor.²³⁹ A tese do primado do todo, o fato de cada ser individual ser constituído por algo que o ultrapasse, torna o antimaterialismo de Durkheim em algo mais do que simples espiritualismo ou idealismo. Ele se vincula à reivindicação do que existe socialmente.²⁴⁰ O que se irradia por meio da totalidade social é captado como se fosse pleno de sentido e não como expressão do negativo, como índice do todo ruim.²⁴¹ Segundo Adorno:

> Durkheim esboça fascinado o caráter violento da sociedade e se degenera em ser seu elogiador. Durkheim projeta o próprio caráter violento sobre o mundo como sucedâneo do sentido ausente deste. A síndrome anal freudiana, com pedantismo, asseio, propensão à violência hipertrofiada e com conduta autoritária, não era nenhum defeito privado, mas sim o caráter burguês *par excellence*, a deformação, sua regra apriorística. Pois bem como antes da feudal, a

---

237 Adorno afirma: "Desde o início que o espírito do mundo hegeliano, em analogia com seus seres individuais, não era previamente consciente de si mesmo, mas antes tinha que se tornar. Semelhante construção tinha que ser para Durkheim, em caso de que a tivesse conhecido, inaceitável à luz de seu positivismo. Atribuir espírito ou razão a uma entidade que não havia sido ela mesma diretamente racional, uma espécie de sujeito, teria sido abjurado como fantasmagoria. O que se deveria julgar como absurdo, impulsionou-o para a maior absurdidade. O espírito coletivo teve que se converter em Durkheim, contra Hegel, em *fait social*, em espírito positivo, em um sujeito *sui generis*." Ibidem, p. 236.
238 Ibidem, p. 236.
239 Ibidem, p. 234.
240 Ibidem, p. 239.
241 Ibidem, p. 239.

sociedade burguesa está desamparadamente à mercê de suas próprias leis de movimento, tal com atesta Durkheim entusiasmado.[242]

O positivismo é, em seu sentido mais amplo, a racionalização da penúria da consciência.[243] A ciência, que se limita a classificar fenômenos sociais em diferentes espécies para abreviar o trabalho científico, ao substituir a multiplicidade indefinida dos indivíduos por um número restrito de tipos,[244] paralisa-se no momento em que deveria prosseguir.[245] Incapaz de ir além de seu objeto – isto é, do seu conceito de sociedade –, ela se prende numa discussão estéril a respeito de procedimentos e critérios de validade científica e de objetividade. Atada a um círculo que ela mesma construiu, a reflexão não consegue ir além do seu ideal metodológico, concebido como algo plenamente separado da história, da economia, da psicologia.[246] Teses fundamentais imbricadas a conteúdos sociais, como as categorias do *chosisme* e a do *contrainte sociale*,[247] foram traduzidas em asserções metodológicas. Por meio de preceitos rigorosos e fazendo vistas grossas a qualquer conteúdo de verdade que não seja apreensível pelos hábitos tolerados pela corporação acadêmica,[248] sua ciência sintetizou uma atitude

---

242 *Ibidem*, p. 252.

243 *Ibidem*, p. 252.

244 Durkheim, Émile. *As regras*, p. 81.

245 Adorno afirma: "Tamanha falta de autoconsciência resulta na proibição do pensamento. No entanto, se o positivismo se vê obrigado a refletir sobre aquelas suas próprias regras do jogo, derivadas da ciência sem observação, que foram petrificadas nessa transmissão, então ele não apenas precisa mexer nelas, mas novamente se emaranha, de modo inegável, nas perguntas das quais ele, como filosófico e metafísico, queria expurgar o pensamento, até que o pensamento mesmo sucumbisse ao processo de expurgamento.", p. 252-253.

246 *Ibidem*, p. 246.

247 *Ibidem*, p. 245.

248 *Idem*. "O ensaio como forma", p. 16.

autoritária a fim de intimidar a opinião pública.[249] Diante da sensação de desamparo, na qual se unem a angústia existencial real dos indivíduos com a insegurança da experiência intelectual não regulamentada, Durkheim preferiu se ater aos preceitos científicos e à coerção do método, empregados sem muito risco nem espontaneidade.[250] Entre o conhecimento que se mede a partir da continuidade e proximidade com o conhecido e o que preserva sua função antitética,[251] o sociólogo francês sacrificou a verdade para respeitar a exigência de honestidade intelectual que é ela mesma desonesta.[252] As fórmulas lógicas e o método científico são utilizados em toda a sua frieza à custa do saber produzido. Porém, o conteúdo de verdade que tal ciência não consegue abarcar retorna deformado em monstruosidades.[253] A consciência coletiva – entidade suprema que se manifesta por meio dos *faits sociaux* –, lugar onde se fixam todas as qualidades, configura o que é rigoroso e o que é grotesco.[254] A empiria, como polo oposto, é concebida de maneira aconceitual. O desinteresse do método pela experiência do que não satisfaz o conceito estabelecido traduz-se na tautologia de que a "sociologia não deve ser mais que sociologia".[255] Segundo Adorno:

> O critério do inegável, da propriedade, que não deve poder ser tirado de alguém, toma o lugar do peso do discernimento; os seus meios, precisamente o método, torna-se fim próprio, de acordo com uma tendência social geral, que provém o outro, o valor de troca, o primado sobre todo e qualquer em si, de todo e qualquer fim. (...) Ele é recusado, ao se executá-lo aquele com uma raiva de pureza puritana: sob nenhuma hipótese algo pode ser metodicamente incorreto

---

249   Idem. "Introdução à *Sociologia e Filosofia*, de Émile Durkheim", p. 245.
250   *Ibidem*, p. 245.
251   Idem. *Minima Moralia. Reflexões a partir da vida lesada*, p. 76.
252   *Ibidem*, p. 76.
253   Idem. "Introdução à *Sociologia e Filosofia*, de Émile Durkheim", p. 246.
254   *Ibidem*, p. 246.
255   *Ibidem*, p. 247.

e, por isso, potencialmente falso, ainda que nada de relevante se deixe reconhecer de outro modo do que em um pensamento, que também poderia ser falso. O quão legítimo o método permanece como antídoto contra o mero ato de pensar [*Drauflosdenken*] acrítico, ele mesmo torna-se falso, assim que, podendo ser determinado, estranha a si próprio da interação com o objeto e se ajusta, de acordo com os seus próprios parâmetros, de modo fixo, em vez de se refletir naquele ao qual ele se volta.[256]

É interessante ressaltar que Adorno aproxima esse procedimento de sobrevalorização do método científico ao comportamento social do pedante. Constante no teatro desde as peças de Molière, seguindo as afirmações de Franz Walter Müller, a figura do pedante teria surgido durante o Humanismo, isto é, no momento posterior à dissolução do que, ignorando as tensões sociais que já eram operantes, se convencionou "subsumir sob o conceito de *ordo* medieval".[257] Já no helenismo tardio haveria traços de afirmação e de crítica ao pedantismo. Presente também na esfera jurídica, sobretudo nas profissões de mediação intelectual que dependem para sobreviver do monopólio do que se apreendeu,[258] essa conduta identifica conhecimento e reflexão com a imersão filológica na palavra, em especial quando esta substitui a consideração micrológica e mostra-se incapaz de provocar uma faísca hermenêutica.[259] Tal predisposição não fica presa ao passado.[260] O ressurgimento e interesse que tal tema suscita testemu-

---

[256] *Ibidem*, p. 246.

[257] *Ibidem*, p. 250.

[258] *Ibidem*, p. 250.

[259] *Ibidem*, p. 250.

[260] Como índice da atualidade de tal comportamento, Adorno afirma se surpreender com o parentesco de enunciados realizados por autores distintos. Segundo Adorno, assim que concluiu o texto de introdução à publicação de *Sociologia e Filosofia* de Durkheim, ele fora advertido de uma passagem de Hans Blumenberg, em *Die Legitimität der Neuzeit*, que também tem o pedantismo como tema.

nha um momento concreto na história da sociedade. O pedantismo é, enquanto a "atitude sucedânea de uma consciência bloqueada em sua necessidade",[261] regressiva como uma neurose obsessiva coletiva. Caracteriza o período em que se torna "cada vez mais asfixiante o pedantismo da censura científica".[262] Segundo Adorno:

> O pedante é um arquétipo da sociedade burguesa. Inconciliável com o *habitus* de liberdade e descomprometimento, que o senhor feudal se permite, ele ao mesmo tempo contrabalança o tipo empreendedor burguês, expansivo, que, por sua vez, necessita daquele como a *imago* das regras do jogo, as quais o espírito do capitalismo precisa respeitar. O pedantismo representa o momento apologético daquele: de maneira aparentemente racional ele quer conservar as instituições e as formas de pensar da sociedade fechada de outrora.[263]

O caráter do pedante apresenta algo de forçado e de irracional. Uma irracionalidade *sui generis* que se utiliza de métodos racionais para se perpetuar. Negando o que poderia ser diferente, fazendo troça da imagem do aberto e prescindindo do que teria de ultrapassar sua própria forma[264] social para se efetivar, o pedante envereda-se no encantamento universal de converter meios em fins, através de uma repetição mecânica que se volta e remete a si mesmo. Receoso em tomar contato com algo fluido do qual ainda espera a plena solidificação, o pedante reduz a razão a um conjunto de técnicas; o acerto de contas burguês, o cálculo correto[265] convertem-se em um fim em si mesmo e substituem o pensamento vivo.

---

261 *Ibidem*, p. 250.
262 *Ibidem*, p. 250.
263 *Ibidem*, p. 250-251.
264 *Ibidem*, p. 251.
265 *Ibidem*, p. 251.

Diante de uma sociedade marcada por antagonismos inerentes, na qual a contradição é vista pela reflexão sociológica como ameaça à segurança de suas instituições, o pedante é encarado como o exemplo paradigmático de que as ideologias mudam mais lentamente que a realidade material. Sendo a *ratio* incapaz de realizar por si essa obra restauradora tão ansiada pelo pedante, o todo antagônico perdura agonizando por meio de suas aparências e de suas metodologias.[266] A sociedade que permanece sem sujeito e prisioneira da natureza porque ainda não se emancipou da luta pela existência[267] se perpetua. Por ainda ser assim e por temer seu consequente desmoronamento, a atividade intelectual degenera para se manter adequada ao estágio da sociedade. Dentro desses limites e diante de tal ameaça de caos, ela se torna demência destrutiva.[268] Segundo Adorno:

> O pedante, que emprega aquela força, que compele para o aberto, a murar o aberto, obedece à lei do capitalismo, de acordo com a qual este, por conta do princípio de troca, do saldo de *give and take* que sempre se resolve, apesar de toda sua dinâmica, permanece, ao mesmo tempo, estático. O seu comportamento não é menos contraditório em si. Ele se agarra à ordem, que houvera sido dissolvida por sua própria razão, e utiliza o seu meio, a racionalidade, em favor de sua contraparte: ele combate o que se tornou irracional através da ratio. Esta, o princípio formal da economia burguesa, também é alinhado, por sua essência formal, ao serviço junto às normas estáticas e às condições dadas, cuja base ela ajudou a destruir.[269]

Tal atitude encontra seu ápice quando Durkheim constrói sua argumentação acerca dos tipos de suicídio. Mediante uma sistematização enumeradora, imagina capaz de estabelecer dentro dessa ordem

---

266 *Ibidem*, p. 251.
267 *Ibidem*, p. 233.
268 *Ibidem*, p. 251.
269 *Ibidem*, p. 251.

de classificação toda e qualquer possibilidade de afastamento ou complementação, ignorando a eventualidade de se opor resistência individual. A dialética negligenciada na dicotomia entre indivíduo e sociedade volta a se ausentar; a reflexão sobre a relação do método sociológico com a coisa[270] foi indiferente para a sociologia de Durkheim. Ali onde o objeto de conhecimento não corresponde integralmente ao modelo do contexto dedutivo, onde o postulado cartesiano de continuidade é tão absurdo quanto parcial, as premissas metodológicas de Durkheim renovam como parodiam o *Discours de la méthode* de *Descarte*.[271] Combinando, como nenhum outro, perspicácia científica e estupidez,[272] ele partilha o mesmo afã de pureza do químico que tem que eliminar de seus tubos de ensaio todos os resquícios das substâncias que não entram no experimento.[273] Entretanto, tais procedimentos são supérfluos quando não há nem tubos de ensaio e nem dispositivos experimentais de tal ordem, quando o objeto de conhecimento exige que se o examine a partir de suas descontinuidades, chegando até mesmo às contradições dentro da coisa.[274] Atrofiando-se na estreiteza de seus propósitos, o empírico é o que perturba o método; um medo de contato que expressa fielmente o *horror vacui* da burguesia

---

270 *Ibidem*, p. 247.

271 Adorno afirma: "Ele é a disposição realístico-conceitual no nível do nominalismo: fetichiza a ciência e a modela, crescentemente, de acordo com sua própria cara. Freneticamente concede à razão subjetiva, isolada e autonomizada, ao método, a força de delinear a ordem objetiva, sem refletir o seu conceito de modo crítico. Nesse grau é que o pensamento burguês permaneceu fiel ao fenômeno original cartesiano. Tanto sem poder sobre uma ordem objetiva, quanto incapaz de transcendê-la, ele exige o impossível de si próprio. Como atuação se espera, o que os objetos do conhecimento não concedem por si mesmos; a ciência, a qual, como se diz, se instala na nova época no lugar da teologia, imita esse ritual oco e, assim, desemboca em um vazio [*Brimborium*] mágico." *Ibidem*, p. 251-252.

272 *Ibidem*, p. 249.

273 *Ibidem*, p. 247.

274 *Ibidem*, p. 248.

que ascendeu ao poder.[275] Como crítica a esse saber, o que se requer é uma segunda reflexão[276] que Durkheim ensaiou, por vezes, realizar. Um momento que não se restringe à esfera do pensamento, mas que emerge em seu objeto, pois este não se satisfaz com uma objetividade apresentada sedutoramente como generalidade estatística.[277] Segundo Adorno:

> Enquanto, seguindo o preconceito dominante de que o espírito da ciência livraria a filosofia dos preconceitos e das mitologias, na prática acontece, antes, o contrário: as categorias, que na disposição filosófica se tornaram tão problemáticas quanto a definição, são levadas adiante pelas ciências particulares, como se elas garantissem a cientificidade. Ninguém está tão inteiramente obstinado com o ato de definir quanto o amador. O que soa pedante é, acima de tudo, o que procura evadir o pedantismo; o tom poetizante, solenemente altivo, como complemento da mesquinhez diária.[278]

Ainda mais gritante é o programa durkheimiano de esboçar uma ciência especial dos fatos morais. Também ele é embebido em tons pedantes. Aqui onde os próprios objetos não se moldam imediatamente às exigências da especialização do trabalho científico, a tentativa de Durkheim de fundar uma ciência sociológica da realidade moral revela toda sua antinomia e suas incoerências. A antítese entre ser e dever ser, nivelada com precisão pela ciência positiva,[279] é dispensada em favor da afirmação da estrutura normativa da moral. Faz-se vistas grossas à procedência empírica da moral e se assume a contraditória tese positivista e antidialética de que "tudo que surge tenderia a assemelhar-

---

275 *Ibidem*, p. 251.
276 *Ibidem*, p. 257.
277 *Ibidem*, p. 257.
278 *Ibidem*, p. 248.
279 *Ibidem*, p. 253.

-se com sua origem".²⁸⁰ Durkheim afirma que se aproxima de Kant por sua noção de dever.²⁸¹ No entanto, o conceito de autonomia, central para a discussão sobre a moral em Kant, está ausente em Durkheim. A categoria social que ocupa a sua função é a categoria da sanção;²⁸² o sociólogo francês substituiu o "constrangimento [*Nötigung*]" pela "obrigatoriedade [*Obligation*]".²⁸³ Desmentida a sua autonomia, o conceito de fato moral torna-se simples reiteração do dado, mesmo que a pretensão do autor de *Sociologia e Filosofia* fosse compreendê-lo para além de seu aspecto factual. Reivindica caráter santificado²⁸⁴ para as normas morais e ante as exigências de uma moral diversa da contida na natureza da sociedade;²⁸⁵ não hesita em classificar tal anseio como um sacrilégio não só contra a sociedade como também contra os indivíduos. É-se obrigado a renunciar ao que não esteja conforme e que seja diferente do que é estabelecido em virtude da própria autoridade²⁸⁶ da sociedade. Segundo Adorno:

> De outro lado, nele a moralidade, como a essência formal do que é socialmente sancionado, se contrapõe ao indivíduo e à sua consciência imediata, na linguagem de Kant, dogmática. A filosofia moral kantiana conhece, dentre as obrigações do indivíduo, também aquelas contra ele mesmo, sem, no entanto, absolutizá-las. Desse lado, a moral de Durkheim, inclinada ao "suicídio altruísta", tolera o princípio do *sese conservare* tão somente como meio para um determinado fim.²⁸⁷

---

280 *Ibidem*, p. 253.
281 Durkheim, Émile. *Sociologia e filosofia*, p. 44.
282 Adorno, Theodor. "Introdução à *Sociologia e Filosofia*, de Émile Durkheim", p. 254.
283 *Ibidem*, p. 253.
284 *Ibidem*, p. 254.
285 Durkheim, Émile. *Sociologia e filosofia*, p. 46.
286 Adorno, Theodor. "Introdução à *Sociologia e Filosofia*, de Émile Durkheim", p. 249.
287 *Ibidem*, p. 254.

Essa relação com Kant não passa da mera semelhança na descrição;[288] Durkheim não hesita em assumir algo que Kant deixou como contraditório. O fato de toda regra moral ter origem social autoriza Durkheim a situá-la como exterior ao indivíduo e, portanto, por não ser algo próprio à sua consciência singular, a lei ética seria sempre algo heterônomo.[289] O inteligível das regras morais, em virtude de seu caráter de faticidade, vê-se reduzido ao nível da empiria. Durkheim não recai em um relativismo moral, pois se, primeiramente, fora capaz de inteligir que a realidade moral configurou-se de acordo com determinadas situações sociais, o saber que reconhece seu caráter histórico paralisou-se, enfeitiçado pelo o "que chegou a ser assim e não de outro modo".[290] Por meio das mesmas veredas – isto é, a tese da autonomia do espírito e a configuração de uma realidade que ultrapassa suas bases materiais imediatas[291] –, o autor de *As formas elementares da vida religiosa* fundou uma sociologia do conhecimento, derivando as formas da consciência como o espaço, o tempo e a causalidade da sociedade, ou, mais concretamente, do modo como ela organiza a propriedade.[292] Não obstante tenha superado em muito a doutrina de Vilfredo Pareto a respeito do conceito total de ideologia e de ter impressionado Karl Mannheim e Max Scheler de modo muito mais intenso do que em geral se pensa, tal saber se prende no círculo de que

---

288 *Ibidem*, p. 254.

289 *Ibidem*, p. 254.

290 *Ibidem*, p. 254-255.

291 Adorno afirma: "O sentido particular do conteúdo da sua doutrina, a preeminência da consciência coletiva, se identifica com a exigência metodológica de que a sociologia não pode ser mais que sociologia. Ao desinteressar-se o método da experiência que não satisfaz o conceito estabelecido por ele de fato social, passa a ser alucinação da absoluta autonomia do coletivo. Algumas coisas falam desde logo em favor de que a relação de ambos momentos foi invertida por Durkheim; que modelou, de acordo com sua intenção substancialmente apologética, o primado do método que apresente de forma apriorística." *Ibidem*, p. 247.

292 *Ibidem*, p. 255.

"suas deduções de categorias do entendimento [*Erkenntniskategorien*] pressupõem tais categorias".[293] A lógica dialética dissolve essa aporia. E o faz na medida em que sua especulação consiga preservar a liberdade que como um relâmpago contrapõe-se criticamente à obscuridade do primado da objetividade social.[294] Segundo Adorno:

> Durkheim apreende o duplo caráter do espírito: que ele, socialmente originado e como momento no interior do processo de vida social, se contrapõe como novo e se desdobra de acordo com suas próprias regras, à dinâmica social da existência, à qual ele costuma, de modo proposital, reduzir o espírito. O estado de coisas é decisivo, por exemplo, para a estética; para além disso, fundamental para toda e qualquer teoria da ideologia, que não se queira esgotar na tese da independência da consciência e do ser e, assim, escamoteie a diferença entre a consciência falsa e a verdadeira.[295]

No momento histórico que torna Auschwitz o fato social mais extremo,[296] a sociedade não pode ser verdadeiramente compreendida. O giro durkheimiano preserva um momento de verdade ante o pensamento posto em liberdade. A coerção que impõe a sua reflexão encontra correspondência direta com a opacidade da sociedade. Entretanto, essa mesma irracionalidade que impregna sua ciência e que exclui de sua reflexão o âmbito singular em favor de uma divisão do trabalho que imagina converter seus objetos de investigação em puramente sociológicos – embora esses mesmos objetos contenham "outras dimensões que as expressas na definição dos *faits sociaux*"[297] – é responsável

---

293 *Ibidem*, p. 255.
294 *Ibidem*, p. 256.
295 *Ibidem*, p. 255.
296 *Ibidem*, p. 258.
297 *Ibidem*, p. 247.

por mistificar o espírito coletivo.[298] Tal modo de perceber as coisas não leva às últimas consequências o conhecimento que afirma que os mecanismos psicológicos que constituem internamente os indivíduos são também pré-formados socialmente.[299] Em vez de sancionar a regressão que incide tanto sobre a sociedade como sobre a reflexão sociológica, a dialética corrige o impulso positivista.[300] Na medida em que Durkheim ignora ou silencia esse saber que se explicita nos atos falhos de caráter lógico[301] que encharcam suas reflexões, estabelece-se sua aliança com a falsa consciência, reafirmando o velho feitiço que tanto atrapalha a moderna humanidade.[302] Renova-se, assim, o pacto sombrio entre mitologia e racionalidade. Segundo Adorno:

> Isto nomeia desde a naturalidade, que se conservou e se conserva na sociedade apesar de sua racionalidade crescente, até a racionalidade que já não é mais há tempos somente dos meios, mas também dos fins. Não se pode refutar a Durkheim a validade sociológica das leis dos grandes números. Mas ela não se segue, como sugeriram ele e sua escola, dissimuladamente da essência do social. Seu fundamento está em que a sociedade ainda não se apossou de si mesma. A ação dos indivíduos conscientes não arrancou até hoje o processo social do destino heterônomo. (...). A sociologia de Durkheim não é nem verdadeira nem simplesmente falsa; mas se trata de uma projeção desviada da verdade sobre um sistema de referência, que cai ele mesmo dentro do contexto social de ofuscação.[303]

---

298 *Ibidem*, p. 258.
299 *Ibidem*, p. 258.
300 *Ibidem*, p. 258.
301 *Ibidem*, p. 259.
302 *Ibidem*, p. 259.
303 *Ibidem*, p. 259.

III. O CONCEITO DE SOCIEDADE

> Já não há lugar fora da engrenagem social a partir do qual se possa nomear a fantasmagoria; só em sua própria incoerência é que se pode encaixar a alavanca.[1]

O *quid pro quo* positivista

Se há uma história do positivismo, segundo Adorno, ela pode ser interpretada como a expressão de uma regressão contínua na esfera do pensamento. Tendo se tornado o sucessor do Iluminismo como a consciência típica das sociedades modernas, o positivismo transforma um Iluminismo desprovido de reflexão[2] na própria reflexão teórica. Vítima da contradição mais profunda e inconsciente de si mesma, ele não consegue chegar à mais extrema objetividade pretendida, pois se enreda sempre mais na particularidade de uma razão instrumental simplesmente subjetiva.[3] Por se subtrair a examinar toda e qualquer antinomia social, por insistir na continuidade lógica ali onde a sociedade reiteradamente lhe nega coerência, o positivismo transfigura a razão em um conjunto de instrumentos – o *fact finding* que deveria

---

1 Theodor Adorno. "Capitalismo tardio ou sociedade industrial?", p. 74.
2 *Idem*. "Introdução à controvérsia", p. 250.
3 *Ibidem*, p. 212.

ser meio para a teoria, torna-se fim em si mesmo – e seus resultados servem a interesses extracientíficos[4] prolongados em seus conceitos, por meio dos quais sobrevivem de maneira irrefletida.

Pelos labirínticos meandros de uma simples tautologia,[5] o ideal de ciência unificada converteu a racionalização organizatória em única condição da verdade. Ao contrabandear o conformismo como critério de sentido das ciências sociais, o positivismo prejulga todas as questões levantadas pela sociedade[6] que a teoria da ciência deveria responder. As condicionantes e vicissitudes que Kant foi impelido a refletir para a constituição de sua teoria do conhecimento como uma indagação acerca da possibilidade da ciência[7] são eliminadas *a priori* na conversão da ciência em uma técnica. O refinamento matemático da metodologia científica, embora não dissipe a suspeita que tal desenvolvimento deteriore o seu conceito, inverte a relação entre os saberes pré-científicos e científicos fixados no auge do Iluminismo alemão e, inadvertidamente, subscreve a tendência de enrijecer a rija crosta de aço[8] profetizada ao mundo por Max Weber;[9] o que Fichte e sua *Doutrina da Ciência* e Hegel, em sua *Ciência da Lógica* haviam, criticamente, estabelecido ao nível do pré-científico, ocupa atualmente com pretensões à exclusividade o conceito de ciência.[10]

Nesse movimento, o que não se enquadra nessas definições estreitas de racionalidade e experiência é relegado ao esquecimento. A paralisia dos órgãos de conhecimento[11] se alastra juntamente com a disciplina, pretensamente neutra, das regras do jogo científico.

---

4   *Ibidem*, p. 222.
5   *Ibidem*, p. 221.
6   *Ibidem*, p. 221.
7   *Ibidem*, p. 221.
8   Weber, Max. *A ética protesta e o "espírito" do capitalismo*, p. 165.
9   Adorno, Theodor. "Introdução à controvérsia", p. 222.
10 *Ibidem*, p. 221.
11 *Ibidem*, p. 222.

Aquilo que fica fora das rígidas normas que fundamentam e justificam o funcionamento da ciência é visto com desconfiança e desdém. A própria fantasia, a capacidade de representar o que ainda não é,[12] considerada o inimigo número um do positivismo, é apresentada como se fosse inconciliável com as exigências de rigor do conhecimento racional. Ela só é tolerada quando condenada a se manter em sua forma coisificada, isto é, como oposta abstratamente à realidade.[13] Compartilhando o mesmo destino da arte, a fantasia estiola-se em um inventar livremente no momento em que o espírito burguês atinge sua forma mais acabada de regressão. Segundo Adorno:

> Quiséssemos submeter o positivismo àquela *reductio ad hominem*, que tanto lhe apraz realizar com a metafísica, poder-se-ia suspeitar que ele logiciza os tabus sexuais, não convertidos apenas hoje em proibições do pensamento. Que não se deve comer da árvore do conhecimento, torna-se no positivismo a máxima do próprio conhecimento. A curiosidade é punida na nova face do pensamento, a utopia dele deve ser expulsa sob qualquer configuração, inclusive a da negação. O conhecimento se resigna à reconstrução repetitiva. Ele empobrece do mesmo modo que a vida empobrece sob a moral do trabalho.[14]

Essas transformações não são restritas à esfera espiritual, mas correspondem a um momento específico das sociedades modernas.[15]

---

12   *Ibidem*, p. 245.

13   *Ibidem*, p. 246.

14   *Ibidem*, p. 250.

15   A mentalidade que se verifica no positivismo é idêntica à exigida pela Indústria Cultural. Em "Introdução à controvérsia", Adorno afirma: "O positivismo é espírito do tempo análogo à mentalidade do fã de jazz; semelhante também é a atração que exerce sobre os jovens. Tem a introduzí-lo a segurança absoluta que promete após a derrocada da metafísica tradicional. Porém ela é aparente: a pura ausência de contraditoriedade, em que se resume, nada mais é do que tautologia, a forçada repetição sem conteúdo convertida em conceito. A segurança torna-se algo inteiramente abstrato e

Na configuração pós-liberal da sociedade, quem segue com excessiva inflexibilidade o caráter de sistema e inclina-se a ignorar a singularidade de todo ente determinado explicita as determinações do período em que a sociedade, em sua unidade sistemática, amalgama-se enquanto totalidade com a repressão.[16] A realidade social persiste em ser repressiva, porque a racionalidade que atuou soberanamente na condução científica dos negócios da sociedade global[17] fez vistas grossas às demandas e às possibilidades de emancipação e fez prevalecer a mesma pretensão de dominação[18] anunciada por Comte como objetivo fundante da sociologia. Dentro de tais limites, o que parecia garantir primazia à empiria mostra-se como dissolução da materialidade da sociedade em uma série de faticidades. A medida cientificista de todas as coisas que preserva os fatos como se fossem algo de fixo e irredutível, a quem os sujeitos devem prestar todo tipo de reverência, constitui na verdade uma copia deficiente[19] da efetiva objetividade da sociedade.

A esterilidade do positivismo advém da sua constituição como uma mentalidade fechada ao reconhecimento da pré-existência da estrutura objetiva da sociedade e, por conta disso, de se estremecer

---

se anula (*hebt sich auf*): o anseio de viver num mundo sem medo se satisfaz com a pura igualdade do pensamento consigo mesmo. Paradoxalmente, o fascinante do positivismo, a segurança, se assemelha à pretensa confiança que os zelosos funcionários da autenticidade auferem da teologia, e pela qual advogam uma teologia em que não creem. (...) Isto se harmoniza com a consciência das massas, que ao mesmo tempo se sentem como socialmente supérfluas, nulas, apegando-se mesmo assim ao sistema que, querendo subsistir, não pode deixá-las morrer de fome. A nulidade é usufruída também como destruição, enquanto o formalismo vazio é indiferente face a qualquer existente, motivo por que é conciliável: a impotência real converte-se numa atitude espiritual autoritária." *Ibidem*, p. 251.

16   *Ibidem*, p. 228.
17   *Ibidem*, p. 234.
18   *Ibidem*, p. 233.
19   *Ibidem*, p. 231.

em face do objeto, transformado em tabu.[20] Próximo ao idealismo, ele hipostasia o sujeito cognoscente, mas procede de outra maneira. Este não é mais concebido como um sujeito criador, absoluto,[21] mas transfigura-se de modo latente em um subjetivismo que traz em si conteúdos filosóficos não problematizados. Malgrado suas intenções, o positivismo torna-se subjetivista em um duplo sentido. De um lado, opera com esquemas sobrepostos ao material empírico organizados a partir de critérios e com intenções classificatórias[22] instituídas unicamente pela ciência, à revelia de qualquer referência ao modo pelo qual se estrutura a própria sociedade. De outro lado e atado a esse pressuposto, supõe ser possível reconstruir a totalidade social a partir da consciência ou da inconsciência média dos sujeitos socializados.[23]

A aplicação não refletida de questionários e de pesquisas de opinião, o desenvolvimento de meios eficazes de captação do modo de comportamento e da autocompreensão dos sujeitos singulares enlaça-se a um conceito de sociedade que a apreende como se fosse um construto unicamente intersubjetivo, no qual a consciência subjetiva e a sua forma de abstração mais universal[24] – isto é, a lógica – comporiam os momentos essenciais do processo de socialização. Entretanto, esse mundo, pensado como se fosse constituído a partir dos fatos e da conexão formada conforme preceitos lógicos,[25] deixa escapar em meio à sua malha conceitual o decisivo: se abstém de analisar as condições que levaram a sociedade a assumir o aspecto de sua coisidade. Por conseguinte, falsifica e escamoteia as relações de dominação.[26]

---

20 *Ibidem*, p. 232.
21 *Ibidem*, p. 212.
22 *Idem*. "Introdução à controvérsia", p. 214.
23 *Ibidem*, p. 214.
24 *Ibidem*, p. 233.
25 *Ibidem*, p. 231.
26 *Ibidem*, p. 255.

> No positivismo está documentada uma constituição histórica do espírito, que não mais conhece a experiência, motivo por que tanto elimina seus rudimentos como se oferece como seu substituto, como única forma legítima de experiência. A imanência do sistema que virtualmente se imobiliza não tolera sequer algo qualitativamente outro, que poderia ser experimentado, nem capacita os sujeitos que lhe são adequados a uma experiência não regulamentada. A situação de mediação universal da coisificação de todas as relações entre homens está sabotando a possibilidade objetiva de uma experiência específica da coisa – este mundo ainda é passível de uma experiência viva? – incluída a aptidão antropológica.[27]

Entrementes, a pré-história reiteradamente reposta é muito mais astuta que o positivismo. A instrumentalidade da ciência positiva carrega consigo tudo aquilo que imaginava ter dissipado graças a seu metódico tratamento mecânico[28] e indiferenciado ante todas as coisas. A tendência harmonizadora que faz desaparecer os antagonismos da realidade efetiva[29] nos conceitos e teoremas científicos não é tão neutra como ela se pensa; o cânone que prescreve como necessário para o pensamento racional alastra o *telos* disposto no conceito de instrumentalismo, isto é, a de ser meramente uma racionalidade particular.[30]

Assim, o véu que a ciência ajuda a tecer nega-se em si mesmo. Essa racionalidade – que talvez seja mais bem definida como uma racionalização[31] – atua *a posteriori* e se esquece dos percalços ineren-

---

27   *Ibidem*, p. 250-251.
28   *Ibidem*, p. 220.
29   *Ibidem*, p. 220.
30   *Ibidem*, p. 222.
31   É por isso, pois, que se deve tratar o positivismo como uma regressão e não como uma atualização ideológica do capitalismo tardio. Isto porque, de maneira análoga à racionalização psicológica, esta forma de racionalidade subjetiva não se apresenta imediatamente em harmonia preestabelecida com seu conteúdo objetivo, mas para efetivar-se tem de convencer todos os demais a efetuar essa regressão sobre a qual se baseia. Em

tes à reflexão. Segundo Adorno, por conta disso, o mito da razão total incide mais sobre o cientificismo do que sobre a dialética. Se em seu passado idealista, a dialética se fechava em uma espiral que garantia a efetivação de um processo como sem restos idênticos a este, onde tudo que fosse extraído de seu movimento decaiu à condição de inessencial ou acidental,[32] atualmente tal sistema – que constitui algo desejável para os positivistas – é o próprio cerne a ser criticado.[33] O saldo do processo de mediação social não é visto pela lente que significou o pecado capital do idealismo alemão, isto é, a composição de um saber assentado sobre o *pathos* subjetivista do postulado da identidade plena com o objeto no conhecimento absoluto.[34] Isto porque o ente singular não é uma realidade que está além ou aquém do conceito. Por serem inerentes ao movimento da sociedade e, portanto, da razão, tanto o conceito como o seu objeto tornam a verdade sinônimo da articulação de dois momentos indissociáveis: a permanência da relação do todo inconciliável com o singular que, por sua vez, torna-se a expressão de sua própria negatividade.[35]

"Sobre a relação entre sociologia e psicologia", Adorno afirma: "A racionalização privada, o autoengano do espírito subjetivo, não é o mesmo que a ideologia, a falsidade do objetivo. Não obstante, os mecanismos de defesa do indivíduo buscam uma e outra vez reforços entre os já estabelecidos e muitas vezes acreditados da sociedade. Nas racionalizações, isto é, no fato de que o objetivamente verdadeiro pode entrar a serviço do falso subjetivo, tal como se pode constatar de múltiplas formas na psicologia social de típicos mecanismos de defesa contemporâneos, salta à luz não só a neurose, mas sim a falsa sociedade. Inclusive a verdade objetiva é necessariamente mentira enquanto não seja a verdade completa do sujeito, e é apta, tanto por sua função como por sua indiferença frente à gênese subjetiva, para cobrir interesses meramente particulares. As racionalizações são cicatrizes da *ratio* em estado de irracionalidade." Idem. "Sobre a relação entre sociologia e psicologia", p. 59.

32   Idem. "Introdução à controvérsia", p. 215.
33   Ibidem, p. 227.
34   Ibidem, p. 235.
35   Ibidem, p. 235.

Embora o vínculo seja desigual na efetividade da realidade social, a aparência e os fenômenos pertencem à essência, a coisa pertence ao seu conceito e o sujeito pertence ao seu objeto. Por ter capitulado diante dela e por ser produto desta sociedade, o positivismo dissolve todos esses momentos em simples dualidades. Refugia-se na estreita tarefa de investigar suas próprias proposições científicas com ojeriza de qualquer contradição e acredita que o dado interpretado subjetivamente e as formas puras do pensamento do sujeito[36] sejam esferas díspares e indiferentes.

Entretanto, o fato de que nas sentenças e nas proposições das ciências sociais aparecem contradições lógicas que não são elimináveis como se fossem impertinências científicas, mas que se fundamentam na coisa mesma, tais como a de que "o mesmo sistema social libera e escraviza as forças produtivas",[37] desmente a pretensão de pureza ascética do positivismo.

Somente a análise teórica permite que esses momentos sejam remetidos à estrutura da sociedade. O pensamento que não prescreve a incontestabilidade da lógica e que, por isso, não se configura a partir do modelo do anátema social espiritualizado,[38] reconhece e deixa perceber que essas mesmas contradições só são suprimíveis pela transformação da realidade.[39] O conceito de crítica não se esgota em uma harmonia hermética das formações do pensamento.[40] No entanto a ciência positivista, por sua vez, confina-se em repetir o resultado do mesmo processo histórico por meio do qual a subjetividade libertada e por isto coisificada entronou-se como soberana total da natureza e,

---

36 Ibidem, p. 219.
37 Ibidem, p. 226.
38 Ibidem, p. 224.
39 Ibidem, p. 226.
40 Ibidem, p. 225.

deslumbrada, transformou o mundo na criação do dominado pelo dominador.[41] Segundo Adorno:

> Eis a pré-história da coisificação da consciência. O que o cientificismo simplesmente apresenta como progresso sempre constitui também um sacrifício. Através das malhas escapa o que no objeto não é conforme o ideal de um sujeito que é para si "puro", exteriorizado em relação à experiência viva própria; nesta medida, a consciência em progresso era acompanhada pela sombra do falso. A subjetividade extirpou de si tudo que não é conforme a univocidade e identidade de pretensão de dominação; a si mesma, que em verdade também é objeto, não se reduziu menos do que os objetos.[42]

É essa regressão que a teoria crítica deve superar. E, para tanto, deve ater-se à especificidade da relação entre o conhecimento científico e seu objeto. Consciente da peculiaridade dessa mediação, a crítica dialética legitima-se a partir da retradução do conteúdo de verdade que forneceu as bases da manifesta pretensão de transcendência absoluta do conceito idealista de grande filosofia ante a consciência humana singular.[43]

O que a dialética tradicional dispunha de cabeça para baixo – isto é, que a objetividade precedente seria o próprio sujeito[44] – assenta-se na experiência social de que todo ser singular é mediado pela totali-

---

41 Ibidem, p. 224.

42 Ibidem, p. 224.

43 Ibidem, p. 215.

44 Adorno afirma: "O momento de universalidade do ativo sujeito transcendental frente ao meramente empírico, isolado e contingente, não é uma simples quimera, como tampouco o é a validade das proposições lógicas frente ao decurso fático dos atos mentais individuais singulares; ao contrário, tal universalidade é a expressão ao mesmo tempo exata e – tendo em conta a tese central idealista – oculta a seus próprios olhos da essência social do trabalho, em geral, só quando esse é algo para outro, algo comensurável, enquanto saída do caráter fortuito do sujeito singular". Idem. "Aspectos", p. 35.

dade social objetiva.⁴⁵ A dialética encontra sua verdadeira justificativa somente com a ruína do sistema hegeliano,⁴⁶ ao reconhecer a totalidade social como a realidade mais efetiva, não porque tenha a materialidade factual dos dados empíricos, mas por ser tanto a síntese da relação social dos indivíduos entre si como, ao mesmo tempo e obscurecendo-se frente ao singular, ser também sua aparência, ideologia.⁴⁷

Sob esse duplo aspecto, a objetividade da estrutura social apresenta-se como o *a priori* da razão subjetiva cognoscente.⁴⁸ Tal asserção obriga a sociologia a não mais poder escolher fortuitamente o sistema de coordenadas que dão sentido aos fenômenos sociais particulares, pois eles necessitam ser interpretados a partir de uma estrutura em-si estabelecida.⁴⁹ A anterioridade da sociedade em relação a todo acontecimento singular permite que a sociologia interprete seus fenômenos de forma objetiva, sem cair no particularismo de um saber especializado quando os remete às relações objetivas de dominação.⁵⁰

No entanto, por compor um saber que é eminentemente crítico, a totalidade social não mais constitui uma categoria afirmativa para a dialética. Ecoando o "potencial de uma individuação que ainda não é",⁵¹ a crítica sociológica põe-se ao lado de tudo que está em contradição e que é negado por essa mesma totalidade. A sociedade é, portanto, encarada tanto como o que se transforma em objeto e causa esta opressiva objetivação, como por meio da potencialidade de um sujeito que se autodetermina.⁵² Segundo Adorno:

---

45 *Idem*. "Introdução à controvérsia", p. 215.
46 *Ibidem*, p. 215.
47 *Ibidem*, p. 217.
48 *Ibidem*, p. 214.
49 *Ibidem*, p. 214.
50 *Ibidem*, p. 214.
51 *Ibidem*, p. 217.
52 *Ibidem*, p. 233.

Uma tal substituição de sociedade como sujeito, por sociedade como objeto, constitui a consciência coisificada da sociologia (...). Embora é certo que a alteração mediante o enfoque do conhecimento tenha seu *fundamentum in re*. Por sua vez, a tendência evolutiva da sociedade corre em direção à coisificação; o que favorece a *adaequatio* a uma consciência coisificada daquela. Mas a verdade exige a inclusão deste *quid pro quo*. A sociedade como sujeito e a sociedade como objeto são a mesma coisa e também não são a mesma coisa. Os atos objetivadores da sociedade eliminam na sociedade o que faz com que não seja apenas objeto, o que lança sua sombra por sobre toda a objetividade cientificista. Reconhecer isto é o mais difícil para uma doutrina cuja norma máxima é a ausência de contraditoriedade. Eis aqui a diferença mais profunda entre uma teoria crítica da sociedade e o que na linguagem corrente é denominado sociologia: uma teoria crítica, apesar de toda experiência de coisificação, e mesmo justamente ao exteriorizar esta experiência, se orienta pela ideia da sociedade como sujeito, enquanto a sociologia aceita a coisificação, repetindo-a em seus métodos, perdendo assim a perspectiva em que a sociedade e sua lei unicamente se revelaram.[53]

Pensar além da contradição

"A sociedade é contraditória e mesmo assim determinável; a um só tempo racional e irracional, sistemática e mediada pela consciência. Os procedimentos da sociologia devem curvar-se ante isso".[54] É essa a magnitude do desafio da sociologia segundo Adorno. A sociologia, que tem por objeto algo que em si não é racionalmente contínuo,[55] vê-se diante da obrigação de articular no plano teórico a contradição social que caracteriza a atual fase do capitalismo.[56]

---

53   *Ibidem*, p. 233.
54   *Idem*. "Sobre a lógica das ciências sociais.", p. 47.
55   *Idem*. "Sociedade", p. 10.
56   Adorno afirma: "(...) o essencial é o interesse por leis do movimento da sociedade, sobretudo leis que expressam como se chegou à situação presente e qual a sua tendência.

De princípio, esse desafio levanta problemas de duas ordens: reflexão teórica e conceitual a fim de dar conta das mudanças na estrutura social do capitalismo tardio e a crítica aos métodos científicos empregados pela sociologia. Âmbitos que embora mantenham relativa autonomia, entrelaçam-se continuamente. De um lado, é imprescindível não se tornar insensível às transformações histórico--sociais e ser capaz de atualizar a crítica à sociedade. De outro, não se deixar seduzir pela mera justaposição de fatos e pela compilação de fenômenos sociais, mas *interpretá-los* criticamente. Trata-se do esforço em orientar a crítica sociológica para não se satisfazer com os destroços desprovidos de sentido que restaram com o fim do período liberal das sociedades capitalistas, mas interpretar e descobrir a verdade, por sua vez, da liquidação e do liquidado.[57] Esse itinerário é necessário para se compreender que a dominação dos homens sobre os homens segue sendo verdade apesar de todas as dificuldades com as quais algumas categorias da crítica à economia política são confrontadas,[58] e para determinar a especificidade histórica de um processo de socialização que persiste em se realizar por meio de antagonismos e de conflitos sociais.

A apreensão conceitual da sociedade não é, afinal, solucionável facilmente. Tal relutância explicita a tarefa mais urgente da sociologia. Desde os tempos de Durkheim e Max Weber, a possibilidade de conhecimento objetivo sobre a realidade social já era algo em si controverso. Se a racionalidade da ação social constitui o dado objetivo para a compreensão da sociedade, com igual direito - ou melhor, tão

---

Além disso, que essas leis se modificam e valem apenas enquanto efetivamente aparecem. Por fim, como um terceiro passo, que a tarefa da Sociologia reside em, ou apreender a partir da essência inclusive essas discrepâncias entre essência e fenômeno, quero dizer: apreender teoricamente, ou ter efetivamente a coragem de abrir mão de conceitos de essência ou de leis gerais, absolutamente incompatíveis com os fenômenos e também não passíveis de mediação dialética." *Idem. Introdução à sociologia*, p. 92.

57 *Idem.* "Introdução à controvérsia", p. 219.
58 *Idem.* "Sociedade", p. 14.

parcial quanto – o conhecimento da sociedade também poderia se basear em seus aspectos incompreensíveis que se impõem ante cada indivíduo como uma segunda natureza. A principal regra metodológica de Durkheim, a de tratar os fatos sociais como coisas e, principalmente, a prescrição de que a sociologia deva renunciar à ambição de compreendê-los, choca-se com as reflexões a respeito da objetividade da sociedade de Weber. De acordo com Adorno, a definição sobre a natureza da investigação sociológica como uma compreensão interpretativa da ação social racional e a necessidade de explicá-la causalmente em seu curso e em seus efeitos[59] exclui, como se não fosse da sociedade, o que não se identifica com esse ideal de compreensão. Simetricamente, ao se prescindir da compreensão das motivações e da racionalidade da atividade dentro da sociedade burguesa, acaba-se por subscrever como necessária a irracionalidade da sociedade. O entusiasmo pelo incompreensível traduz o persistente antagonismo social em *quaestiones facti*.[60]

Para não permanecer nessa encruzilhada, a reflexão sociológica deve partir das relações que os homens estabelecem entre si. No entanto, como essas relações tornaram-se opacas e heterônomas, a sociologia deve procurar compreender como elas se tornaram autonomizadas em relação aos sujeitos, isto é, compreender como as relações sociais tornaram-se em si incompreensíveis.[61] No momento em que a sociedade mantém viva "a si própria e a seus membros e simultaneamente os ameaça de extinção",[62] o objetivo da sociologia não pode ser outro do que compreender o incompreensível movimento da incursão

---

59 Weber, Max. *Economia e Sociedade*, p. 3.

60 Adorno, Theodor. "Sociedade", p. 12.

61 Adorno afirma que a sociologia só se torna verdadeiramente crítica quando ela é "(...) a teoria das relações sociais entre os homens apenas na medida em que também é a teoria da desumanidade dessas relações". *Idem*. "A consciência da sociologia do conhecimento p. 32.

62 *Idem*. "Sobre a lógica das ciências sociais", p. 49.

da humanidade na não-humanidade.⁶³ E mais ainda, é somente pelo caminho da crítica que a possibilidade da sociedade realizar seu próprio conceito – sua *promesse du bonheur*, isto é, a associação racional de homens livres – mantém-se acesa:

> A sociedade é ao mesmo tempo inteligível e ininteligível. Inteligível na medida em que o estado de coisas objetivamente determinante da troca implica abstração, de acordo com sua própria objetividade, implica um ato subjetivo: nele o sujeito verdadeiramente reconhece a si mesmo. Isto explica, do ponto de vista da teoria científica, por que a sociologia weberiana está centrada no conceito de racionalidade. (...). Contudo a racionalidade objetiva da sociedade, a da troca, pela dinâmica própria afasta-se cada vez mais do modelo da razão lógica. Por isto a sociedade, o que se tornou autônomo, também não continua a ser inteligível; o é unicamente a lei de autonomização.⁶⁴

O empirismo lógico permanece aquém disso. Para justificar tal asserção, apresento a seguir algumas discussões travadas por Adorno em um conjunto amplo de artigos nos quais se pode extrair a crítica a um modelo peculiar de pesquisa empírica. Embora essa preocupação já tivesse se manifestado em seus trabalhos anteriores, tais textos foram escritos após o seu retorno definitivo à Alemanha.

Rolf Wiggershaus relata que após o seu regresso definitivo à Alemanha, enquanto Max Horkheimer concentrava suas atividades em ser um representante do Instituto de Pesquisa Social, Adorno passou a desempenhar um papel de teórico da pesquisa sociológica.⁶⁵ Desse momento, destacam-se os seguintes textos: uma comunicação de fevereiro de 1951 realizada em Marburg, "A presente situação da

---

63 Idem. "Sociedade", p. 12.
64 Idem. "Introdução à controvérsia", p. 219-220.
65 Wiggershaus, Rolf. *A Escola de Frankfurt: história, desenvolvimento teórico, significação política*, p. 487.

sociologia"; um artigo redigido em conjunto com outros membros do Instituto para o dicionário *Handwörterbuch der Sozialwissenschaften*, publicado em 1954, chamado "Pesquisa social empírica"; um artigo de 1957, intitulado "Sociologia e investigação empírica"; e, finalmente, um artigo redigido a partir de uma emissão radiofônica em 1969, o "Teoria da sociedade e pesquisa empírica". Segundo Wiggershaus, com essa última comunicação, Adorno pretendia envolver-se com uma questão bastante pragmática no contexto da institucionalização da sociologia no sistema universitário alemão, qual seja: se a teoria crítica da sociedade se descola das investigações empíricas, a sociologia se tornaria um monopólio dos empiristas.

Entretanto, não se trata simplesmente de relatar a importância da pesquisa empírica nos trabalhos e estudos da chamada Escola de Frankfurt, Adorno cita trabalhos como *Autorität und Familie*, *Authoritarian Personality*, *Student und Politik*, que sempre pretenderam, por meio de pesquisas sociais empíricas, reformular suas concepções teóricas e também fornecer elementos para impulsionar a investigação empírica. Segundo Adorno, não se trata nem de restringir à tarefa de constatar opiniões e reelaborá-las estatisticamente,[66] nem de encarar a teoria como um ente sagrado e onisciente. A questão de fundo é, no entanto, outra. Trata-se da capacidade de construir meios conceituais para interpretar processos sociais que estão além da simples compilação de dados e que não se mostram a quem observa a sociedade a olho nu ou com simples lentes de aumento.[67] Segundo Adorno:

---

66 Adorno, Theodor. "Teoria da sociedade e investigação empírica", p. 505.

67 Cohn, Gabriel. "A Sociologia como ciência impura", p. 21. A esse respeito, em "Esclarecimento e ofuscação: Adorno & Horkheimer hoje", Gabriel Cohn afirma que a relação de Theodor Adorno com as pesquisas empíricas coloca-se em um registro diferente do que o esperado e o usualmente utilizado em trabalhos sociológicos. Segundo Cohn: "Fundamental na pesquisa sobre a personalidade autoritária foi a mobilização do instrumental analítico da psicologia social e da psicanálise, associada a uma concepção sociológica do conjunto (a cargo de Adorno), tudo isso voltado para uma associação entre a criação de instrumentos de pesquisa específicos, o rigor no tratamento dos dados e uma orientação mais dirigida para a análise qualitativa em profundidade dos dados.

A meta da controvérsia não é um sim ou um não à empiria, mas na interpretação da empiria mesmo, sobretudo dos denominados métodos empíricos. Tal interpretação não é em nós mais filosófica do que nos empiristas. O empirismo, de maneira igual à dialética, foi em seu momento filosofia. No entanto, uma vez que se reconhece isso, o termo "filosofia", que se objeta a nós como se fosse uma vergonha, perde seu componente pavoroso e se desvela como a condição e a meta de uma ciência que quer ser mais que simples técnica e que não se curva ao domínio tecnocrático.[68]

Essa polêmica imbrica-se a uma questão de conteúdo e enraíza-se na própria fundação da sociologia. De acordo com Adorno, a sociologia constituiu-se a partir de um aglomerado de disciplinas que, inicialmente, eram absolutamente desconexas e independentes entre si. Por exemplo, em Comte, a sociologia orbitava em torno da influência de dois tipos de saberes: (1) o fornecido pela filosofia, que ultrapassava os interesses imediatos dos setores particulares e de problemas particulares de conhecimento prático[69] e, de outro lado, (2) a das chamadas ciências da administração do século XVIII, que se orientavam para o desenvolvimento de técnicas empíricas para obter informações relativas a situações sociais específicas.[70] Assim, de um lado, a sociologia nasceu como uma ciência voltada às necessidades práticas de um trabalho socialmente útil, fornecendo, por meio da pesquisa social baseada nos métodos das ciências camerais, das ciências das finanças e da administração, as primeiras visões de conjunto

---

Nisso tudo Adorno teve papel importante, a começar pelo seu entusiasmo pela ideia da construção de instrumentos orientados para a captação de traços de personalidade e de padrões de comportamento por via indireta, mediante questionários e entrevistas construídos para atingir motivos não diretamente verbalizáveis pelos sujeitos, associados ao uso criativo de escalas de medidas de atitude." *Idem*. "Esclarecimento e ofuscação: Adorno & Horkheimer hoje p. 12.

68   Adorno, Theodor. "Teoria da sociedade e investigação empírica", p. 508.
69   *Idem*. *Introdução à sociologia*, p. 59.
70   *Ibidem*, p. 57.

de uma economia e de uma administração planejadas; de outro lado, ela também foi pensada como um conhecimento que não se mede segundo critérios que se justifiquem pela suposta utilidade prática de um trabalho produtivo.[71]

Se o equilíbrio entre essas duas tendências modificou-se historicamente, o mais interessante é perceber nesse caráter duplo da sociologia[72] a revelação de formas distintas de compreensão do funcionamento e dos nexos que compõem as sociedades modernas. Mais do que dois pontos de vista distintos que podem ser intercambiáveis, há uma verdadeira divergência acerca do modo de interpretar a sociedade que, de acordo com Adorno, deve ser decidida objetivamente. O praticismo, do qual se originou todo o positivismo posterior, a crença da possibilidade de direta ou indiretamente controlar os processos sociais tem como pressuposto não só uma forma de contemplar a sociedade a partir dos interesses de uma engenharia social, mas acredita que a própria sociedade possa corresponder integralmente a esse ideal tecnocrático.[73] Tal concepção só é possível quando se abstrai de suas relações de dominação.[74] Por outro lado, a sociologia como herdeira da emancipação burguesa, da Revolução Francesa, consciente de que, como afirmava Hegel, a sociedade civil impele para além de si,[75] abre a possibilidade de um saber que, ciente do caráter antagônico das sociedades modernas e da necessidade de acompanhar suas transformações históricas, reflete sobre o ordenamento verdadeiro da sociedade.[76] Preserva-se a pretensão de não restringir o conhecimento sociológico a uma repetição na qual se reitera o suposto caráter cíclico

---

71 *Ibidem*, p. 47.
72 *Ibidem*, p. 60.
73 *Ibidem*, p. 64.
74 *Ibidem*, p. 66.
75 *Ibidem*, p. 59.
76 *Ibidem*, p. 59.

do movimento social,[77] com a afirmação de que a sociedade se configura obrigatoriamente segundo o sentido da repetição cega de processos naturais. Acredita ser possível sair deste maldito círculo vicioso:[78]

> Pode-se dizer que também aqui se apresenta a ambiguidade peculiar da Sociologia, uma vez que justamente essa motivação – ou seja, a de pensar a sociedade essencialmente a partir da técnica, tornando a técnica em certo sentido a categoria-chave da sociedade – se converteu a seguir na raiz da teoria das forças produtivas de Marx, que se tornaria a diferença essencial deste em relação à economia política clássica, na qual não existe uma teoria como essa. É muito curioso – e me refiro à questão apenas para mostrar-lhes a profundidade alcançada pela contradição apontada também em pensadores de orientação contrária – que mesmo em Marx, que era muito crítico e acesso em geral ao que se chama de Sociologia, e em especial a Comte, encontra-se essa ambivalência, na medida em que ele partilhou a crença na técnica e no primado da técnica com Saint-Simon e, se quisermos, com Comte.[79]

Cristalizando tais tendências, Adorno distingue duas perspectivas da sociologia enquanto disciplina acadêmica. Embora partilhassem o nome, ambas diferiam tanto no objeto quanto no método. De um lado, a teoria da sociedade voltava-se para a compreensão da totalidade social e das leis de sua transformação. Herdeira da filosofia, a teoria social desconfia do engano dos fenômenos e, como um impulso em direção ao desencantamento, pretende desvelar o que secretamente sustenta toda a engrenagem social. Por outro lado, a chamada sociologia empírica investiga fenômenos sociais singulares, baseando-se muitas vezes de forma explícita no modelo das ciências naturais. Em oposição à teoria social, a sociologia empírica considerava que a

---

77 *Ibidem*, p. 69.
78 *Ibidem*, p. 70.
79 *Ibidem*, p. 66-67.

reflexão sobre o que rege ocultamente a sociedade não é nada mais do que mera feitiçaria.

Embora distintos, esses dois modos de proceder da sociologia enfrentam, ao menos, uma ordem de problemas em comum, isto é, a falta de sintonia entre a sociedade e seus fenômenos. A teoria social, para não se ver enrijecida em dogmatismos, não pode se furtar a recompor os seus conceitos acompanhando a todo o momento a dinâmica de seu objeto. A sociologia empírica, por outro lado, para chegar à totalidade da sociedade, parte da análise dos fatos sociais particulares. Em suas operações, ela se utiliza de conceitos universais classificatórios e nunca aqueles conceitos que expressam a vida da sociedade mesmo:[80]

> Na contraposição e complementaridade rígidas de sociologia formal e cega constatação de fatos desaparece a relação do universal e o particular pela qual a sociedade tem vida e a que a sociologia deve por isso seu único objeto humanamente digno. No entanto, se se une posteriormente o separado, a relação objetiva cai de cabeça para baixo em virtude do escalonamento do método. Não é casual o esmero com o qual imediatamente se voltam a quantificar os achados qualitativos. A ciência desejaria eliminar do mundo a tensão do universal e o particular mediante seu sistema uníssono, mundo que tem sua unidade na falta de sintonia.[81]

Além do possível enrijecimento dogmático da teoria social, para além da indiferença da sociologia empírica ante as determinações estruturais concretas da sociedade, é essa falta de sintonia que deve tornar-se o verdadeiro objeto da sociologia. A sociologia só assume seu papel crítico quando consegue dissolver a rigidez do objeto fixado ali e agora – ou seja, a sociedade –, reportando-o a um campo de tensão entre os fenômenos e a essência, entre o particular e o geral, entre o

---

80 *Idem*. "Sociologia e investigação empírica", p. 184.
81 *Ibidem*, p. 192.

possível e o real. A universalidade das leis sociológicas não deve ser entendida como um domínio conceitual absoluto no qual as partes individuais estão inseridas harmoniosamente, mas como o espaço em que o particular entra em choque com o geral, revelando sua falsidade. O que está em jogo é a própria relação entre o geral e o particular, em sua concretização histórica.

É por essa razão, e não por uma suposta dignidade humana, que a utilização do modelo das ciências naturais pela sociologia empírica é criticada; a natureza antagônica da sociedade impede tal importação. Mesmo porque, tento em vista o enrijecimento da sociedade que continua a rebaixar os homens a simples objetos e transforma seu estado em uma segunda natureza, não seria nenhum sacrilégio que os métodos de pesquisa tratem os homens como coisas:

> Ali onde os homens, sob pressão das circunstâncias, se veem degradados de fato à "forma de reagir dos batráquios", como consumidores forçados dos meios de comunicação de massas e outros prazeres regulamentados, mostra ser mais adequado ao assunto que a sondagem de opinião, que irrita o humanismo exaurido, do que, por exemplo, uma sociologia "compreensiva": pois o substrato da compreensão, o comportamento humano coordenado e com sentido, foi substituído nos sujeitos por uma simples reação.[82]

No entanto, longe de espelhar uma correspondência sem fissuras entre a representação conceitual da sociedade e seu processo vital, é justamente a tensão, a inadequação entre essas duas esferas que é visado pelo empreendimento teórico adorniano. É do interior desta experiência, na contradição entre o pensamento e a coisa, que nasce sua crítica da sociedade. O objetivo é a construção de um saber crítico. A discussão da tradição e dos conceitos sociológicos não tem a intenção de compor um mero conceito classificatório, como se fosse

---

82   *Ibidem*, p. 189.

uma formulação teórica de abstração mais elevada.[83] Não se trata de eliminar pretensas contradições lógicas ou de purificar as formulações teóricas de toda e qualquer proposição contraditória em vista de um sistema científico unívoco, mas de elevar a crítica até a condição de crítica do objeto sociológico.[84] Mesmo afastando-se do modelo das ciências naturais – que, *grosso modo*, pressupõe uma estrutura conceitual transparente e bem definida, apoiada em experimentos repetíveis –, a sociologia não abandona o ideal de conhecimento da essência das coisas.[85] Contra o realismo pouco realista das correntes positivistas que acabam presas à imanência dos fatos sociais, a sociologia tem de ser capaz de interpretar criticamente a relação tensa entre os fenômenos particulares e o conceito de sociedade, a fim de trazer à tona o processo inerentemente antagônico, contraditório e conflitivo que constitui as sociedades capitalistas:

> Dado que a sociedade não pode definir-se segundo o conceito da lógica em uso, nem se deixa demonstrar "deiticamente", enquanto que não obstante os fenômenos sociais exigem apressadamente seu conceito, converte-se em seu órgão a *teoria*. Só uma teoria acabada da sociedade poderia dizer o que a sociedade é.[86]

Na verdade, a crítica aos procedimentos da sociologia empírica se dá por considerarem o epifenômeno – ou seja, o que o mundo fez de nós – pela coisa mesma. O problema da sociologia empírica e do positivismo em geral reside no fato de assentar a objetividade do conhecimento no método científico e não no caráter objetivo da sociedade. Tal modelo de ciência é, em larga medida, um espelho da realidade. No entanto, a verdade dessa asserção é dependente de uma

---

83 *Idem*. "Sociedade", p. 9.
84 *Idem*. "Sobre a lógica das ciências sociais", p. 54.
85 *Idem*. "Sociedade", p. 11.
86 *Ibidem*, p. 11.

autorreflexão: seu direito é unicamente crítico.[87] A teoria crítica não pode se limitar a estabelecer a proximidade entre o caráter coisal dos métodos e de técnicas de pesquisas utilizadas pela sociologia empírica e a consciência reificada tanto das pessoas que se submetem aos seus questionários como as que os aplicam. Isso porque a cega constatação dos fatos faz desaparecer no seio da reflexão teórica a relação antagônica entre o universal e o particular. Essas considerações contribuem para esclarecer a crítica de Adorno ao positivismo. É interessante notar que, em "Introdução à controvérsia", ele afirma que o cerne de sua crítica sustenta que o positivismo, por só reco-

---

[87] *Ibidem*, p. 189. Dessa maneira, o intuito da crítica adorniana ao positivismo mostra-se distinto da avaliação feita por Axel Honneth em *A Crítica do Poder*. De acordo com Honneth, a teoria social de Adorno teria se limitado, modesta e insatisfatoriamente, a uma simples exposição da suposta convergência histórica entre o conceito positivista de sociedade e o atual desenvolvimento social. Ou seja, Theodor Adorno conceitualizaria sobre as sociedades capitalistas no pós-guerra mediante a convicção – sem comprovação empírica – de que a estrutura conceitual do positivismo espelharia de maneira fiel e sem fissuras o processo de integração violento e unidimensional de todos os domínios da vida social no capitalismo tardio. Segundo Axel Honneth, a teoria social de Adorno seria acometida de uma espécie de déficit sociológico. Tal déficit sociológico se manifestaria, fundamentalmente, em dois aspectos: (a) a ausência de pesquisas empíricas e a (b) incapacidade teórica de compreender o modo da organização social das sociedades no pós-guerra. Ante tais deficiências, Axel Honneth afirma que a teoria da sociedade de Adorno deixaria uma série de perguntas em aberto, quais sejam: "(...) a simplicidade das teses de uma sociedade totalmente administrada deixa um conjunto de questões não respondidas – questões como as que se seguem: a dominação racional concentrava-se somente em uma administração estatal organizada, ou ela também se institucionalizaria adicionalmente em corporificações administrativas não-estatais? A atividade administrativa de órgãos centralizados de dominação simplesmente preenche os imperativos claramente circunscritos da economia capitalista, se isso ajuda a corrigir ou a criar compromissos de demanda por conflitos da economia, ou se isso realiza automaticamente sua própria lógica de poder político? Finalmente, os meios administrativos de dominação representam a atual cristalização de uma racionalidade de controle formada no começo do processo civilizatório ou foi o subsequente desenvolvimento de uma racionalidade formada com a industrialização capitalista?" Honneth, Axel. *A crítica do poder*, p. 74. Entretanto, a sociologia e a reflexão sociológica de Adorno me parecem muito mais complexaa e nuançadaa do que afirma Honneth.

nhecer a vigência de fenômenos, se mantém preso na experiência da totalidade cegamente dominante:

> Não é menos significativa das diferenças entre a concepção positivista e a dialética, a de que o positivismo, segundo a máxima de Schlick, reconhece somente a vigência de fenômenos, enquanto a dialética não renuncia à distinção entre essência e fenômeno. Por seu lado, constitui uma lei social que estruturas decisivas do processo social, tais como a da desigualdade dos supostos equivalentes que são intercambiáveis, não se evidencia sem a intervenção da teoria. Da suspeita daquilo que Nietzsche denominava transmundano, o pensamento dialético vem ao encontro na medida em que a essência (*Wesen*) oculta constitui desordem, abuso (*Unwesen*). Irreconciliável com a tradição filosófica, não aceita esta desordem graças à sua violência, mas a critica em sua contradição com o "que se manifesta" e por último com a vida real dos homens singulares.[88]

E é justamente através dessa tensão que a sociedade mantém sua dinâmica. Essa falta de sintonia, essa não-homogeneidade imanente ao objeto da sociologia – ou seja, a sociedade e seus fenômenos – são correlatas ao seu caráter antagônico:

> Não se trata de alisar e harmonizar tais divergências: somente se induz dela uma concepção harmoniosa da sociedade. O que se tem de fazer é distribuir frutiferamente as tensões.[89]

Assim, o que se busca é apreender reflexivamente a complexa relação entre a essência e a aparência das sociedades. A relação que se estabelece entre elas não é um resíduo metafísico, mas se dá pela

---

88 Adorno, Theodor. "Introdução à controvérsia", p. 217.
89 *Idem*. "Sociologia e investigação empírica", p. 186.

categoria de mediação sem a qual os chamados fatos não seriam o que são.[90] O ato de conceitualizar tem de se adequar a tais vicissitudes. O primeiro passo consiste em romper o triunfo da mentalidade factual.[91] Em uma sociedade que sistematicamente domina a natureza pelo trabalho,[92] seu ímpeto totalitário pré-ordena todos os acontecimentos e impõe os limites de toda experiência possível.[93] A preponderância da estrutura social sobre a atividade particular condena tudo a um mesmo destino: seu lugar e sua função são determinados pelo movimento de reprodução do Capital, pela subsunção do diverso à forma-equivalente da mercadoria, do particular ao geral.

Nesse itinerário, o processo de mediação universal – isto é, o processo de troca mercantil – fornece, por meio de seus mecanismos de

---

90 A esse respeito, de acordo com Gerhard Schweppenhäuser: "A essência da sociedade moderna, que se revela e se oculta ao mesmo tempo, é uma má essência [*Unwesen*]. Essa compreensão tem um significado não só descritivo, mas também normativo. A essência não tem substância ontológica. Não é uma entidade metafísica, e sim uma abstração existente [*daseiende*]. E é, por constituir a essência da sociedade, o falso: de fato, aquilo que impede a realização do ser genérico do homem. A teoria social de Adorno quer submeter à crítica a compulsão pela identidade [*Identitätszwang*], considerando-a como uma má essência [*Unwesen*], a fim de mostrar que uma identidade livre de coerções, tanto do lado da sociedade quanto do lado dos indivíduos, é algo que ainda se haveria de se concretizar como necessidade". Schweppenhäuser, Gerhard. *Theodor W. Adorno zur Einführung*, p. 73.

91 Adorno, Theodor & Horkheimer, Max. *Dialética do Esclarecimento. Fragmentos filosóficos*, p. 20.

92 *Ibidem*, p. 32.

93 Não se trata de afirmar que tudo que ocorra na chamada sociedade industrial de troca se deduza sempre e imediatamente de seu princípio. Em "Sobre a lógica nas ciências sociais", Adorno reconhece a existência de inúmeros enclaves não capitalistas, mas, por outro lado, esses mesmos momentos singulares, esses mesmos "(...) enclaves formados pelos quadros sociais defasados temporariamente e invocados por uma sociologia desejosa de se libertar do conceito de sociedade tornam-se o que são não por si mesmos, mas somente pela sua relação com a totalidade dominante, da qual divergem". Adorno, Theodor. "Sobre a lógica nas ciências sociais", p. 48. Em outros termos, a questão que se coloca é a de que se esses "momentos irracionais" não seriam condição necessária para a perpetuação e reprodução da "irracionalidade da estrutura como um todo" *Ibidem*, p. 48.

abstração, a estrutura de racionalidade que orienta todas as esferas da vida social – submetendo tudo aos critérios oriundos do cálculo e da utilidade. É justamente por meio dessa experiência de universalização e de abstração que a conceitualização sociológica torna-se capaz de ir além da imediaticidade dos fatos sociais.[94] O onipresente éter da sociedade,[95] ao dissolver todas as distinções e qualidades específicas, ao forçar os homens à real conformidade[96] retira dos fatos sociais singulares a condição de objeto da sociologia. Homologamente ao fato de que o ditador, que a ideologia triunfante insiste em apresentar como modelo de liberdade, em sua prerrogativa de decidir sobre a vida e a morte, está vinculado às oportunidades e alternativas com as quais se vê confrontado,[97] a tessitura que interliga todos os momentos individuais torna obrigatória a seguinte prescrição: nenhuma observação singular encontra relevância se não for relacionada às condições de produção e reprodução da totalidade social. A abstração se impõe à conceitualização sociológica, pois a má abstração do enunciado de que tudo se relaciona com tudo,

---

94 A esse respeito, Adorno afirma: "Senhoras e senhores: como o curso dessa aula já deve ter esclarecido, é provável que isso seja uma decorrência de um mundo ele próprio dominado a tal ponto por regularidades abstratas, bem como de relações entre os homens elas próprias tornadas tão abstratas, que o concreto se converteu em uma espécie de utopia, que, aliás, realmente representa. As pessoas acreditam que, ao serem completamente concretas e indicarem o *hic et nunc*, tornam-se donas da situação, sem considerar que o aparentemente concreto, isto é, que os fatos são, eles próprios, em grande medida justamente a expressão daquela ordem abstrata das relações, tal como procurei mostrar no referente ao conceito de sociedade. Isto significa que, até mesmo na pesquisa empírica, com o avanço da reflexão somos impelidos sempre de novo e rapidamente àquele conceito de conexão social não só proibido pelas regras do jogo do empirismo cientificista, mas que contraria também aquela conotação libidinosa da concreção, do conceito de concreto." Idem. *Introdução à sociologia*, p. 138.

95 Idem. "Capitalismo tardio ou sociedade industrial?", p. 71.

96 Adorno, Theodor & Horkheimer, Max. *Dialética do Esclarecimento. Fragmentos filosóficos*, p. 27.

97 Adorno, Theodor. "Anotações sobre o conflito social hoje", p. 168.

(...) não deve sua debilidade por ser um produto mental, mas ao fato de ser um mal ingrediente básico da sociedade mesma: o do intercâmbio na sociedade moderna. Em sua execução universal, não só na reflexão científica, se abstrai objetivamente; se prescinde da constituição qualitativa dos produtores e consumidores, do modo de produção, inclusive da necessidade que o mecanismo social satisfaz indiretamente, como algo secundário. (...) O caráter abstrato do valor de troca conflui, previamente a qualquer estratificação social concreta, com o domínio do geral sobre o particular, da sociedade sobre quem são seus membros à força. Este caráter abstrato não é socialmente neutro, como faz crer a lógica do processo de redução a unidades tal como o tempo de trabalho socialmente necessário. Na redução dos homens a agentes e suportes da troca de mercadorias se oculta a dominação dos homens sobre os homens.[98]

Uma nova e enganadora imediatez é produzida pela totalidade dos processos de mediação social. Entretanto, o todo que se forma por meio dessa identidade, dessa redução das particularidades a um denominador comum, unifica-se pelo que é antagônico e separador.[99] A unificação realizada em torno desse princípio de abstração constitui a aparência da sociedade. Por trás desse processo global que arrasta consigo tudo o que é qualitativamente diferenciado, agitam-se mecanismos e processos de produção material e de coerção social que se mantêm subordinados a uma regularidade cega e irracional.[100] Apesar de toda intervenção econômica e planejamento da produção global de mercadorias, que diluíram as fronteiras entre a produção material, distribuição e consumo,[101] a antiga desigualdade ainda vigora.

---

98 Idem. "Sociedade", p. 13.
99 Idem. "Capitalismo tardio ou sociedade industrial?", p. 74.
100 Ibidem, p. 74.
101 Ibidem, p. 74.

A total expansão da técnica produziu uma falsa identidade entre a organização do mundo e seus habitantes,[102] levando à reafirmação das relações de produção. Segundo Adorno, o princípio de identidade que tudo domina, originado na comparabilidade abstrata do trabalho social,[103] arruína toda identidade até seu aniquilamento. A sua crítica dialética, uma vez que não renuncia à distinção entre essência e fenômeno, não aceita esta desordem – ou seja, a atual sociedade antagônica –, mas a critica em sua contradição com o que se manifesta – isto é, os fenômenos. Certamente, o caráter abstrato do valor de troca está vinculado *a priori* à denominação do universal sobre o particular, da sociedade sobre seus membros. Contudo, como a essência oculta constitui a desordem, a desigualdade dos supostos equivalentes que são intercambiáveis, a racionalidade objetiva da sociedade em sua dinâmica se afasta cada vez mais do modelo da razão lógica. Tal afastamento é fruto da manifestação da essência da sociedade que, em vez de dotá-la de sentido, traz à tona sua inverdade:[104]

> A totalidade, numa formulação provocativa, é a sociedade como coisa em si, provida de toda carga de coisificação. Porém, precisamente porque esta coisa em si ainda não é sujeito social global, ainda não é liberdade, mas prossegue como natureza heterônoma, cabe-lhe objetivamente um momento de irredutibilidade, tal como Durkheim, com suficiente parcialidade, a explicava para a essência do ser social.[105]

---

102 *Ibidem*, p. 74.
103 *Idem*. "Sociedade", p. 13.
104 A esse respeito, Adorno afirma: "A crítica dirigida ao conceito de essência ao longo dos séculos e que resultou na impossibilidade de se compreender o mundo como essencial e dotado de sentido, à maneira de um plano divino que nele se manifesta, essa crítica não pode ser revogada. Contudo (...) esta essência ela própria não é dotada de sentido, não é uma positividade *sui generis*, mas antes o nexo de enredamento ou o nexo de culpa que abrange todas as partes singulares e em todas elas se manifesta." *Idem*. Introdução à sociologia, p. 85.
105 *Idem*. "Introdução à controvérsia", p. 217.

É ante tal aridez que Adorno compõe um conceito de sociedade para conduzir sua crítica à sociedade pós-liberal. Ao resumir semioticamente todo o processo,[106] ele não se deixa determinar segundo o modelo tradicional das ciências. Para abarcar a totalidade social é requerido, antes de tudo, que a sociologia supere pela crítica os métodos tradicionais e os hábitos arraigados na ciência. Como "um protesto contra as quatro regras estabelecidas pelo *Discours de la méthode* de Descarte",[107] a reflexão sociológica deve interiorizar em seus procedimentos a crítica à forma mercadoria.[108] O saber sistêmico, o pensar por abstração, o procedimento definitório e a forma dogmática de forjar os instrumentos do conhecimento em conformidade com "a doutrina cartesiana da *clara et distincta perceptio*"[109] estão aquém do tipo de saber que a sociedade requer. O ideal de conhecimento de uma explicação unívoca, simplificada ao máximo e matematicamente elegante fracassa quando o próprio objeto contrapõe-se à unidade simplista e aos sistemas de frases interligadas.[110] A totalidade que se configura coagulada como uma segunda natureza que antecede e dá sentido a todos os fenômenos sociais singulares, ao se pôr em movimento, nega seus próprios pressupostos.

O conhecimento que não admite e rompe as barreiras de uma simples repetição ordenadora exige a intervenção da teoria para trazer à superfície o que não está inteiramente contido no estado de coisas.[111] O positivismo, ao contrário, como um fenômeno sem conceito

---

106 *Idem*. "Sociedade", p. 9.

107 *Idem*. "O ensaio como forma", p. 31.

108 Segundo Susan Buck-Morss, Adorno pretendia que a estrutura de seus ensaios fosse a antítese da estrutura da forma-mercadoria. Contra o princípio da abstração, da identidade e da reificação, Adorno construía suas constelações de "acordo com os princípios da diferenciação, da não-identidade e da transformação ativa". Buck-Morss, Susan. *The Origin of Negative Dialectics*, p. 98.

109 Adorno, Theodor. "Introdução à controvérsia", p. 247.

110 *Idem*. "Sobre a lógica das ciências sociais", p. 47.

111 *Idem*. "Introdução à controvérsia", p. 234.

da sociedade, limita-se a duplicar em nível científico a disposição que os fatos assumiram em uma sociedade não livre.[112] Os laços sociais confundidos com os nexos postulados pela lógica formal se restringem em arrancar da empiria teses formalistas[113] que, posteriormente, hipostasiam os momentos singulares em fatos sociais e transformam a realidade empírica em simples conteúdo ilustrativo[114] de conceitos e teoremas científicos. Por intermédio do culto cientificista dos fatos, a coação é encarada como coisa incompreensível e, por conta disso, a violência que articula a sociedade permanece como um dado indevassável.[115]

Entretanto, se é certo que a reificação é uma realidade obscura e incontornável, não é menos falso que ela atinja a dignidade de uma estrutura invariável. Os próprios fatos não são a última coisa da sociedade, pois também são mediados pela sociedade.[116] A persistência

---

112 *Ibidem*, p. 255.

113 A esse respeito, Adorno afirma que a insuficiência da sociologia formal não se explicita necessariamente no conteúdo de suas hipóteses e teses, mas nos próprios atos do pensamento que as constroem. Segundo Adorno: "Algumas descobertas favoritas da sociologia formal, como a burocratização dos partidos proletários, tem seu fundamento *in re*, porém não se originam invariavelmente a partir do conceito de 'organização em geral', mas sim de condições sociais, como a obrigação de se afirmar no interior de um sistema prepotente, cuja violência se realiza graças à difusão pelo todo de suas próprias formas de organização. Esta obrigação se partilha com os oponentes, não apenas mediante transmissão social, mas também de modo quase racional: para que a organização possa representar momentaneamente de modo eficiente os interesses de seus membros. No interior da sociedade coisificada, nada tem chance de sobreviver que por sua vez não seja coisificado. A universalidade histórica concreta do capitalismo monopolista se prolonga no monopólio do trabalho e todas as suas implicações. Uma tarefa relevante da sociologia empírica seria analisar os elos intermediários, demonstrar em detalhe como a adaptação às relações capitalistas de produção transformadas se apodera daqueles cujos interesses objetivos *à la longue* (com o tempo) se contrapõe àquela adaptação." *Ibidem*, p. 213.

114 *Ibidem*, p. 213.

115 *Ibidem*, p. 255.

116 *Idem*. "Sobre a lógica das ciências sociais", p. 52.

da coação social não é derivável e nem pode se estabelecer a partir de nenhuma herança biológico-animal, mas pela circunstância transitória de que a sociedade é ainda sujeita à história natural.[117] A mesma carência material que as sociedades primitivas são obrigadas a contornar é reposta e provocada pelas relações de produção das sociedades supostamente maduras:[118]

> O que lhes sucede como história natural prolongada, hoje como outrora, certamente não figura acima das leis dos grandes números, que se impõem de maneira tão consternadora em análises de eleições. Porém, é certo que a conexão possui em si ao menos uma configuração, seguramente cognoscível, diversa da encontrada na ciência da natureza mais antiga, donde se adotaram os modelos da sociologia cientificista. Como relação entre homens, esta conexão está igualmente fundada neles, no modo de circunscrevê-los e constituí-los. Leis sociais são incomensuráveis para o conceito de hipótese. A confusão babilônica entre os positivistas e os críticos-teóricos começa ali onde, apesar de aqueles afirmarem tolerância frente à teoria, a despojam, mediante transformação, em hipóteses daquele momento de autonomia que lhes confere a supremacia objetiva de sociais. Além disso, e Horkheimer foi o primeiro a assinalá-lo, fatos sociais não são previsíveis da mesma maneira que o são fatos das ciências naturais no interior dos seus contínuos mais ou menos homogêneos. Entre a objetiva conformidade às leis da sociedade, conta-se seu caráter contraditório, e finalmente a sua irracionalidade. Cabe à teoria da sociedade refleti-la e possivelmente derivá-la; mas não discuti-la através da excessivamente zelosa adequação ao ideal de prognóstico a serem confirmados ou refutados.[119]

---

117   *Idem*. "Introdução à controvérsia", p. 255.
118   *Ibidem*, p. 255.
119   *Ibidem*, p. 240.

A sociedade se compõe de sujeitos vivos e se constitui em virtude da conexão funcional[120] entre eles. A involução permanente que eles experimentam – isto é, pelo seu próprio movimento, a sociedade ter efetivado seu conceito como algo primitivo e impenetrável – não extirpa das determinações da realidade social a representação de uma associação de sujeitos livres e autônomos e nem a potencialidade dela se configurar conforme os princípios de uma vida melhor.[121] Por mais que suas promessas sejam negadas historicamente, o fato de que não só a sociedade seja mediada pelo sujeito, mas que o próprio sujeito incida ativamente sobre a objetividade social exige que a crítica sociológica reflita a união entre ciência e política.[122] Como em Karl Marx, as proposições da sociologia devem atentar para o fato de que a suposta sociedade inteiramente funcional só se realiza e só se mantém viva por intermédio da severidade de uma repressão ininterrupta.[123] Diretamente, que a dinâmica imanente do princípio da troca de mercadorias ao se estender ao trabalho humano vivo escancara sua falsidade por meio da desigualdade objetiva das classes, que desmente e revela a mentira da equivalência das mercadorias em troca.

---

120 *Ibidem*, p. 219. A esse respeito, Adorno afirma: "(...) o que denominamos sociedade em sentido enfático representa determinado tipo de enredamento, que em certo sentido não deixa nada de fora. Um traço essencial dessa sociedade é que seus elementos individuais são apresentados, ainda que de modo derivado e a seguir até mesmo anulado, como relativamente iguais, dotados com a mesma razão, com se fossem átomos desprovidos de qualidades, definidos propriamente apenas por meio de sua razão de conservação, mas não estruturados em um sentido estamental e natural. (...) Sob as formas do capitalismo de Estado e do socialismo posteriormente desenvolvidas, esse momento do nexo funcional do todo, bem como certamente o da igualdade virtual de seus integrantes, sempre se manteve preservado ao menos teoricamente, apesar de toda a consolidação de formas de dominação e de todas as inclinações ditatoriais. Sociedade seria assim, antes de mais nada, um tal nexo funcional, conforme, aliás, já caracterizei o mesmo por diversas vezes no passado." *Idem. Introdução à sociologia*, p. 103-104.

121 *Idem*. "Introdução à controvérsia", p. 227.

122 *Ibidem*, p. 227.

123 *Ibidem*, p. 227.

No entanto, a crítica sociológica não pode desprezar o inverso da relação. Isto porque os problemas normativos que cada sociedade determinada enfrenta erigem-se a partir de constelações históricas[124] particulares. No caso específico, a troca de equivalentes é também a lei que postula a condição de uma possível justiça.[125] A diferença assenta-se sobre a peculiaridade de uma sociedade na qual já não mais seria necessário decretar abstratamente que todos os homens precisariam ter o que comer, pois as forças produtivas há tempos são suficientemente desenvolvidas para garantir a satisfação das necessidades primitivas de todos.[126] A persistência da fome em face da abundância de bens existentes transfigura qualitativamente o problema. Esta exigência – o alvo da sociedade emancipada como a única delicadeza que se encontra no mais grosseiro, isto é, que ninguém mais precisasse passar fome[127] – não necessita de qualquer representação universal de valor para efetivar-se. Se o faz é porque o atual ordenamento social, em virtude de ter se configurado em "prol de um domínio da natureza isento de atritos",[128] separa meios e fins de modo absoluto. A sociedade que se reproduz visando unicamente garantir a racionalidade dos meios desdenha que seu desenvolvimento se dê independentemente e, por vezes, reforçando a irracionalidade dos fins.[129]

Somente uma teoria social é capaz de revelar que esta separação é fruto da intimação prática apreensível na confrontação entre aquilo que uma sociedade se apresenta e aquilo que ela é.[130] Postos nesses termos, um dos debates centrais da tradição do pensamento

---

124 *Ibidem*, p. 254.
125 Idem. "Progresso", p. 60.
126 Idem. "Introdução à controvérsia", p. 254.
127 Idem. *Minima Moralia. Reflexões a partir da vida lesada*, p. 153.
128 Idem. "Sobre a lógica das ciências sociais", p. 56.
129 *Ibidem*, p. 56.
130 Idem. "Introdução à controvérsia", p. 254.

sociológico revira-se ao avesso.[131] A antinomia inevitável do problema dos valores mostra-se como uma formulação indevida. Percebe-se, então, que o embaraçoso vazio que se estabelece entre o que as coisas são nelas mesmas e suas potencialidades é preenchido atualmente segundo o gosto dos dominantes;[132] a autonomia do conceito de valor de seu substrato material é acentuado para retirar do horizonte teórico e político dos homens a concepção da sociedade correta;[133]

> A coisa, o objeto do conhecimento social, não é isenta de dever, um meramente existente – ela só fica reduzida a isso pelos cortes da abstração, assim como não se trata de fixar os valores num céu de ideias. O juízo sobre um objeto, que certamente reclama uma espontaneidade subjetiva, sempre é prefigurado pelo objeto e não se esgota na decisão subjetiva e irracional, como Weber concebia. Esse juízo é, na linguagem da filosofia, um juízo da coisa sobre si mesma; traz à menção a fragilidade da coisa. Constitui-se, porém, na sua relação com o todo, que está dentro de si, sem ser dado de

---

131 O que de maneira alguma desvaloriza a questão. Pois a alternativa entre uma ideal de ciência social isenta ou não de valores é, imediatamente, tanto falsa, quanto historicamente necessária. Somente uma teoria crítica é capaz de ir além dessa antinomia, ao reconhecer sua necessidade pela configuração histórica do próprio objeto, no caso, da sociedade. Adorno afirma: "A dicotomia entre ser e dever ser é tão falsa quanto historicamente compulsória; por isso não pode ser simplesmente ignorada. Ela só se torna transparente quando da visão em sua obrigatoriedade pela crítica social. Na realidade, um comportamento isento de valores não é inviável apenas psicologicamente, mas também objetivamente. A sociedade, cujo conhecimento, afinal de contas, a sociologia visa se quiser ser mais do que mera técnica, cristaliza-se, em geral, apenas em torno de uma concepção da sociedade correta. Mas esta não há de contrastar abstratamente com a existente, precisamente como pretenso valor, mas surge da crítica, portanto da consciência da sociedade quanto a suas contradições e necessidades." Idem. "Sobre a lógica das ciências sociais", p. 57.

132 Ibidem, p. 56.

133 Ibidem, p. 57.

imediato, sem ser factualidade; a isso alude a sentença segundo a qual a coisa deve ser medida no seu conceito.[134]

Assemelhando-se a um enigma a ser decifrado, a sociedade requer de sua crítica outro conceito de verdade. Em sua noção tradicional, que equipara e se satisfaz com a unanimidade do conhecimento e não investiga a legitimidade da coisa[135] mesma, o pensamento sociológico mostra-se incapaz de escancarar a irracionalidade inerente à sociedade. Ao subtrair o processo de abstração da possibilidade de contestação, o sujeito que se distancia em relação ao objeto[136] se convence da imutabilidade da *ratio*, pois essa ainda não se constituiu de outro modo além do permitido pela ciência.[137] A dialética, pelo contrário, não parte do alto como supõe a acusação cientificista, mas com o objetivo de dominar teoricamente a relação antinômica do universal e do particular.[138] E o faz, pretendendo não ontologizar o conceito de totalidade e nem tampouco a sociedade que lhe dá suporte. Ao conceber o sistema social como a síntese de um diverso atomizado, mas que não se reúne organicamente, a crítica sociológica consegue perceber que a mesma conexão que perpetua a vida, também a dilacera em virtude desta ainda desenfreada dinâmica que se move em direção à morte.[139]

A sociologia não pode pensar seus conceitos a partir das expectativas e dos anseios dos agentes sociais, mas por meio de leis que se realizam através e contra[140] essas mesmas intenções. Suas leis estruturais são concebidas como tendências que tanto se manifestam por meio dos fatos singulares quanto são também por eles modificáveis,

---

134 *Ibidem*, p. 56-57.
135 *Idem*. "Introdução à controvérsia", p. 225.
136 *Ibidem*, p. 224.
137 *Ibidem*, p. 225.
138 *Ibidem*, p. 236.
139 *Ibidem*, p. 236.
140 *Ibidem*, p. 235.

isto é, compõem um modelo a partir do qual é possível perceber que tais tendências decorrem de modo mais ou menos rigoroso conforme o desenlace de elementos constitutivos históricos do sistema global.[141] A reflexão crítica é aquela que não se prende a esquemas rígidos de pensamento, que não se congela ante dogmas e métodos científicos e também não aceita as implicações dos saberes especializados, mas se confronta e se mantém viva graças à resistência ao estabelecido. Uma verdadeira teoria dialética da sociedade não sucumbe nem ao fetichismo dos fatos, nem ao fetichismo das leis objetivas:[142]

> A interpretação é o contrário da doação subjetiva de sentido pelo conhecedor ou pelo agente social. O conceito de uma tal dação subjetiva de sentido induz à falsa conclusão afirmativa de que o processo social e a ordem social constituem algo compreensível a partir do sujeito, próprio do sujeito, justificado e conciliado com o sujeito. Um conceito dialético de sentido não seria um correlato do entendimento weberiano de sentido, mas essência social que cunha os fenômenos, e não uma lei geral no entender cientificista usual. Seu modelo seria algo já como a "lei da ruína" de Marx, deduzida a partir da tendência da queda das taxas de lucro, por mais irreconhecível que seja atualmente. Seus abrandamentos haveriam de ser por sua vez derivados dela, como esforços prescritos

---

[141] *Idem.* "Capitalismo tardio ou sociedade industrial?", p. 64. Dessa forma, não há primado de nenhum dos polos da relação, pois a exata interpretação da realidade histórica necessita contrapor reflexão teórica às transformações históricas, preservando a especificidade e a irredutibilidade de cada uma dessas esferas, do empírico e do conceitual. Segundo Ricardo Musse: "Nessa convergência de crítica e história, podemos identificar novamente a presença e a inter-relação entre o momento especulativo e a necessidade de concreção. Mas, cabe também observar que essa mediação, fiel ao espírito da dialética negativa, não significa o estabelecimento de nenhuma hierarquia, de nenhuma ordem de precedência. Assim, não há aí nenhuma predominância, seja do histórico, seja do sistemático". Musse, Ricardo. *O duplo giro copernicano. Adorno e Kant*, p. 288.

[142] Adorno, Theodor. "Capitalismo tardio ou sociedade industrial?", p. 64.

imanentes ao sistema, de desviar ou adiar a tendência imanente do próprio sistema.[143]

É necessário realizar um salto qualitativo[144] entre a essência e o fenômeno da sociedade. E a sociologia só o faz, conscientemente, quando se expressa por meio do exagero.[145] Isto não constitui, no entanto, a aceitação das críticas de ausência de controle próprias a quem pensa futilmente sem compromisso[146] feita pelos positivistas. Tampouco significa abrir mão de qualquer pretensão de precisão[147] do conhecimento. O sistema global é intraduzível em alguma imediatez tangível e, por conta disso, não se permite apreender por meio da síntese de operações lógicas, mas somente quando possibilita que se manifeste a relação ambígua[148] que os fatos mantêm com a totalidade social.

A disciplina científica que se confunde com uma linguagem estéril e que se mede segundo o alto grau de exatidão da observação empírica[149] deixa de fora de seu escopo algo de essencial para a compreensão das sociedades modernas, a saber, tudo aquilo que não pode ser inteiramente convertido em ciência ou, por outras palavras, tudo o que na sociedade ultrapassa as restritas fronteiras de preencher uma função útil.[150] A exigência de não-literalidade das formulações da sociologia cumprem uma função antitética em relação à sociedade. Reconhecer essa opacidade da relação entre a totalidade social e seus fenômenos ou a divergência entre a essência da sociedade e sua forma de manifestação é condição necessária para construir um saber que compre-

---

143 *Idem*. "Introdução à controvérsia", p. 235-236.
144 *Ibidem*, p. 232.
145 *Ibidem*, p. 235.
146 *Ibidem*, p. 212.
147 *Ibidem*, p. 234.
148 *Ibidem*, p. 232.
149 *Ibidem*, p. 235.
150 *Ibidem*, p. 234.

enda a humanidade liberada não como uma totalidade, pois a existência em-si desta é, ao mesmo tempo, o maior índice da ausência de liberdade daquela:[151]

> A contradição não precisa ser, como Popper aqui pelo menos supõe, uma contradição meramente "aparente" entre sujeito e objeto, que seria imputada somente ao sujeito como insuficiência de julgamento. Ao invés disso, a contradição pode ter seu lugar de modo mais real no objeto e de modo algum se deixar retirar do mundo por força de um aumento do conhecimento ou de uma formulação mais clara. (...). De resto, a circunstância de que a concepção do caráter contraditório da realidade social não sabota o conhecimento desta e não o entrega ao acaso reside na possibilidade de entender-se a contradição como necessária e, com isso, ampliar a racionalidade até ela.[152]

É dessa forma que o pensamento torna-se crítico. O conceito de sociedade exige que sistema e singularidade se reconheçam em sua reciprocidade. A visada fisionômica não se dissocia da reflexão sobre a mediação social global.[153] O concreto singular, que na dialética verda-

---

151 *Ibidem*, p. 217.
152 *Idem*. "Sobre a lógica das ciências sociais", p. 49.
153 *Idem*. "Introdução à controvérsia", p. 237. Embora ultrapasse os limites desse trabalho, Theodor Adorno afirma que é justamente a esse respeito sua crítica a Walter Benjamin acerca da "interpretação dialética de fenômenos sociais". Apenas com intenção de esclarecer a posição de Adorno no debate e sem nenhuma pretensão de uma análise à obra de Benjamin, em carta de 10 de novembro de 1938, Adorno afirma: "A 'mediação' de que sinto falta, e que encontro encoberta por evocações mágicas materialístico-historiográficas, nada mais é que a teoria, que o seu trabalho deixa de lado. A omissão da teoria influi sobre a empiria. Por um lado, ela lhe confere um caráter enganadoramente épico e, por outro, priva os fenômenos, experienciados como meramente subjetivos, de seu próprio peso de filosofia da história. Isto poderia ser expresso também deste modo: o tema teológico do chamar as coisas pelo nome converte-se tendencialmente em uma representação estupefata da pura facticidade. Se quiséssemos exprimi-lo de maneira ainda mais drástica, poderíamos dizer que o seu trabalho se instalou na encruzilhada de

deiramente materialista não é apresentado como desprovido de conceito, expressa, integralmente e em sua singularidade, a totalidade da sociedade e, por isso, é muito mais substancial[154] do que os fatos para o positivismo. A diferença está entre estabelecer um corte irrefletido entre o universal e o particular e apresentar a reflexão sobre o universal como a visada sobre sua determinação do particular em si.[155] Se o presente histórico é a crônica da desintegração da era burguesa – que levou à bancarrota não só seu sistema econômico como também seus esforços de hegemonia ideológica[156] –, são as ruínas desse processo civilizatório que devem ser destacadas. Se toda captura é também destruição, o saldo da operação conceitual não se esgota na subsunção da particularidade dos fenômenos a uma estrutura universal e abstrata.[157] O que parecia estar plenamente subsumido sob o conceito – inicialmente, impotente como um grito de terror[158] – torna-se também aquilo que não é.

Como autorreflexão desse momento, Adorno se esforça para expressar a utopia bloqueada pela divisão do mundo entre o eterno e o

---

    magia e positivismo. Este lugar é enfeitiçado. Somente a teoria pode quebrar o encanto: a sua própria, sem acanhamentos, boa teoria especulativa." Agamben, Giorgio. *Infância e história*, p. 135.

154 Adorno, Theodor. "Introdução à controvérsia", p. 238.

155 *Ibidem*, p. 237.

156 Buck-Morss, Susan. *The Origin of Negative Dialectics*, p. 64

157 Isso não equivale a dizer que o ensaio dispense o pensamento conceitual ou se estabeleça sem nenhum rigor, mas o contrário. Adorno afirma: ele "não pode, contudo, nem dispensar os conceitos universais – mesmo a linguagem que não fetichiza o conceito é incapaz de dispensá-los – nem proceder com eles de maneira arbitrária. (...) O ensaio exige, ainda mais que o procedimento definidor, a interação recíproca de seus conceitos no processo da experiência intelectual. Nessa experiência, os conceitos não formam um *continuum* de operações, o pensamento não avança em um sentido único; em vez disso, os vários momentos se entrelaçam como num tapete". Adorno, Theodor. "O ensaio como forma", p. 29-30.

158 Adorno, Theodor & Horkheimer, Max. *Dialética do Esclarecimento. Fragmentos filosóficos*, p. 29.

transitório.[159] A teoria social só cumpre sua função antitética em relação à sociedade quando parte do conceito abstrato como crítica à imanência, mas retorna – ou dá voz – à indissolubilidade do que retorna monotonamente através do detalhe.[160] Ou, em outros termos, cabe acompanhar a dinâmica do objeto apreendendo a diferença imanente do fenômeno com suas aspirações. A partir do aparentemente insignificante, atípico ou extremo,[161] ser capaz de revelar, explicitando a relação dialética entre fenômeno e totalidade, o geral no particular. Nesse sentido, as ambiguidades de seus conceitos, seu caráter obscuro, suas incongruências e suas incoerências internas não podem ser interpretadas como obra de um Espírito claudicante e mal formado e nem podem ser eliminadas mediante processos de depuramento conceitual.[162] A injustiça da troca só se deixa perceber através da incongruência entre o conceito e a realidade:

> A estrutura previamente dada, não proveniente apenas da classificação, o impenetrável durkheimiano, é algo essencialmente negativo, inconciliável com o seu próprio fim, a conservação e satisfação da humanidade. Sem um tal fim, em verdade, o conceito da sociedade seria, quanto ao conteúdo, o que os positivistas costumavam denominar de desprovido de sentido. Nesta medida a sociologia, também como teoria crítica da sociedade, é "lógica". O que obriga

---

159 Adorno, Theodor. "O ensaio como forma", p. 27.
160 *Idem*. "Introdução à controvérsia", p. 237.
161 Buck-Morss, Susan. *The Origin of Negative Dialectics*, p. 74.
162 A esse respeito, Adorno afirma: "As relações de certos prognósticos da teoria dialética entre si são contraditórias. Algumas simplesmente não se realizam; certas categorias teóricas analíticas conduzem, entrementes, as aporias, que só de um modo extremamente artificial podem ser eliminadas do mundo pelo pensamento. Outras previsões, originalmente bem imbricadas naquelas, confirmaram-se plenamente. Mesmo quem não veja em prognósticos o sentido da teoria, não há de, em vista das pretensões da teoria dialética, contentar-se com dizer que ela seria em parte verdadeira e, em parte, falsa. Tais divergências requerem, por sua vez, uma explicação teórica." Adorno, Theodor. "Capitalismo tardio ou sociedade industrial?", p. 65.

a ampliar o conceito de crítica além de suas limitações em Popper. A ideia de verdade científica não pode ser dissociada da de uma sociedade verdadeira. Apenas esta seria livre tanto da contradição como da não-contradição.[163]

Sociedade de classes e antagonismo objetivo

> A partir do momento em que as mercadorias, com o fim do livre intercâmbio, perderam todas suas qualidades econômicas salvo seu caráter de fetiche, este se espalhou como uma paralisia sobre a vida da sociedade em todos os seus aspectos.[164]

A construção de uma teoria social que faça frente às exigências da dinâmica da sociedade é urgente e imprescindível. Para tanto, Adorno estabelece uma distinção entre o passado liberal das sociedades capitalistas e sua contemporaneidade. Em tempos de capitalismo tardio, as sociedades modernas ainda continuam a se configurar a partir de uma concepção bastante estreita de economia, qual seja, a de "carência preparada para o domínio".[165] Inaugura-se, entretanto, uma nova etapa na história do capitalismo. Se em seu período liberal, um conceito como depauperização – definido de maneira estritamente econômica, através da lei de acumulação absoluta[166] – conseguia expor as contradições inerentes a uma sociedade que, no mesmo movimento, produz riqueza social e incrementa a pobreza social,[167] de acordo com

---

163 Idem. "Introdução à controvérsia", p. 228.
164 Adorno, T. & Horkheimer, M. *Dialética do Esclarecimento. Fragmentos filosóficos*, p. 40.
165 Adorno, Theodor. "Reflexões sobre a teoria de classes", p. 354.
166 *Ibidem*, p. 357.
167 Adorno afirma: "A depauperização é a negatividade do jogo livre de forças dentro do sistema liberal, cujo conceito reduz *ad absurdum* a análise marxista: com a riqueza social se incrementa, sob relações de produção capitalistas, em virtude da coerção imanente do sistema, a pobreza social." *Ibidem*, p. 358.

Adorno, no capitalismo tardio a dinâmica da acumulação paralisa a dinâmica da miséria.[168] Embora não elimine integralmente a reprodução da pobreza social como consequência do processo de produção de mercadorias, na época em que a conformidade diante das relações sociais parece aos explorados como a alternativa mais racional, o elo proporcionado pela miséria que se convertia em força da revolução[169] dissolveu-se. O decurso econômico contínuo cede lugar a uma lógica mais astuta e perversa: tal progresso é conquistado graças à autoconsciência do sistema das condições de sua perpetuação.[170] É como se a dinâmica da totalidade apreendesse de sua irracionalidade as condições para a sua permanência.

Uma teoria que atribui à verdade um núcleo temporal[171] não pode se furtar a perscrutar as vicissitudes de ordenação e funcionamento dessa totalidade social. Se o antagonismo inerente às sociedades capitalistas se repõe continuamente, as condições nas quais ele se manifesta, no entanto, modificam-se historicamente.[172] Pretendo explicitar alguns conceitos fundamentais de Adorno para a compreensão do capitalismo tardio e composição de seu conceito de sociedade. Sobretudo no que diz respeito a duas questões essenciais: (1) em que consiste o antagonismo objetivo inerente às sociedades modernas e (2) o que mudou em sua forma de manifestação:

> Em sua cegueira o sistema é dinâmico e acumula a miséria, mas a autoconservação, que ele proporciona através dessa dinâmica,

---

168 *Ibidem*, p. 358.
169 *Ibidem*, p. 355.
170 *Ibidem*, p. 359.
171 Adorno, Theodor & Horkheimer, Max. *Dialética do Esclarecimento. Fragmentos filosóficos*, p. 9.
172 Nesse sentido, para compreender a maneira pela qual Adorno interpreta tais transformações, procuro trazer à tona os argumentos presentes sobretudo em "Reflexões sobre a teoria de classes", "Anotações sobre o conflito social hoje" e "Capitalismo tardio ou sociedade industrial?".

resulta, também face à miséria, naquela estática, que desde sempre fornece o ponto central da dinâmica pré-histórica. Quanto menos a apropriação do trabalho de outrem sob o monopólio se dá predominantemente através das leis de mercado, tanto menos também a reprodução do todo social. A teoria da depauperização implica de forma imediata as categorias do mercado na modalidade de concorrência dos trabalhadores, mediante a qual cai o preço da mercadoria força de trabalho, enquanto que esta concorrência, com tudo o que ela significa, se converteu em tão questionável como a dos capitalistas.[173]

A sociologia crítica não consegue fugir da figura de um círculo; a configuração da sociedade a impele a isso. A forma pela qual os conflitos sociais aparecem em sua superfície é um dos pontos de partida para se interpretar a sociedade. Mas, contrariamente a algumas vertentes da sociologia norte-americana e alemã,[174] que traduziram a doutrina marxista da luta de classes em estilo positivista,[175] não se pode prescindir da exigência de construir um saber que seja crítico. Para compreender as novas determinações históricas das sociedades modernas não basta compilar, por meio da abordagem da investigação empírica,[176] uma série de dados a respeito dos confrontos e das tensões entre os grupos étnicos nitidamente delimitados entre si,[177] catalogar os modos individuais de reação que canalizam certo tipo de agressão social,[178] distinguir e classificar os conflitos sociais como formais e

---

173 Idem. "Reflexões sobre teoria de classes", p. 358.
174 Em "Anotações sobre o conflito social hoje", Adorno identifica nominalmente Lewis A. Coser e Ralf Dahrendorf como os dois expoentes principais da nova abordagem sociológica do "conflito social".
175 Ibidem, p. 165.
176 Ibidem, p. 170.
177 Ibidem, p. 165.
178 Ibidem, p. 176.

informais, manifestos e desviados, autênticos e inautênticos[179] ou utilizar-se de modelos abstratos tais como o do pretenso caráter forçoso das sociedades humanas.[180] Arrolar conceitos como os de domínio, estratificação, controle social dizem pouco quando a sociedade ainda se constitui através de classes, opressão, conflito social.[181] Essas teorias contemporâneas do conflito, porque ignoram a especulação crítica acerca da totalidade da sociedade, acabam por tomar como invariante algo que é eminentemente histórico. Embora atestem um momento efetivo das sociedades capitalistas, essas teorias apenas acentuam a nova funcionalidade do que, a princípio, deveria ser disfuncional e irracional. Essa abordagem do *social conflict*,[182] substancializado como forma de socialização permanente, naturaliza o caráter antagônico da sociedade em uma categoria sociológica positiva.[183] Se acertam ao diagnosticar o período histórico em que as relações de classe parecem ter sido plenamente incorporadas dentro da inter-relação das funções da sociedade,[184] elas erram em não realizar a mediação entre os conflitos pseudoprivados e a objetividade social.[185]

Em vez disso, por não conseguirem reportá-los à estrutura da sociedade de classes,[186] ofuscam-se diante de fenômenos sociais que aparecem como se fossem ocasionais. No entanto, tal como no riso, onde o como e o do que se ri acompanha a dinâmica histórica da sociedade,[187] os momentos nos quais várias pessoas incorrem em hostilidades recíprocas só são verdadeiramente compreendidos quan-

---

179 *Ibidem*, p. 174.
180 *Ibidem*, p. 167.
181 *Ibidem*, p. 166.
182 *Ibidem*, p. 165.
183 *Ibidem*, p. 166.
184 *Ibidem*, p. 170.
185 *Ibidem*, p. 177.
186 *Ibidem*, p. 170.
187 *Ibidem*, p. 180.

do se percebe neles a expressão de momentos sociais que estão além da motivação direta dos mesmos[188] e que, por vezes, ocultam essas mesmas motivações. Como cicatrizes que se cristalizam como a forma de expressão dos lesados,[189] eles não são captáveis por meio de uma simples justaposição e recolhimento de dados, mas pela contraposição entre uma reflexão teórica acirrada e um olhar arguto em direção à escória do mundo fenomênico.[190] Segundo Adorno:

> Unicamente uma combinação teórica, difícil de ser antecipada, entre a fantasia e a aptidão para os fatos é que se aproxima do ideal de experiência. Igualmente, o abismo entre a teoria e o *fact finding*, que marca a sociologia contemporânea, não pode ser sobreposto através de um projeto abstrato, como, digamos, a manutenção inquebrantada da tese de um primado da teoria. O olhar deveria recair sobre a interação entre a teoria e a experiência. Nisso, é inevitável o seguinte círculo: nenhuma experiência, que não seja mediada – frequentemente de maneira desarticulada – através de concepções teóricas; nenhuma concepção que, conquanto sirva para alguma coisa, não esteja fundada na experiência e sempre volte a se medir com base nesta.[191]

Compreender a aparente multiplicidade[192] do conflito social, dissociado das suas condições objetivas, é uma maneira astuta de dissolver o que permanece de explosivo nas sociedades modernas. Diretamente, retiram do horizonte da reflexão teórica a consideração de que a luta e o conflito são necessários e legítimos para se pôr um termo definitivo em uma situação antagônica nociva e, por seu intermédio, realizar a paz radical na qual os "antagonismos estariam

---

188　*Ibidem*, p. 165.
189　*Ibidem*, p. 180.
190　*Ibidem*, p. 175.
191　*Ibidem*, p. 173.
192　*Ibidem*, p. 169.

materialmente superados".[193] O que está implícito por meio de tais abordagens é a pretensão de colocar no lugar da antiga e superada teoria do consenso espontâneo, baseado no ultrapassado acordo tradicional-liberal, as particularidades próprias ao mundo administrado.[194] Elas acentuam o conflito como um dado que seria inerente às sociedades humanas, mas não sacrificam o modelo de sistemas sociais mais estáveis[195] e, dessa maneira, mantêm intacta a ainda opressiva ordem normativa.[196]

Se têm o mérito de reconhecer a preponderância da estrutura social sobre qualquer explicação psicológica, tornam-se porém bastante questionáveis por conta de sua aversão em relacionar o surgimento reiterado de conflitos sociais com qualquer tipo de relevância estrutural.[197] De alguma forma, essas teorias ressuscitam o modo pelo qual Georg Simmel interpretava as sociedades modernas.[198] No entanto, o fazem combinando suas teses acerca da função do conflito com a percepção em alguma medida adequada, mas parcial, da tendência à in-

---

193 *Ibidem*, p. 166.
194 *Ibidem*, p. 169.
195 *Ibidem*, p. 166.
196 *Ibidem*, p. 169.
197 *Ibidem*, p. 168.
198 A esse respeito, Adorno afirma: "A análise mais detalhada do problema na obra de Simmel possibilitará aos senhores descobrir que sua base é propriamente o modelo liberal da competição concorrencial. Para ele, o conflito social não é nada além de uma concorrência entre grupos concorrentes, do mesmo modo que, de acordo com o liberalismo, no sistema capitalista os indivíduos concorrem entre si, em decorrência do que, conforme a doutrina liberal, o todo não só se preservaria mas até mesmo progrediria como que por meio de uma 'mão invisível'. Nessa medida, se desconhece completamente que o próprio conflito de interesses, presente na concorrência, forma um resíduo diluído de conflitos muito mais profundos, os conflitos de classe, e que aqui se trata de conflitos que acontecem depois da ocorrência da decisão do conflito central, aquele que se refere a quem dispõe dos meios de produção, e que portanto a concorrência acontece – para usar a expressão de Marx – no âmbito da 'apropriação da mais-valia' já realizada e não explica a mesma, de modo que as questões efetivamente centrais [do conflito não são tratadas]". *Idem. Introdução à sociologia*, p. 174.

tegração da sociedade, diagnosticada pela primeira vez por Spencer.[199] Ao lado da avaliação a respeito da luta como o movimento de auxílio que atua contra o dualismo desintegrador[200] e das teses de um liberalismo desenvolvido em torno da luta da concorrência, adicionou-se a perspectiva que ressaltava o suposto efeito criador de unidade por meio dos conflitos sociais, encarregado tanto de fixar o sistema social como de impedir sua petrificação.[201]

Entretanto, a possibilidade de cumprir definitivamente tais objetivos esbarra no fato de que as normas comumente reconhecidas[202] e as regras do jogo de arbitragem que mantêm os conflitos dentro de limites aceitáveis e fez com que os disputantes se abstivessem de uma verdadeira aniquilação[203] mútua são, na verdade, sedimentos de processos sociais bastante distantes de serem acordados livremente.[204] O potencial transformador que poderia estar contido em cada conflito é apaziguado. A adequação prévia da rebeldia e das reivindicações políticas às normas vigentes é a condição fundamental para que essa abordagem sociológica acrítica volte suas atenções para a análise de qualquer irrupção social. Em suma, o conflito social é articulado e coisificado através da adequação dos indivíduos e das classes sociais em papéis e instituições que tornam invisível a violência perene que se oculta "atrás da reprodução da sociedade".[205] Segundo Adorno:

> Restaura-se sem o menor reparo a tese de Spencer segundo a qual a integração progressiva se encontraria em interdependência com uma diferenciação progressiva. Entretanto, a quantidade da

---

199 *Ibidem*, p. 90.
200 *Idem*. "Anotações sobre o conflito social hoje", p. 166.
201 *Ibidem*, p. 168.
202 *Ibidem*, p. 166.
203 *Ibidem*, p. 166.
204 *Ibidem*, p. 169.
205 *Ibidem*, p. 169.

integração foi trocada na qualidade contraposta: inibiu-se a diferenciação enfática que não se demonstrava até que os indivíduos se desenvolvem livremente. A multiplicidade aparente das lutas estimuladas oficialmente, cobertas por assim dizer por uma espécie de abóbada, dos conflitos sociais que estão previstos pelo esquema afinado, parodia uma situação sempre desunida em favor da manutenção das relações existentes.[206]

É certo que esse tipo de abordagem só se tornou possível diante de uma configuração social específica. Trata-se do momento em que a evidência do antagonismo objetivo entre as forças produtivas e as relações de produção – que outrora se expressou de forma extrema na economia, local onde a pressão dos que dispõem de meios de produção sobre aqueles que têm que vender sua força de trabalho seria mais forte – esfumaçou-se nos países altamente industrializados.[207] Muito embora em situações de crise o conflito social ainda possa voltar a reaparecer em sua forma de classes, o momento histórico exige que se siga a sua pista[208] sobretudo em outras formas de manifestação nas esferas da sociedade.

Isto porque, ainda que as classes sociais continuem a ter existência objetiva, o seu não-reconhecimento não pode ser ignorado pela teoria materialista.[209] A contradição decisiva já não se deixa mais reconhecer por meio do conflito de classes. Não obstante, o desenlace histórico converteu as sociedades modernas em uma totalidade antagônica, na

---

206 *Ibidem*, p. 168-169.

207 *Ibidem*, p. 174.

208 *Ibidem*, p. 174.

209 Nesse sentido, Adorno afirma: "Isto faz necessário contemplar o conceito de classe mesmo tão de perto que se o fixe e o modifique ao mesmo tempo. Fixe, porque seu fundamento, a divisão da sociedade em exploradores e explorados, não só persiste sem desprezo algum, mas sim que ganha em violência e sordidez. Modifique, porque os oprimidos, hoje, de acordo com a predição da teoria, a imensa maioria dos seres humanos, não se podem experimentar a si mesmos como classe". *Idem*. "Reflexões sobre a teoria de classes", p. 351.

qual cada um dos seus conflitos particulares assume a forma de uma imagem encobridora dessa sociedade.[210] Em nível macrológico, o nacionalismo – fundado por meio de uma solidariedade dirigida e comercializada que compõe a base de uma comunidade do povo criada, por exemplo, pelos artificiais vínculos existentes entre os fanáticos por futebol – canaliza a essência destrutiva da sociedade através dos conflitos políticos extracoloniais e semicoloniais.[211] Em nível micrológico, desvia-se essa mesma energia da luta de classes alienada de seu fim primeiro[212] para o refúgio do âmbito privado, que se asperge por meio de conflitos cegos e autoinfligidos nos quais a sociedade cobra a conta por sua configuração invertida[213] e mal formada. Petrificado e emudecido, o movimento da sociedade conforma-se em reproduzir suas bases materiais. Por conta disso, a invisibilidade das classes imiscui-se na petrificação de sua relação:[214]

> Nas racionalizações técnicas das esferas da produção e do consumo se fixam, parasitariamente, relíquias de formas sociais arcaicas. A autoridade do especialista [*Fachmann*] continua a aparentar, de modo irremediável, onde ele parece evidentemente supérfluo. Entre os indícios para o fato de que, em conflitos mesquinhos dessa espécie, se trate de falhas sociais ocultas, o mais grave não é sua irracionalidade. O motivo é um pretexto, não o motivo. Claro que cada tentativa de interpretar observações subjetivas não-sistemáticas dessa maneira, se expõe à suspeita de apenas repetir em coro relações prontas e de servir, tão somente, à satisfação própria de que sempre se soubera aquilo. A rigidez despreocupada, no entanto, que se recusa a reconhecer conflitos aparentemente coincidentes como indícios de um antagonismo objetivo entre o

---

210 *Idem*. "Anotações sobre o conflito social hoje", p. 174.
211 *Ibidem*, p. 176.
212 *Ibidem*, p. 176.
213 *Ibidem*, p. 174.
214 *Idem*. "Reflexões sobre a teoria de classes", p. 350.

trabalho objetificado e o ser humano vivo, poda a capacidade de experienciar, leva ao dogmatismo e à prática teimosa. A reificação [*Verdinglichung*] da consciência não tem como limite a consciência daqueles aos quais caberia implodi-la de maneira cognoscente.[215]

A partir de então, o que os indivíduos não compreendem dita as regras e, como farsa, ressurge em meio a conflitos sociais periféricos. Este potencial de desintegração[216] – face inversa dessa falsa integração – irrompe o contexto geral de ofuscamento[217] através de uma agressão voraz e mal dirigida.[218] Quem ainda não é imanente ao sistema – seja como força de trabalho, seja como consumidor – sofre imediatamente com o movimento irracional do todo. Com a racionalização técnica da produção,[219] já não há mais nenhum adversário palpável: as disputas

---

215 *Idem*. "Anotações sobre o conflito social hoje", p. 179.

216 A esse respeito, Adorno afirma: "Meu interesse sobre esse tema remontava às investigações de Berkeley: antes de tudo, a significação psicológico-social da pulsão de destruição descoberta por Freud em *O mal-estar na civilização* e que constitui, a meu ver, o potencial de massas mais perigoso na situação atual". *Idem*. "Experiências científicas nos EUA", p. 172.

217 *Idem*. "Progresso", p. 43.

218 *Idem*. "Anotações sobre o conflito social hoje", p. 175.

219 Este disfarce da dominação na produção é apresentado por Adorno e por Horkheimer como o fundamento econômico do antissemitismo burguês. No capítulo "Elementos do anti-semitismo", Adorno e Horkheimer afirmam: "Por isso as pessoas gritam: 'pega ladrão!' e apontam para o judeu. Ele é, de fato, o bode expiatório, não somente para manobras e maquinações particulares, mas no sentido mais amplo em que a injustiça econômica da classe inteira é descarregada nele. Na fábrica, o fabricante tem sob os olhos seus devedores, os trabalhadores, e controla sua contrapartida antes mesmo de adiantar o dinheiro. O que na realidade se passou eles só percebem quando veem o que podem comprar na troca: o menor dos magnatas pode dispor de um quantum de serviços e bens como jamais pôde nenhum senhor antes; os trabalhadores, porém, recebem o chamado mínimo cultural. Não bastava descobrir no mercado como são poucos os bens que lhes cabem, o vendedor ainda elogia o que eles não podem se permitir. Só a relação do salário com os preços exprime o que é negado aos trabalhadores. Com seu salário, eles aceitaram ao mesmo tempo o princípio da expropriação do

se dão contra personificações dos interesses do Capital, contra fantasmas que enfrentam em si mesmos a "pressão de ter que cuidar do rendimento devido da produção".[220]

As gírias e os estereótipos,[221] como índices da continuação e da dispersão do sofrimento de toda objetividade, condensam relações e tensões sociais. O resmungar de uma mulher que repreende brutalmente as crianças que brincam na rua é indício de que a cólera sentida por sua própria existência desgraçada se volta contra aqueles que se apresentam como desprotegidos.[222] A aceitação apática e indiscriminada de alguém que não pretensamente esteja à altura do produto e que se desculpa por pecar contra o código de circulação[223] dá mostras de que os consumidores sentem vergonha de não se moldarem suficientemente e não se adaptarem ao seu papel de simples apêndices da produção.[224]

---

salário (*Entlohnung*). O comerciante é o oficial de justiça para o sistema inteiro e atrai para si o ódio voltado aos outros. A responsabilidade do setor da circulação pela exploração é uma aparência socialmente necessária". Adorno, Theodor & Horkheimer, Max. *Dialética do Esclarecimento. Fragmentos filosóficos*, p. 162-163.

220 Adorno, Theodor. "Anotações sobre o conflito social hoje", p. 175.
221 *Ibidem*, p. 177.
222 *Ibidem*, p. 177.
223 *Ibidem*, p. 178.
224 *Ibidem*, p. 178. A esse respeito, Adorno afirma: "(...) quero enfatizar que também a relação entre integração e diferenciação se subordina a uma dinâmica. Ou seja: mediante um domínio racional crescente dos processos de trabalho, a integração crescente não conduz, sem mais, também a uma diferenciação crescente. Mas, num ponto de inflexão a meu ver muito importante face à apresentação atual da sociedade, parece que a sociedade em suas formas vigentes desenvolve também uma tendência, a partir de um certo ponto, a levar a integração ao seu máximo e, simultaneamente, suspender a diferenciação. É provável que isso tenha sua causa nos processos de trabalho. (...) Há nisso um momento de infinita fecundidade, através do qual a sociedade impele para além da sua atual forma de divisão do trabalho. Contudo, nas condições atuais, há nisso também uma desdiferenciação da sociedade, que, uma vez que se refere ao vigente, tem consequências extraordinariamente problemáticas para a consciência dos homens." *Idem*. *Introdução à sociologia*, p. 125-126.

Dessa forma, percorrendo toda sorte de matizes, do riso malicioso à violência física, o ódio se volta contra algo que se tem que reprimir dentro de si: a desordem.[225] Os indivíduos compartilham um idêntico destino: a brutalidade socialmente ritualizada condena o particular como perturbador do universal.[226] Quem ousa se rebelar contra as proibições codificadas e as instituições competentes ou mesmo se limita a questionar o sentido destas, desafia aos demais a lhe impor travas.[227] Difundida em toda sociedade, a lógica da situação pretende dominar de forma incontrovertida não só por meio daqueles que se prestam ao papel de guardião da ordem, mas por intermédio dos homens que se identificam de forma exagerada com ela.[228] Os que ainda não estão adaptados, ali onde a integração ainda não é completa e que o processo antagônico segue segregando de si, enfrentam o rigor de erupções irracionais.[229] Espera-se que se coisifique definitivamente a espontaneidade, pois essa constitui uma ameaça à forçada e instável harmonia social:

> No entanto, nem tão raramente originam-se conflitos, exatamente nas máquinas e nos aparatos da esfera do consumo, assim que algo, para falar com a nova língua alemã, "não transcorra corretamente". (...) A briga de família tem início, pois o aparelho de televisão não funciona, em frente ao qual o grupo primário reunido gostaria de, novamente, acompanhar a luta de boxe já há muito decidida. Àqueles que foram logrados em sua diversão sintética, o círculo familiar oferece a oportunidade bem-vinda de colocar para fora o que nada tem a ver com as pessoas ali presentes. Estes se tornam objetos para os outros – das relações de troca entre os vendedores e os consumidores, superficialmente inocentes, passando

---

225 Idem. "Anotações sobre o conflito social hoje", p. 178.
226 *Ibidem*, p. 180.
227 *Ibidem*, p. 179.
228 *Ibidem*, p. 179.
229 *Ibidem*, p. 175.

por mecanismos mais ou menos ocultos de dominação e administração, por clínicas e casernas, até as prisões e os campos de concentração. Isso pode ser notado nas nuanças. Se o cliente, enquanto prova os sapatos, afirma que aquele sapato lhe está muito largo, então a vendedora da loja já entende isso como uma afronta e responde, irritada: "Aí eu terei de lhe dar razão". Ela estão tão completamente identificada com os produtos padrão daquele negócio, que pressente no indivíduo, cujas necessidades divergem do padrão, o adversário *a priori*.[230]

O processo de socialização passa a dar mostras de ter entrado em um circuito não inteligível. Sob o signo enganoso de uma diabólica imagem de harmonia,[231] a civilização ocidental fornece inúmeros exemplos de que ruma para a plena irracionalidade. Lado a lado, a nulidade que lhe foi imposta pelo campo de concentração[232] aos indivíduos assumindo o modelo da forma de subjetividade em geral, o volume do progresso técnico e a consequente diminuição da participação do trabalho vivo[233] na produção de mercadorias, os modernos movimentos de massa que substituem os interesses racionais de autoconservação por sacrifícios desmedidos e desejos de morte latente concorrem para dar a impressão de que já não vale lei objetiva nenhuma.[234] Se há alguma promessa de vantagem aos membros dessa sociedade pós-liberal, ela se vincula à substituição de antigas promessas de felicidade pela ameaça e pela violência a fim de que os sujeitos se ajustem espontaneamente às mensagens de sacrifício e de vida perigosa[235] necessárias para a continuação obstinada da reprodução da sociedade.

---

230 *Ibidem*, p. 178.
231 *Idem*. "Reflexões sobre a teoria de classes", p. 350.
232 *Idem. Minima Moralia. Reflexões a partir da vida lesada*, p. 8.
233 *Idem*. "Capitalismo tardio ou sociedade industrial?", p. 66.
234 *Idem*. "Sobre a relação entre sociologia e psicologia", p. 39.
235 *Ibidem*, p. 39.

Os caminhos de tal catástrofe, no entanto, longe de significar a completa ausência de racionalidade, realizam-se pelo movimento tortuoso da sociedade e, por isso, também da razão. Na era em que a coisificação da segunda natureza converteu-se em catástrofe, a decadência da civilização burguesa não é fruto de um desvio do processo de racionalização, mas de sua plena efetivação. A atual irracionalidade do sistema social, portanto, não pode ser encarada como se fosse alheia à razão. Ao contrário, tais momentos se produzem "a si mesmos com o desdobramento desmesurado da razão subjetiva".[236] O desafio é reter pelas malhas conceituais da sociologia as marcas desse movimento. Trata-se, na verdade, de compreender a nova maneira em que se imbricam razão e irracionalidade:

> O próprio modelo capitalista nunca teve uma vigência tão pura quanto a apologia liberal o supõe. Em Marx, isso já era crítica à ideologia: devia expor quão pouco o conceito que a sociedade burguesa tecia sobre si mesma coincidia com a realidade. Não deixa de ser irônico que exatamente esse motivo crítico, o de que o liberalismo, em seus melhores tempos, não era liberalismo, passe a ser hoje reciclado, a favor da tese de que o capitalismo não seria mais propriamente capitalismo. Também isso indica uma mudança. O que, desde sempre, foi irracional na sociedade burguesa, em confronto com a *ratio* da livre e justa troca – ou seja, nem livre nem justo –, o foi em decorrência de suas próprias implicações: potencializou-se de tal modo que o seu modelo se estilhaça. Exatamente isso é que passa então a ser contabilizado como crédito pela situação, cuja integração se transformou em disfarce da desintegração. O estranho ao sistema revela-se constitutivo do sistema, até alcançar a sua tendência política.[237]

---

236 *Idem*. "Superstição de segunda mão", p. 137.
237 *Idem*. "Capitalismo tardio ou sociedade industrial?", p. 73.

Diante dessa nova fisionomia social, os conceitos-chave da crítica dialética devem ser repensados. O capitalismo tardio põe em circulação uma forma anônima de dominação social. Comandada pelos monopólios e tendo o fascismo como sua forma de organização política, o domínio de classe sobrevive de forma anônima, objetiva, de classes.[238] Em meio a atual distribuição de impotência e poder, mas cumprindo fielmente o prognóstico da centralização e concentração do capital, as classes hostis tornam-se invisíveis umas para as outras.

Entretanto, o anonimato da desgraça – ou seja, o destino a que todos estamos enredados – não elimina a necessidade de harmonização entre a tendência objetiva do sistema e a vontade consciente de quem tem poder sobre ele, de quem dá ordens à história por meio da história.[239] A opressão, que poderia ter sido superada, é novamente reposta. Fetichizado sob o malajambrado disfarce de sociedade de massas, o antagonismo objetivo – isto é, "os processos econômicos fundamentais da sociedade, que produzem as classes"[240] – não se transformou, apesar de toda a integração dos sujeitos. O protótipo dessa unificação foi conquistado graças ao princípio mesmo da sociedade de classes: "a universalidade da socialização é a forma sob a qual se impõe historicamente o domínio";[241] a inverdade de tal unificação se expressa também por meio da peculiaridade e do caráter enviesado do conceito de igualdade burguês. A igualdade de interesses se reduz à participação no botim, é dependente da velha e nova rapina do *conquistador*;[242] a livre-concorrência não é nada mais do que as mesmas injustiças infligidas a seus pares. Em suma, essa igualdade formal tem duas origens: ou bem está em função da opressão da outra classe, ou bem está em função do controle dos mesmos pelos mais fortes. A

---

238 *Idem*. "Reflexões sobre a teoria de classes", p. 351.
239 *Ibidem*, p. 360.
240 *Idem*. "Anotações sobre o conflito social hoje", p. 172.
241 *Idem*. "Reflexões sobre a teoria de classes", p. 356.
242 *Ibidem*, p. 352.

unidade revela-se então como não-unidade em si mesma; é, por mais uma vez, uma unificação que se realiza mediante a particularidade do interesse burguês:[243]

> A classe dominante desaparece atrás da concentração de capital. Esta alcançou uma magnitude, obtendo um peso específico através do qual se exibe o capital como instituição, como expressão da sociedade em seu conjunto. O particular usurpa a totalidade em virtude da onipotência de sua imposição: no aspecto social global do capital realiza-se o velho caráter fetichista da mercadoria, das relações dos homens enquanto tais refletidas pelas coisas."[244]

A modernidade, local no qual se culminou toda a opressão que os homens infligiam aos próprios homens por meio da fria miséria do trabalho assalariado livre,[245] continua a se reproduzir enquanto indigência.[246] Em seus movimentos, deixa entrever a violência fatal que é atualizada e reposta por meio da injustiça mais recente, isto é, a instituída pelo intercâmbio justo.[247] Diante de tais limites históricos e sociais, o mais novo é, na verdade, a continuidade do velho terror que, como um mito, consiste no avanço cego do tempo.[248]

Apesar de tal continuidade, a situação em que o processo de produção da economia capitalista se incrementava e rumava em direção ao insustentável[249] teve sua rota substancialmente alterada por condições modificantes que, por sua vez, se tornaram centrais para a história

---

243 *Ibidem*, p. 353.
244 *Ibidem*, p. 353.
245 *Ibidem*, p. 348.
246 *Ibidem*, p. 349.
247 *Ibidem*, p. 347.
248 *Ibidem*, p. 349.
249 *Ibidem*, p. 356.

do domínio.[250] Nesse sentido, a teoria da depauperização não consegue ser crítica em relação à sociedade, pois o processo de liquidação da economia[251] dissolveu as categorias de mercado que ela trazia de forma implícita e já não mais correspondem ao estado atual do sistema de exploração.[252] Entretanto, as transformações que diluíram os efeitos da concorrência entre os trabalhadores, do exército de reserva, da superpopulação e do pauperismo e que desembocaram na melhora da situação econômica do proletariado é, na verdade, de natureza extraeconômica e garantida unicamente pelos benefícios monopolistas.[253]

Dessa forma, neste mundo de ódio, a tendência objetiva do sistema se vê duplicada. Bastante distante de qualquer forma superior de organização social e por mais que a atual sociedade seja refratária a uma teoria em si coerente,[254] a dominação sobre os seres humanos ainda continua a ser exercida mediante o processo econômico.[255] O ideal utópico se restringe ao interesse pela manutenção do *status quo* e pela plena ocupação; a reivindicação de libertar-se do trabalho heterônomo[256] não é sequer ouvida. Os processos econômicos essenciais para o funcionamento da engrenagem das sociedades capitalistas são apenas contornados a fim de garantir sua manutenção e a continuidade de sua reprodução. Embora já seja possível organizar o mundo para que a possibilidade de viver sem passar necessidade[257] se realize plenamente, a fria exigência econômica, sintetizada pelos interesses do lucro e da dominação, permanece prendendo as sociedades

---

250 *Ibidem*, p. 358.
251 *Ibidem*, p. 358.
252 *Ibidem*, p. 355.
253 *Ibidem*, p. 358.
254 *Idem*. "Capitalismo tardio ou sociedade industrial?", p. 66.
255 *Ibidem*, p. 67.
256 *Ibidem*, p. 69.
257 *Ibidem*, p. 68.

pós-liberais em suas antigas *relações* de produção,[258] ainda fundamentalmente capitalistas:

> O poderio das relações de produção, que não foram revolucionadas, é maior do que nunca, mas, ao mesmo tempo e em todos os lugares elas estão, enquanto algo objetivamente anacrônico, enfermas, prejudicadas, esvaziadas. Elas não funcionam mais por conta própria. Ao contrário do que pensa a antiga doutrina liberal, o intervencionismo econômico não é enxertado de um modo estranho ao sistema, mas de modo imanente a ele, como a quintessência da autodefesa do sistema capitalista: nada poderia explicar de modo mais contundente o conceito de dialética. De maneira análoga, na *Filosofia do direito* de Hegel – na qual a ideologia burguesa e a dialética da sociedade burguesa estão imbricadas de modo tão profundo – o Estado, que intervém a partir de fora, supostamente alheio ao jogo das forças sociais, e atenua os antagonismos com ajuda policial, é invocado com base na dialética imanente da própria sociedade, que, para Hegel, de outro modo desintegraria.[259]

O reconhecimento obrigatório pela teoria do mais novo como o igual[260] não se deve, portanto, a qualquer condenação *a priori* das possibilidades de mudança, mas pelo diagnóstico de que tais transformações foram instituídas para a manutenção do que já existia.[261] São

---

258   Ibidem, p. 68.
259   Ibidem, p. 72-73.
260   Idem. "Reflexões sobre a teoria de classes", p. 349.
261   A esse respeito, Adorno afirma que a vigência de tal situação se explicita pelo próprio sentido que o desenvolvimento tecnológico assumiu nas sociedades modernas. Segundo Adorno: "É claro que perceber isso exige – apesar da crítica sempre se deixar arrastar a isso de novo – que não se jogue a culpa nas costas da técnica, portanto das forças produtivas, praticando na teoria uma espécie de destruição das máquinas em escala ampliada. Não é a técnica o elemento funesto, mas o seu enredamento nas relações sociais, nas quais ela se encontra envolvida. Basta lembrar que os interesses do lucro e da dominação têm canalizado e norteado o desenvolvimento técnico: este coincide, por

vicissitudes dessa ordem que se impõem ao conhecimento dessa nova sociedade que, por sua vez, a reflexão sociológica não se pode furtar a enfrentar. A sociedade escapa da conceitualização fácil. Confunde quem pretende compreendê-la, pois se agita onde parece estar inerte e repete seus fundamentos quando aparenta estar se movimentando e se transformando. Trata-se de um mesmo sujeito ilegítimo que segue agindo como um autômato. Segundo Adorno:

> A coerção, sob a qual ela compreende o incessante desdobramento destruidor do sempre novo, consiste em que, em cada momento, o sempre novo é, visto de perto, ao mesmo tempo o antigo. O novo não se junta ao antigo, mas permanece a ânsia do antigo, sua necessidade, como ela, através dessa sua determinação pensante, de sua confrontação incontornável com o todo no antigo, se torna atual como contradição imanente.[262]

Porém, esse desenlace histórico não é alheio ao processo de reprodução social. Ele se realizou justamente por conta da reiteração de seus elementos imanentes. Adorno chama atenção para o caráter duplo do conceito de classe que só se torna manifesto após o fim do período liberal do capitalismo. De um lado, a sua falsidade se demonstra pelo desaparecimento da unidade de classe,[263] sobretudo no que diz respeito à tradução do pertencimento a uma mesma classe em igualdade de interesses e ação.[264] Embora não possa ser ignorada pela teoria, essa

---

enquanto, de um modo fatal com necessidades de controle. Não por acaso a invenção de meios de destruição tornou-se o protótipo da nova qualidade da técnica. Por outro lado atrofiam os seus potenciais aqueles que se afastam da dominação, do centralismo e da violência contra a natureza, que certamente também permitiriam curar muito daquilo que, no sentido literal e metafórico, está sendo prejudicado pela técnica". *Idem.* "Capitalismo tardio ou sociedade industrial?", p. 69.

262 *Idem.* "Reflexões sobre a teoria de classes", p. 349.
263 *Ibidem*, p. 352.
264 *Ibidem*, p. 351.

dissociação não desmente em absoluto que, sob o monopólio, as classes sociais sobreviveram.[265] Além do fato de que, subjetivamente, as classes sociais não estão de forma alguma tão niveladas quanto às vezes se supunha como indicam algumas pesquisas empíricas,[266] o que é ainda mais importante e decisivo é que o sentido objetivo do conceito de classe – isto é, a posição de patrões e trabalhadores no processo de produção[267] – manteve-se inalterado.

Diante dessa letargia, a dupla posição objetiva do proletariado nas sociedades capitalistas pendeu para a sua integração. De início, o conceito de proletário indica que ele é tanto o objeto de exploração quanto imanente ao sistema, formado por sujeitos não-autônomos do processo social em seu conjunto e também pelos produtores da riqueza social, tanto ocupavam um local como se estivessem fora da sociedade quanto constituíam a substância de sua força produtiva.[268] Entretanto, subscrevendo a tendência do capital de se estender e introduzir-se nos âmbitos do espírito e da opinião pública, ocupando insidiosamente a consciência e a inconsciência do que outrora se denominava o quarto estado,[269] como reação à ameaça revolucionária, mas por sua lógica histórica, reforça-se o "peso do elemento imanente dentro do conceito de proletariado".[270] Uma predição de Marx realiza-se de forma inesperada: se é verdade que a classe dominante foi tão radicalmente nutrida de trabalho humano que se tornou capaz de decidir sobre o seu destino como um assunto próprio,[271] ela produz a partir de agora

---

265 *Ibidem*, p. 353.
266 *Idem*. "Capitalismo tardio ou sociedade industrial?", p. 67.
267 *Ibidem*, p. 63.
268 *Idem*. "Anotações sobre o conflito social hoje", p. 171.
269 *Ibidem*, p. 171.
270 *Ibidem*, p. 171.
271 *Idem*. "Reflexões sobre a teoria de classes", p. 359.

o proletariado não mais como o portador das armas que lhe trazem a morte,[272] mas como mais uma forma de consolidar seu domínio. As relações de produção que ganharam sobrevida e que se espalharam por todas as esferas voltam a ser ameaçadas não mais pela negação de seus fundamentos, mas justamente pela sua própria irracionalidade desencadeada. E a perspectiva futura afasta-se da sociedade emancipada em direção ao triunfo da má essência da produção absoluta,[273] pois a sociedade desenvolve tendências de uma progressiva irracionalidade simultaneamente ao avanço de sua racionalização:[274]

> Presa num horizonte em que a todo momento a bomba pode cair, mesmo a mais opulenta oferta de bens de consumo tem algo de escárnio. (...) A ameaça de uma catástrofe é deslocada para adiante com a ameaça da outra. Dificilmente as relações de produção poderiam afirmar-se de um modo tão pertinaz sem o apocalíptico abalo de novas crises econômicas se uma parte desproporcional do produto social não fosse desviada para a produção de meios de destruição. (...) Da liberação das forças produtivas, surgiram novamente relações de produção restritivas: a produção tornou-se uma finalidade em si e bloqueou o objetivo que seria a realização da plena liberdade. (...) Tal dominação das relações de produção sobre os homens pressupõe por sua vez o estádio de desenvolvimento alcançado pelas forças produtivas. (...) A superprodução, que impelia àquela expansão, através da qual a necessidade aparentemente subjetiva foi capturada e substituída, é gerada por uma aparelhagem técnica que se autonomizou a ponto de ter-se tornado irracional (isto é, não-rentável) a partir de um certo volume de produção; ela é, portanto, necessariamente acarretada pelas circunstâncias. Só na perspectiva do aniquilamento total é que as relações de produção não frearam as forças produtivas.[275]

---

272 Marx, Karl & Engels, Friedrich. "Manifesto do partido comunista", p. 14.
273 Adorno, Theodor. *Minima Moralia. Reflexões a partir da vida lesada*, p. 10.
274 Idem. *Introdução à sociologia*, p. 129.
275 Idem. "Capitalismo tardio ou sociedade industrial?", p. 72.

A persistência dessa pré-história reforça e se assenta sobre uma alienação crescente. Os monopólios só concedem benefícios àqueles que contribuem para a estabilidade da sociedade.[276] Cada vez mais, este civilizar-se toma as formas do embrutecimento dos trabalhadores que, devido ao forte incremento da divisão do trabalho já alienado, resultava da aproximação entre os processos de trabalho e uma desqualificação dos indivíduos. O conceito burguês de ser humano,[277] que já era desautorizado por sua confrontação com o proletariado, mostra, finalmente, sua selvageria imanente. Toda energia que poderia ser gasta para construir uma verdadeira humanidade é reprimida e acaba revelando a barbárie da atual ordem social.

Uma violência correlata a que a esposa e a família sofriam quando "a figura do trabalhador que chega à noite bêbado em sua casa"[278] e os golpeava brutalmente deixa as margens exteriores das sociedades e desloca-se para o seu centro. Recuperando uma fórmula de Freud, Adorno afirma que a palavra de ordem do atual momento social é a do medo onipresente e livremente flutuante:[279] a invisibilidade da opressão fundamental, imiscui-se e é reforçada pela desumanização crescente. O embrutecimento decorrente não se restringe aos sacrifícios exigidos pela indústria aos mutilados, enfermos e deformados físicos,[280] mas ameaça insidiosamente a consciência. O que era correlato à autonomização da economia liberal e ao desenvolvimento da individualidade burguesa, isto é, a desumanização sangrenta do expulso da sociedade,[281] sob o monopólio conflui com a civilização. Essa desumanização surge como uma espécie de ilusão dos impotentes de que

---

276 Idem. "Reflexões sobre a teoria de classes", p. 363.
277 Ibidem, p. 362.
278 Ibidem, p. 362.
279 Idem. "Capitalismo tardio ou sociedade industrial?", p. 74.
280 Idem. "Reflexões sobre a teoria de classes", p. 361.
281 Ibidem, p. 362.

seu destino depende de sua constituição natural[282] e não dos processos sociais que constitui tanto sua substância como seu contrário,[283] isto é, tanto sua humanidade quanto a sua não-humanidade:

> Desumanização não é um poder externo, uma propaganda disposta seja lá de que forma, não é o ato de estar excluído da cultura. Ela é, precisamente, a imanência do reprimido no sistema, que, ao menos uma vez, caíram através da miséria, enquanto, hoje, sua miséria é que não mais conseguem sair, que a verdade da propaganda lhes é suspeita, enquanto eles aceitam a cultura da propaganda, que, fetichizada, se encerra na loucura do reflexo infinito em si própria.[284]

Como se não pudesse ser diferente, a formação deste *homo oeconomicus* cumpre um périplo agonizante. A exigência não é mais de astúcia, mas de autosacrifício, de mutilação. Não o cálculo econômico estrito e nem por meio do afã de lucro que se constrói o comportamento econômico racional nos indivíduos. De acordo com Adorno, atualmente, quem não se comporta de acordo com as regras econômicas dificilmente se arruína no ato. A ameaça assombra e aterroriza pelo horizonte do possível descenso na hierarquia de classes e a sanção da conduta econômica condensa-se em tabus.[285] É só mediante um sinuoso intercâmbio racional com a violência que tal comportamento é elevado à condição de norma social, fundamentando-se na violência física, no tormento corporal. A pretensa transparência da racionalidade econômica não passa de um autoengano das sociedades burguesas. Na verdade, é fruto da fusão irracional da arcaica angústia sentida

---

282 Idem. "Sobre a relação entre sociologia e psicologia", p. 50.
283 *Ibidem*, p. 54.
284 Idem. "Reflexões sobre a teoria de classes", p. 363-364.
285 Idem. "Sobre a relação entre sociologia e psicologia", p. 43.

diante do perigo de aniquilação física com a moderna ameaça do não pertencimento à união social.[286]

O trabalho da civilização limitou-se a exigir dos seres humanos concretos a função de simples portadores de um papel social para o funcionamento da engrenagem do todo.[287] O apego aos bens de consumo e aos papéis sociais ultrapassa as motivações materiais intra--econômicas:[288] é consequência da angústia ante a desproporcional diferença entre o poder das instituições e a impotência dos indivíduos. Em uma sociedade que não é para os indivíduos, que prescreve continuamente a incompatibilidade entre o sistema social e os seres humanos que a compõem, a integração é sempre uma violência e deixa vestígios: o todo persiste em ser antagônico, a psicologia quando ainda tem um objeto próprio é reduzida a simples inventário de patologias e de enfermidades.[289] Permeado por descontinuidades e em meio a incoerências psíquicas crescentes,[290] a contradição se explicita no antagonismo objetivo entre "trabalho coisificado e seres humanos vivos":[291]

> O esquema totalizador de tão pedante organização, que abrange desde o indivíduo e suas regularidades até as formações sociais mais complexas, tem lugar para tudo, menos para a separação histórica

---

286 *Ibidem*, p. 44.

287 A esse respeito, Adorno afirma: "A divergência entre indivíduo e sociedade é em essência de origem social, se vê perpetuada socialmente, e suas manifestações têm de ser explicadas de antemão em chave social. Inclusive o materialismo vulgar, que põe sólidos interesses de lucro no fundamento das formas de reação individual, tem razão frente ao psicólogo que deriva das correspondentes infâncias os modos de conduta econômica dos adultos, modos que são regidos por leis econômicas objetivas, e nas quais a constituição individual dos contratantes não intervêm em absoluto ou só o fazem como mero apêndice." *Ibidem*, p. 46.

288 *Ibidem*, p. 44.

289 *Ibidem*, p. 51.

290 *Idem.* "Anotações sobre o conflito social hoje", p. 177.

291 *Ibidem*, p. 179.

de indivíduo e sociedade, embora não sejam estes radicalmente distintos. Sua relação é contraditória porque a sociedade recusa aos indivíduos, em ampla medida, o que ela sempre lhes promete, como sociedade de indivíduos e o que constitui em última análise o motivo de sua constituição, enquanto por sua vez os interesses cegos e desenfreados dos indivíduos singulares inibem a formação de um possível interesse social global.[292]

Indivíduo e regressão

> Mas apenas se a teoria nomeia à repetição por seu nome e insiste no negativo do sempre idêntico no aparentemente novo, possa talvez arrancar ao sempre idêntico a promessa do novo.[293]

O saldo da permanência da contradição entre os indivíduos e a sociedade é atualizado nos sujeitos por meio de uma série de regressões. Uma sociedade que se reproduz a partir dessas bases materiais fortalece os traços arcaicos e regressivos dos indivíduos. Mais do que no conteúdo manifesto dos veículos de atualização e conformação ideológica, as marcas da relação entre sociedade e indivíduo se imprimem na categoria da individualidade.[294] Em seus momentos mais recônditos, previamente a qualquer influência cultural e ideológica que possa moldar suas atitudes e suas formas de reação e de escolha, a essência da mutilação social[295] constitui integralmente os mecanismos mais íntimos do ser individual.[296]

---

292 Idem. "Introdução à controvérsia", p. 221.
293 Adorno, Theodor. "A psicanálise revisada", p. 35.
294 Ibidem, p. 25.
295 Ibidem, p. 24.
296 Ibidem, p. 26.

Dessa forma, o influxo externo que condiciona o comportamento e o caráter individual consiste também em uma reverberação. O conformismo e a adaptação às relações sociais não são produtos exclusivos da potência efetiva dos meios materiais de coerção social ou da capacidade de iludir da indústria cultural, mas sobretudo de uma dada configuração individual interna prévia que é mais profunda e mais radical do que a simples interação na "superfície do mundo interno e externo".[297]

Assim, produto e pressuposto dos processos sociais, o indivíduo, como forma historicamente determinada do arranjo da dinâmica das pulsões sexuais, é o local onde se encontram o princípio social de domínio e o princípio psicológico da repressão pulsional.[298] Algo que se explicita por meio da possibilidade de comensurabilidade das formas de conduta individual, a relação que os homens estabelecem entre si não é interpretável a partir de categorias que pressuponham um enfrentamento real de sujeitos econômicos. Essas relações podem ser mais bem compreendidas considerando os indivíduos como autômatos que se configuram conforme o padrão do valor de troca.[299] Segundo Adorno:

> O indivíduo isolado, o sujeito puro da autoconservação, encarna, na oposição absoluta à sociedade, o princípio central desta. Do que ele é composto, o que nele se contrapõe, suas "características", são sempre, ao mesmo tempo, momentos da totalidade social. Ele é uma mônada naquele sentido estrito, em que apresente o todo com as suas contradições, mas sem, no entanto, ter consciência do todo. Mas na forma [*Gestalt*] de suas contradições ele não se comunica sempre e continuamente com o todo, essa forma não advém imediatamente dessa experiência. A sociedade lhe impôs a separação, e esta, como uma relação social, toma parte em seu destino.

---

297 *Ibidem*, p. 26.
298 *Ibidem*, p. 26.
299 *Idem*. "Sobre a relação entre sociologia e psicologia", p. 47.

A "psicodinâmica" é a reprodução dos conflitos sociais no indivíduo, mas não de tal forma, que apenas retrate as tensões sociais presentes. Pelo contrário, ele também as desenvolve, em que exista como algo isolado da sociedade, cindido, quando mais uma vez a patogênese da totalidade social, para além de si, sobre a qual tem domínio a maldição da separação.[300]

Essa sociedade é vivenciada mediante choques repentinos e bruscos, posto que a dinâmica social seja um movimento tortuoso e opressivo. A preponderância indiscutível da economia sobre a psicologia no comportamento humano, longe de eliminar as incoerências dos indivíduos, é desmascarada pela psicologia, pois a racionalidade econômica é, antes e fundamentalmente, uma racionalização desmedida.[301] A racionalidade da conduta dos seres humanos individuais não é transparente em si, mas amplamente heterônoma e forçada, o que faz com que, reiteradamente, necessite ser mesclada com o inconsciente para tornar-se em alguma medida funcional.[302] Na medida em que pretende manter os sujeitos presos às suas limitadas identidades, forjadas como reflexos de um espelho em si cindido,[303] essa zona de irracionalidades que se tornou o campo de investigação da psicologia remete a momentos sociais[304] essenciais. É necessário que se desenvolvam forças irracionais para a perpetuação da *ratio* parcial econômica.

A objetividade social apenas tolera que um componente da dinâmica pulsional se manifeste, o momento da satisfação das necessidades. Mas esse momento é deformado em função do afã de lucro.[305] Mesmo entre aqueles que conquistam todas as vantagens prometi-

---

300 *Ibidem*, p. 51.
301 *Ibidem*, p. 44.
302 *Ibidem*, p. 54.
303 *Ibidem*, p. 50.
304 *Ibidem*, p. 46.
305 *Ibidem*, p. 52.

das pela razão calculadora não se consegue eliminar integralmente a percepção de que a satisfação das necessidades se converteu em algo completamente exterior a seus portadores e que segue mais fortemente a dinâmica e as regras do jogo dos anúncios.[306] Por outros termos, as metas do eu não só não se identificam com as metas pulsionais primárias como as contradizem de múltiplas formas.[307]

Entretanto, na era da humanidade transformada em clientela, o processo vital existente por si mesmo tende a passar por cima da fratura existente entre seu movimento e a esfera individual.[308] Passo a passo e continuadamente, a sociedade nega aos indivíduos aquilo que lhes promete e em seu lugar tenta preencher esse engodo por meio de coisas como latas de conserva.[309] Como forma de reação e condição de conservação, o mecanismo de adaptação às relações sociais coisificadas é um verdadeiro mecanismo de petrificação do sujeito.[310] Na sociedade plenamente socializada, em que na maioria das situações a racionalidade do eu se vê reduzida à eleição de pequenos passos ou de avaliar o mal menor,[311] o mais adaptado é quem tem menos vida. Do lado oposto, os indivíduos nos quais a racionalidade social não prevalece incontestavelmente sobre a psicologia, são condenados a se transformar em anômalos.[312] Onde os sujeitos foram reduzidos a simples pontos de referência de uma força de trabalho abstrato,[313] a práxis da psicanálise, que outrora chegou a ser um meio radical de

---

306 *Ibidem*, p. 52.
307 *Ibidem*, p. 49.
308 *Ibidem*, p. 45.
309 *Ibidem*, p. 62.
310 *Ibidem*, p. 55.
311 *Ibidem*, p. 54.
312 *Ibidem*, p. 50.
313 *Ibidem*, p. 57.

ilustração,[314] torna-se um conjunto de técnicas que visam desacostumar os indivíduos do amor e da felicidade em benefício da capacidade de trabalho e da *healthy sex life*.[315] Mesmo quando os sujeitos conseguem se curar de patologias psíquicas e neuroses, a cura conseguida assemelha-se ao estigma da lesão:[316]

> Quanto mais severamente o domínio psicológico é pensado como um campo de forças autárquico, fechado em si, tanto mais completamente a subjetividade é dessubjetivada. A alma jogada de volta sobre si própria, a saber, sem objeto, petrifica como um objeto. Ela não consegue escapar de sua imanência, mas, antes, encerra a si própria em suas equações energéticas. A alma, rigorosamente estudada de acordo com as suas próprias leis, é desalmada: a alma seria apenas o tatear por aquilo, que ela própria não é. Este não é um estado de coisas meramente cognoscitivo, mas sim se reproduz até o resultado da terapia, aqueles seres humanos desesperadamente realistas que, literalmente, se recriaram para que se tornassem aparatos, para que, em sua limitada esfera de interesses, em seu "subjetivismo", pudessem impor-se com mais sucesso.[317]

Estabelece-se, assim, uma relação entre sociedade e indivíduo inconciliável com qualquer categoria harmônica.[318] A princípio, poder-

---

314 *Ibidem*, p. 60. Esse diagnóstico histórico é retirado da avaliação de Theodor Adorno acerca das tendências revisionistas existentes na psicanálise freudiana. Uma temática que ultrapassa os objetivos desse mestrado mas que, *grosso modo*, baseia-se na crítica adorniana às tentativas de "sociologizar a psicanálise" empreendidas pelos "revisionistas". Para uma análise aprofundada desta polêmica, ver sobretudo Rouanet, Sérgio Paulo. *Teoria Crítica e Psicanálise* e Gomide, Ana Paula de Ávila. *Um estudo sobre os conceitos freudianos na obra de T. W. Adorno*.

315 Adorno, Theodor. "Sobre a relação entre sociologia e psicologia", p. 56.

316 *Ibidem*, p. 53.

317 *Ibidem*, p. 58.

318 Adorno critica o modelo postulado por Talcott Parsons da integração da sociedade mediante a adequação harmônica das necessidades funcionais da sociedade com os

-se-ia ter clareza acerca do polo dominante. Entretanto a engrenagem da sociedade escarnece sobre seu real funcionamento, uma vez que suas tendências sociais se impõem sobre a cabeça dos homens. A interação entre o conhecimento das determinantes sociais e das estruturas pulsionais predominantes[319] é arredia às tentativas de compreendê-la por meio da continuidade lógica. A relação entre experiência social e vida pulsional se efetiva em sobressaltos, sem se reduzir, no entanto, a uma dualidade.

Não obstante, em suas vertentes tradicionais, a sociologia acostumou-se a encarar a sociedade como se fosse um *caput mortuum* coisificado, ao prescindir de examinar os sujeitos e sua espontaneidade e centrar seus conceitos para captar o que se considera como o momento objetivo do processo social.[320] Disso resulta uma sociologia sem sociedade, configurada segundo os moldes fornecidos por uma situação em que os seres humanos se esquecem de si mesmos.[321] Do lado oposto, porém não dissociada das mesmas determinações, tendo sido concebida dentro do âmbito da vida privada, dos conflitos

---

esquemas do super-Eu médio para pensar a relação entre sociologia e psicologia, não só por ser teoricamente insuficiente, como também socialmente falso. Segundo Adorno: "A unificação de psicologia e teoria da sociedade mediante a aplicação dos mesmos conceitos em diversos níveis de abstração, vai para necessariamente, no que se refere ao conteúdo, em harmonização. (...) Esta adaptação recíproca dos homens e o sistema se eleva a norma, sem que se tivesse questionado a posição desses dois 'padrões' no conjunto do processo social, nem sequer a origem e a legitimidade do 'super-Eu médio'. Também as situações perniciosas, repressivas, podem condensar-se normativamente em semelhante super-Eu. O preço que Parsons tem que pagar pela harmonia conceitual consiste em que seu conceito de integração, cópia positivista da identidade de sujeito e objeto, deixaria um espaço a um estado irracional da sociedade, na medida em que só teria poder suficiente para modelar de antemão os elementos pertencentes a esse estado". *Ibidem*, p. 42.

319 *Ibidem*, p. 39.
320 *Ibidem*, p. 53.
321 *Ibidem*, p. 53.

familiares e da esfera do consumo[322] e ignorando o processo de produção material, a psicologia sempre pretendeu perseguir o interesse do sujeito, mas, no mais das vezes, o concebeu abstratamente, isto é, postulando-o como algo absoluto. Além disso, é obrigada a conformar-se com o fato de que os mecanismos que descobre não explicam a conduta socialmente relevante.[323]

Entretanto, esse dualismo que opõe a sociologia e psicologia não consegue se manter ileso diante de suas deficiências conceituais. As tentativas no campo dessas duas disciplinas em superar suas insuficiências teóricas testemunham a necessidade de compreender essa relação. O que só pode acontecer quando o pensamento não se satisfizer com a renúncia ao conhecimento da totalidade social que ordenou esta separação. Diante da impossibilidade de eleição entre duas figuras da falsa consciência que, incessantemente, alternam-se na posição de ter razão uma frente à outra, a única saída é a crítica do estado antagônico.[324] Mais do que uma discussão sobre o lugar de cada uma dessas disciplinas dentro da sistemática das ciências[325] ou acerca do nível de abrangência e de abstração de seus modelos conceituais, Adorno procura conceitualizar a própria relação antagônica que se estabeleceu historicamente entre indivíduo e sociedade:

> A separação de sociedade e psique é falsa consciência; eterniza categoricamente a dissenção entre sujeito vivente e a objetividade que rege sobre os sujeitos e, no entanto, procede deles. Mas esta falsa consciência não se pode desmoronar por decreto metodológico. Os seres humanos não são capazes de reconhecer a si mesmos na sociedade nem esta em si mesma, porque estão alienados entre si e em respeito ao todo. Suas relações sociais coisificadas se apresentam a eles como um ser em si. O que a ciência especializada projeta sobre o mundo reflete só o que aconteceu no mundo. A falsa

---

322 *Ibidem*, p. 49.
323 *Ibidem*, p. 54.
324 *Ibidem*, p. 45.
325 *Ibidem*, p. 40.

consciência é por sua vez algo correto, a vida interior e a exterior foram desgarradas uma da outra. Só por meio da determinação da diferença, não mediante conceitos ampliados, se expressa de forma adequada essa relação.[326]

Este caráter cindido não se verifica apenas na relação dos sujeitos com o mundo exterior, mas no interior de cada indivíduo. A sociedade se estende para dentro das mônadas psicológicas cumprindo o papel do repressor, do censor, do Super-eu e, assim, o modelo da conduta social-racional se funde e se integra com os seus resíduos psicológicos.[327] A psicologia se formou como uma perturbação do predomínio da *ratio* em que toma corpo interesses sociais objetivos, mas, uma vez constituída como esfera relativamente autônoma, configura uma estrutura de motivação psicológica, em larga medida uniforme e fechada.[328] Entretanto, ambas as esferas compartilham a submissão a um mesmo princípio de autoridade. Na sociedade em que o núcleo a partir do qual se cristalizou o caráter individual é o modelo do indivíduo enquanto contratante, que obtém seu ser determinado unicamente no ato abstrato do intercâmbio,[329] em que os fenômenos sociais emanciparam-se da psicologia mediante uma conexão abstrata entre as pessoas e por intermédio da *ratio* que se desliga dos seres humanos, o que se constitui como traumático para os indivíduos é algo abstrato.[330] Tanto na sociedade quanto no inconsciente, obedece-se sem o saber às determinações de uma lei abstrata.[331]

Assim, longe de significar ausência de qualquer conteúdo social concreto, o pensamento mecanicista de Freud acompanha de perto

---

326 *Ibidem*, p. 41-42.
327 *Ibidem*, p. 56.
328 *Ibidem*, p. 49.
329 *Ibidem*, p. 51.
330 *Ibidem*, p. 47.
331 *Ibidem*, p. 57.

a tradução da realidade histórica pela linguagem do isso, realizada no interior da dinâmica pulsional.[332] A exclusão do princípio do novo, a redução da vida mental à repetição do que já foi alguma vez[333] testemunham o momento histórico em que aquilo que parece ser o mais imediato – isto é, os homens cederem a instintos primitivos – na verdade é a forma de satisfação antecipada,[334] posta pela mediação social. A reivindicação pelo sempre igual e seu fracasso ante a experiência do específico são contrapartidas da persistência de uma situação de não liberdade que necessita ser também prolongada no inconsciente para poder continuar prevalecendo. Como não se questiona as irracionalidades que procedem da sociedade, o inconsciente constrói-se como instância de controle que fundamenta sua autoridade justamente por sua opacidade:[335]

> A não simultaneidade de inconsciente e consciente é ela mesma um estigma do contraditório desenvolvimento social. No inconsciente

---

332 *Ibidem*, p. 56.
333 *Ibidem*, p. 58.
334 *Ibidem*, p. 55.
335 *Ibidem*, p. 60. A esse respeito, Adorno afirma: "Porém, o que antes de mais nada está em pauta muito simplesmente – ou para ser mais preciso, o que se encontra objetivamente por trás disso, independentemente da percepção de Freud a respeito, é que em sua conformação vigente a sociedade não produziu suficiente alimento – em um sentido amplo, é claro – para todos os seus integrantes e, para levar à frente esse raciocínio, mesmo hoje, quando seria potencialmente possível que todas as pessoas recebessem alimentos suficientes conforme o 'padrão' cultural vigente, por causa das condições da produção social, por causa das relações de produção, ou seja, simplesmente por causa da disposição das relações de propriedade, se impede que isso aconteça. O simples fato da carência, da carência exterior que a seguir se prolonga na dominação – para concretizar a questão – impele ou impeliu àquele tipo de trabalho, de trabalho social que em sua configuração até hoje sequer pôde ser pensado em uma disciplina do trabalho, para que se constituísse assim aquela chamada moral do trabalho que tornou os homens aptos a produzirem em quantidade adequada à sua sobrevivência e, em consequência, impeliu a todas aquelas renúncias instintivas eróticas cuja teoria dinâmica forma essencialmente o conteúdo da doutrina freudiana". *Idem*. *Introdução à sociologia*, p. 265-266.

sedimenta aquilo que não alcança a acompanhar o sujeito, o que tem de pagar a fratura do objeto e a ilustração. O atrasado se converte em "intemporal". Nele parou também a exigência de felicidade, que de fato apresenta um aspecto "arcaico" tão pronto como aponta exclusivamente à deformada figura de uma satisfação de caráter somático localizada, cindida da consumação total, que se transforma em *some fun* de forma tanto mais radical quanto mais aplicadamente se afana em posse de uma vida consciente própria da idade adulta.[336]

O deslocamento que ora se realiza é análogo ao apego obstinado ao desenvolvimento da técnica e ao aumento da produtividade do trabalho em uma sociedade agraciada pela abundância.[337] O investimento libidinal que assumiu a forma de um comportamento regressivo não atinge o estágio de uma síntese superadora da antinomia entre o universal e o particular, pois a renúncia pulsional exigida não se legitima objetivamente em sua verdade e necessidade.[338] Tudo que os sujeitos veem como sua essência constitui, na verdade, mera ilusão causada por uma sociedade que exige dos indivíduos para se manter viva algo que para eles é sempre por sua vez sem razão.[339] O princípio de identidade, essa forma de organização de todas as excitações psíquicas, constitui-se travejado por incoerências. Segundo Adorno, contrariamente ao que diz a teoria freudiana, que se furta a examinar suas incoerências imanentes, o Eu é essencialmente dialético; tanto psíquico como não psíquico, simultaneamente fragmento da libido e representante do mundo.[340] A contradição mais manifesta na esfera individual se dá por ela ter se constituído, enquanto consciência, tanto como forma de oposição à repressão quanto como a própria instância

---

336 *Idem*. "Sobre a relação entre sociologia e psicologia", p. 56.
337 *Ibidem*, p. 62.
338 *Ibidem*, p. 63.
339 *Ibidem*, p. 64.
340 *Ibidem*, p. 65.

repressora, isto é, como o inconsciente. Nesse sentido, o Eu se sujeita a responder às demandas de duas instâncias contraditórias entre si: a das necessidades da libido e a das necessidades de autoconservação.[341]

A harmonia entre o princípio de realidade e o princípio de prazer só se realiza a *fórceps*, mas, mesmo assim, não perdura para além de uma aparência. O modelo de tal adaptação se limita à estreiteza de uma confusão que coloca no lugar da problemática concepção de homem "correto", no sentido do projeto iluminista freudiano – o discutível conceito de ser humano pleno,[342] pensado como um homem livre das mutilações causadas pelas repressões[343] –, a imagem abstrata e falsificadora de um animal de rapina satisfeito, provido de um apetite saudável.[344] A duras penas, nessa sociedade em que os critérios de sanidade se assemelham à totalidade demente, o triunfo do Eu não significa mais do que a vitória da cegueira produzida[345] pelo particular pretensamente transfigurada em uma identidade isenta de contradições.

---

341 *Ibidem*, p. 66.

342 *Ibidem*, p. 61.

343 A crítica a tal ideal iluminista, obviamente, não se coloca imediatamente ao lado da continuidade da repressão pulsional, mas sim pelo caráter ideológico que tal formulação pode se prestar. A esse respeito, em "Sobre a relação de sociologia e psicologia", Adorno afirma: "Toda imagem do ser humano é ideológica à exceção da negativa. Se hoje, por exemplo, se apela ao ser humano pleno frente aos traços da especialização emaranhados com a divisão do trabalho, então se promete um prêmio ao mais indiferenciado, tosco e primitivo e ao final se enaltece a extroversão dos *go-getter*, esses que são suficientemente repugnantes como para mostrar sua viril valentia em uma vida repugnante. Todo o que, desde o ponto de vista humano, remete hoje verdadeiramente superior é sempre por sua vez, de acordo com o padrão do existente, o lesado, não por exemplo o mais harmônico. A tese de Mandeville, segundo a qual os vícios privados seriam virtudes públicas, deixa-se transpor para a relação entre psicologia e sociologia: o questionável categoricamente representa de múltiplas formas o objetivamente melhor; não o normal, mas o melhor especialista capaz de resistir é aquele sobre quem repousa a possibilidade de liberação das cadeias". *Ibidem*, p. 62.

344 *Ibidem*, p. 62.

345 *Ibidem*, p. 53.

O preço exigido para os indivíduos acomodarem-se e acompanhar o passo da sociedade é o de uma regressão autoinfligida:[346]

> Sobre o Eu recaem necessariamente trabalhos psíquicos que são incompatíveis com a concepção psicanalítica do mesmo. Para poder afirmar-se na realidade, o Eu tem que conhecer e funcionar de um modo consciente. No entanto, para que o indivíduo leve a cabo as renuncias com frequência absurdas que lhe são impostas, o Eu tem de estabelecer proibições inconscientes e manter-se ele mesmo na inconsciência. Freud não silenciou que a renúncia pulsional exigida ao indivíduo não corresponde as compensações, que seriam as únicas com que poderia justificá-la à consciência. Mas, dado que a vida pulsional não obedece à filosofia estoica desse investigador que a analisa detidamente – ninguém sabia isso melhor que ele mesmo –, o Eu racional não basta, evidentemente, de acordo com o princípio da economia psíquica estabelecido por Freud.[347]

Por não conseguirem suportar essas reivindicações antagônicas de maneira consciente, impotentes para superá-las materialmente, os indivíduos aferram-se a algo arcaico.[348] Ponto sobre o qual a ordem social não se cansa de estimulá-los. A integração pretendida hipostasia as forças originárias do psiquismo como a consciência e o instinto. Para se estabelecer o equilíbrio ideal que é considerado acriticamente como a imagem da vida correta[349] – isto é, uma harmonia entre o Isso, Eu e Super-eu –, não é suficiente permanecer no terreno psíquico", pois a verdade escondida por trás desses elementos só se releva quando são compreendidos como momentos de uma autocisão.[350]

---

346 *Ibidem*, p. 64.
347 *Ibidem*, p. 65-66.
348 *Ibidem*, p. 63.
349 *Ibidem*, p. 60.
350 *Ibidem*, p. 61.

Para obterem uma autoconservação feliz no interior dessa objetividade social, os indivíduos são obrigados a se autoalienarem ofuscadamente até atingirem uma imagem enganosa de igualdade entre aquilo que são para si e o que são em si mesmos.[351] A manutenção do mundo como um muro de trabalho coagulado, que se torna impenetrável e se converte em algo eterno,[352] requer que se injete continuadamente rudimentos irracionais que funcionam como óleo lubrificante[353] da humanidade.[354] A situação objetiva é que seleciona e marca sua direção às regressões que se adaptam melhor dentro do esquema dos conflitos sociais[355] vigentes. Neste sentido, os mecanismos de defesa do Eu seguem permitindo que o inconsciente ative sua essência destrutiva[356] e os mecanismos de defesa infantis.[357]

O comportamento social esperado aproxima-se de um tipo social que, sem possuir um Eu e sem agir de modo inconsciente, segue executando um ritual sem sentido, sob o ritmo forçado da repetição, afetivamente empobrecido. Entretanto, a dissonância dessa relação não consegue ser aplacada definitivamente. Na sociedade em que a felicidade se converte em infantilismo,[358] abre-se, em meio às suas incoerências internas, espaço para que não se limite as possibilidades

---

351 *Ibidem*, p. 64.
352 *Ibidem*, p. 75.
353 *Ibidem*, p. 76.
354 Adorno afirma: "Além disso (em segundo lugar), que essa teoria, justamente porque deparou no indivíduo com a 'herança arcaica' dele, tende a considerar os próprios homens como em grande medida invariáveis – e nisso aliás é reforçada desde a Pré-história até hoje – e em decorrência disso tende a ver até mesmo as relações de dominação social com inevitáveis, como única possibilidade de uma dissolução socialmente aceitável do chamado complexo de Édipo". *Idem. Introdução à sociologia*, p. 270.
355 *Idem*. "Sobre a relação entre sociologia e psicologia", p. 69.
356 *Ibidem*, p. 76.
357 *Ibidem*, p. 69.
358 *Ibidem*, p. 56.

de felicidade à situação histórica vigente de ausência de liberdade.[359] Torna-se possível não mais ignorar o potencial de espontaneidade que se preserva no objeto como aquilo que não é objeto[360] e reivindicar a felicidade da liberdade:

> O objetivo de uma "personalidade bem integrada" torna-se reprovável porque exige do indivíduo esse balanço de forças que não existe, e tampouco deveria existir em absoluto na sociedade vigente, já que essas forças não possuem direitos iguais. Ensina-se o indivíduo a esquecer dos conflitos objetivos que se repetem necessariamente em cada um, em lugar de ajudá-los a resolver. O homem integral que já não notara a divergência privada das instâncias psicológicas e a irreconciliável dos desejos do Eu e do Isso não haveria superado desse modo em si mesmo a divergência social. Confundiria a oportunidade causal de sua economia psíquica com a situação objetiva. Sua integração seria a falsa reconciliação com o mundo irreconciliado, e iria terminar possivelmente na "identificação com o agressor", mera máscara cênica da submissão.[361]

Essa é a forma pela qual a submissão se atualiza. A afirmação de que as coisas são assim e de que as necessidades humanas são satisfeitas dessa maneira pois correspondem às exigências naturais dos homens é meramente a máscara do domínio.[362] O capitalismo tardio, que foi capaz de se livrar das antigas inconveniências do funcionamento do mercado, juntou-se à reprodução do sempre igual ao perpetuar em uma unidade contraditória a reprodução da vida e sua repressão.[363] O que distingue essa época histórica é o fato de que

---

359 *Ibidem*, p. 75.
360 *Ibidem*, p. 58.
361 *Ibidem*, p. 60-61.
362 Idem. "Teses sobre a necessidade", p. 365.
363 *Ibidem*, p. 367.

as relações de produção demonstram clara preponderância sobre as forças produtivas.

Entretanto, em vez de organizar as capacidades produtivas para fins eminentemente humanos, essa sociedade, que há muito desdenha as relações, age para manter as forças produtivas deixadas à solta.[364] A sobrevivência de uma sociedade de classes orienta a produção para que mantenha a satisfação das necessidades vinculada à reprodução da força de trabalho e, portanto, em harmonia com os interesses de benefício e domínio dos empresários.[365] A concepção de que as forças produtivas devam permanecer satisfazendo e reproduzindo as necessidades[366] traz consigo as exigências da velha sociedade. Contra isso, é lícito pensar uma sociedade posta qualitativamente em liberdade que não corresponde aos critérios de conduta moldados pelo modelo da produção como um fim em si,[367] que não se configure como uma coletividade como fúria cega do fazer, mas, farta do desenvolvimento, não tenha vergonha de algo que seja inútil[368] e que abra mão de oportunidades para não ser lançada compulsivamente sobre estrelas distantes:[369]

> Uma humanidade que não mais conheça a necessidade talvez venha a se aperceber daquilo que havia de maníaco, de frustrado em todos os arranjos até então encontrados para esquivar-se da necessidade quando, junto com a riqueza, eles próprios exerciam a reprodução ampliada da necessidade. Até o prazer seria afetado por isso, do mesmo modo como seu esquema atual não pode ser apartado da conduta empreendedora, do planejar, do impor sua vontade, da opressão. *Rien faire comme une bête*, nada fazer

---

364 Idem. "Capitalismo tardio ou sociedade industrial?", p. 70.
365 Idem. "Teses sobre a necessidade", p. 367.
366 *Ibidem*, p. 367.
367 Idem. *Minima Moralia. Reflexões a partir da vida lesada*, p. 153.
368 Idem. "Teses sobre a necessidade", p. 368.
369 Idem. *Minima Moralia. Reflexões a partir da vida lesada*, p. 154.

boiando na água e fitando pacificamente o céu, "tão somente ser, sem qualquer outra ordem ou cumprimento" poderia ocupar o lugar do processo, do fazer, do desempenhar, e nisso verdadeiramente cumprir a promessa da lógica dialética, de desembocar na sua origem.[370]

---

370 *Ibidem*, p. 154.

REFERÊNCIAS BIBLIOGRÁFICAS

ADORNO, Theodor. "A consciência da sociologia do conhecimento". "Crítica cultural e sociedade". In: ADORNO, Theodor. *Prismas. Crítica cultural e sociedade*. São Paulo: Ática, 1998.

_____. "Anotações sobre o conflito social hoje". In: ADORNO, Theodor. *Escritos Sociológicos I. Obras Completas*. Madrid: Akal Ediciones, 2004.

_____. "A psicanálise revisada". In: ADORNO, Theodor. *Escritos Sociológicos I. Obras Completas*. Madrid: Akal Ediciones, 2004.

_____. "Capitalismo tardio ou sociedade industrial?". In: COHN, G. (org.). *Theodor W. Adorno. Sociologia*. São Paulo: Ática, 1986.

_____. "Contribuição à doutrina das ideologias". In: ADORNO, Theodor. *Escritos Sociológicos I. Obras Completas*. Madrid: Akal Ediciones, 2004.

_____. "Crítica cultural e sociedade". In: ADORNO, Theodor. *Prismas. Crítica cultural e sociedade*. São Paulo: Ática, 1998.

_____. "Cultura e administração". In: ADORNO, Theodor. *Escritos Sociológicos I. Obras Completas*. Madrid: Akal Ediciones, 2004.

_____. *Dialética Negativa*. Rio de Janeiro: Zahar, 2009.

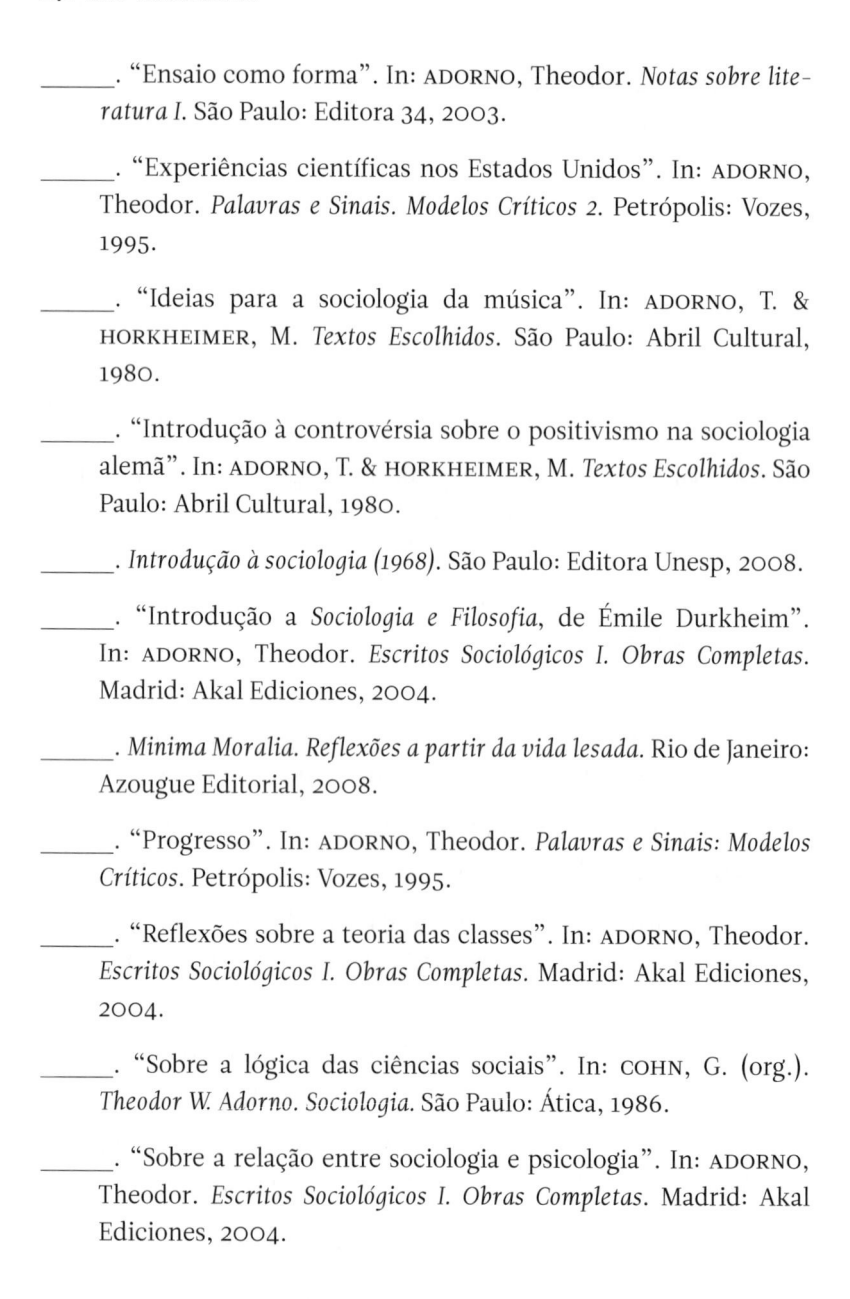

_____. "Ensaio como forma". In: ADORNO, Theodor. *Notas sobre literatura I*. São Paulo: Editora 34, 2003.

_____. "Experiências científicas nos Estados Unidos". In: ADORNO, Theodor. *Palavras e Sinais. Modelos Críticos 2*. Petrópolis: Vozes, 1995.

_____. "Ideias para a sociologia da música". In: ADORNO, T. & HORKHEIMER, M. *Textos Escolhidos*. São Paulo: Abril Cultural, 1980.

_____. "Introdução à controvérsia sobre o positivismo na sociologia alemã". In: ADORNO, T. & HORKHEIMER, M. *Textos Escolhidos*. São Paulo: Abril Cultural, 1980.

_____. *Introdução à sociologia (1968)*. São Paulo: Editora Unesp, 2008.

_____. "Introdução a *Sociologia e Filosofia*, de Émile Durkheim". In: ADORNO, Theodor. *Escritos Sociológicos I. Obras Completas*. Madrid: Akal Ediciones, 2004.

_____. *Minima Moralia. Reflexões a partir da vida lesada*. Rio de Janeiro: Azougue Editorial, 2008.

_____. "Progresso". In: ADORNO, Theodor. *Palavras e Sinais: Modelos Críticos*. Petrópolis: Vozes, 1995.

_____. "Reflexões sobre a teoria das classes". In: ADORNO, Theodor. *Escritos Sociológicos I. Obras Completas*. Madrid: Akal Ediciones, 2004.

_____. "Sobre a lógica das ciências sociais". In: COHN, G. (org.). *Theodor W. Adorno. Sociologia*. São Paulo: Ática, 1986.

_____. "Sobre a relação entre sociologia e psicologia". In: ADORNO, Theodor. *Escritos Sociológicos I. Obras Completas*. Madrid: Akal Ediciones, 2004.

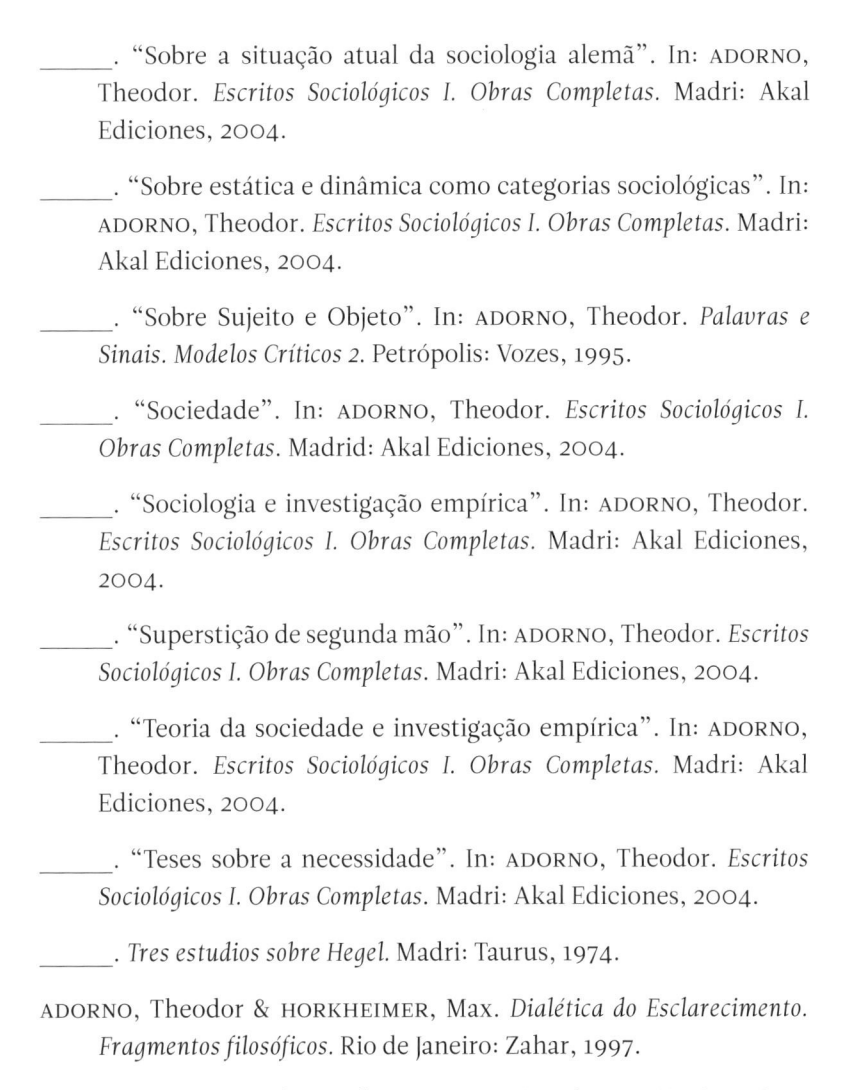

_____. "Sobre a situação atual da sociologia alemã". In: ADORNO, Theodor. *Escritos Sociológicos I. Obras Completas.* Madri: Akal Ediciones, 2004.

_____. "Sobre estática e dinâmica como categorias sociológicas". In: ADORNO, Theodor. *Escritos Sociológicos I. Obras Completas.* Madri: Akal Ediciones, 2004.

_____. "Sobre Sujeito e Objeto". In: ADORNO, Theodor. *Palavras e Sinais. Modelos Críticos 2.* Petrópolis: Vozes, 1995.

_____. "Sociedade". In: ADORNO, Theodor. *Escritos Sociológicos I. Obras Completas.* Madrid: Akal Ediciones, 2004.

_____. "Sociologia e investigação empírica". In: ADORNO, Theodor. *Escritos Sociológicos I. Obras Completas.* Madri: Akal Ediciones, 2004.

_____. "Superstição de segunda mão". In: ADORNO, Theodor. *Escritos Sociológicos I. Obras Completas.* Madri: Akal Ediciones, 2004.

_____. "Teoria da sociedade e investigação empírica". In: ADORNO, Theodor. *Escritos Sociológicos I. Obras Completas.* Madri: Akal Ediciones, 2004.

_____. "Teses sobre a necessidade". In: ADORNO, Theodor. *Escritos Sociológicos I. Obras Completas.* Madri: Akal Ediciones, 2004.

_____. *Tres estudios sobre Hegel.* Madri: Taurus, 1974.

ADORNO, Theodor & HORKHEIMER, Max. *Dialética do Esclarecimento. Fragmentos filosóficos.* Rio de Janeiro: Zahar, 1997.

AGAMBEN, Giorgio. *Infância e história. Destruição da experiência e origem da história.* Belo Horizonte: Editora UFMG, 2005.

ALEXANDER, Jeffrey. "The inner development of Durkheim's sociological theory: from early writings to maturity". In: ALEXANDER,

Jeffrey & SMITH, Philip (ed). *The Cambridge Companion to Durkheim*. Cambridge: Cambridge University Press, 2005.

ALPERT, Harry. "Émile Durkheim and the Theory of Social Integration". In: HAMILTON, Peter (ed.). *Émile Durkheim: Critical Assessments*. Volume II. Londres e Nova York: Routledge, 1993.

ANDERSON, Perry. *Considerações do Marxismo Ocidental. Nas trilhas do materialismo histórico*. São Paulo: Boitempo, 2004.

ARON, Raymond. *As etapas do pensamento sociológico*. São Paulo: Martins Fontes, 1999.

ASSOUN, Paul-Laurent. *A Escola de Frankfurt*. São Paulo: Ática, 1991.

BENHABIB, Seyla. "A crítica da razão instrumental". In: ZIZEK, Slavoj (org.). *Um Mapa da Ideologia*. Rio de Janeiro: Contraponto, 1996.

_____. *Critique, Norm and Utopia: a study of the foundations of Critical Theory*. Nova York: Columbia University Press, 1986.

BENOIT, Lelita Oliveira. *Sociologia Comteana. Gênese e Devir*. São Paulo: Discurso Editorial, 1999.

BRÉHIER, Émile. *Histoire de la Philosophie. Tome II*. Paris: PUF, 1959.

BRUNI, José Carlos. *Poder e ordem social na obra de Auguste Comte*. Dissertação de Mestrado. São Paulo, FFLCH-USP, 1989.

BUCK-MORSS, Susan. *The Origin of Negative Dialectics: Theodor Adorno, Walter Benjamin and the Frankfurt School*. Nova York: Free, 1979.

CANGUILHEM, Georges. *O Normal e o Patológico*. Rio de Janeiro: Forense Universitária, 1978.

COHEN, S. & SCULL, A. *Social Control and the State: historical and comparative essays*. Oxford: Basil Blackwell, 1985.

COHN, Gabriel. "Adorno e a teoria crítica da sociedade". In: COHN, G. (org.). *Theodor W. Adorno. Sociologia*. São Paulo: Ática, 1986.

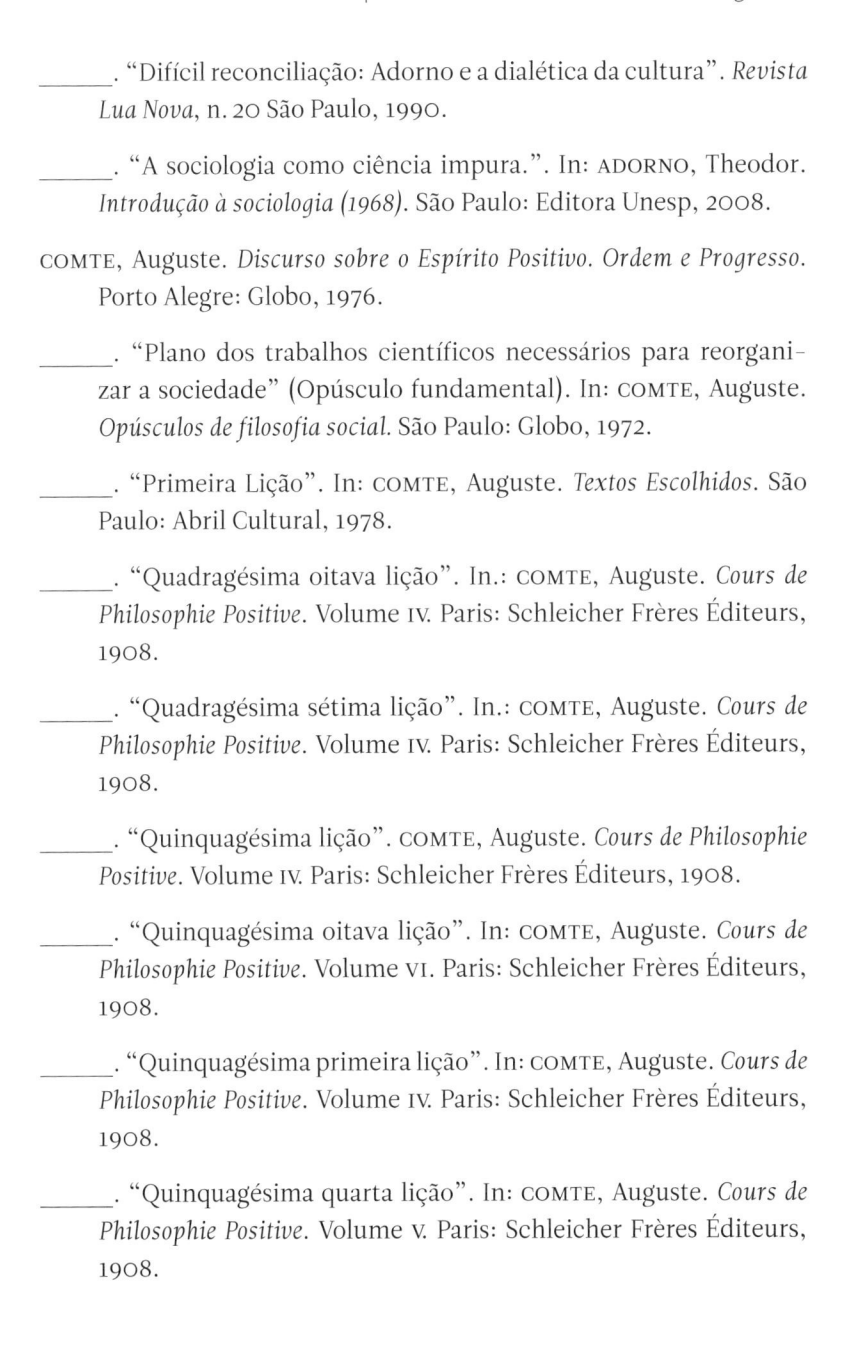

_____. "Difícil reconciliação: Adorno e a dialética da cultura". *Revista Lua Nova*, n. 20 São Paulo, 1990.

_____. "A sociologia como ciência impura.". In: ADORNO, Theodor. *Introdução à sociologia (1968)*. São Paulo: Editora Unesp, 2008.

COMTE, Auguste. *Discurso sobre o Espírito Positivo. Ordem e Progresso*. Porto Alegre: Globo, 1976.

_____. "Plano dos trabalhos científicos necessários para reorganizar a sociedade" (Opúsculo fundamental). In: COMTE, Auguste. *Opúsculos de filosofia social*. São Paulo: Globo, 1972.

_____. "Primeira Lição". In: COMTE, Auguste. *Textos Escolhidos*. São Paulo: Abril Cultural, 1978.

_____. "Quadragésima oitava lição". In.: COMTE, Auguste. *Cours de Philosophie Positive*. Volume IV. Paris: Schleicher Frères Éditeurs, 1908.

_____. "Quadragésima sétima lição". In.: COMTE, Auguste. *Cours de Philosophie Positive*. Volume IV. Paris: Schleicher Frères Éditeurs, 1908.

_____. "Quinquagésima lição". COMTE, Auguste. *Cours de Philosophie Positive*. Volume IV. Paris: Schleicher Frères Éditeurs, 1908.

_____. "Quinquagésima oitava lição". In: COMTE, Auguste. *Cours de Philosophie Positive*. Volume VI. Paris: Schleicher Frères Éditeurs, 1908.

_____. "Quinquagésima primeira lição". In: COMTE, Auguste. *Cours de Philosophie Positive*. Volume IV. Paris: Schleicher Frères Éditeurs, 1908.

_____. "Quinquagésima quarta lição". In: COMTE, Auguste. *Cours de Philosophie Positive*. Volume V. Paris: Schleicher Frères Éditeurs, 1908.

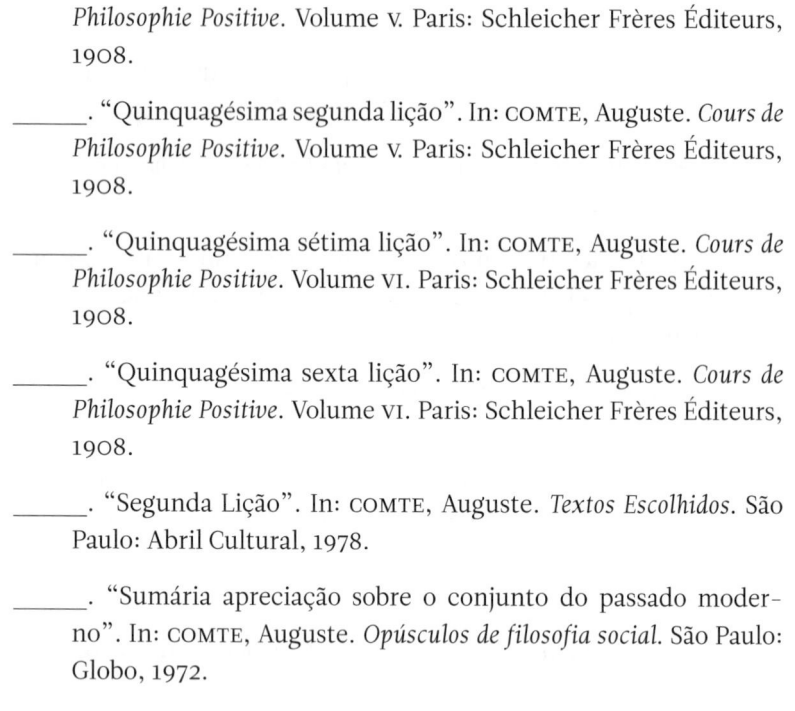

_____. "Quinquagésima quinta lição". In: COMTE, Auguste. *Cours de Philosophie Positive*. Volume v. Paris: Schleicher Frères Éditeurs, 1908.

_____. "Quinquagésima segunda lição". In: COMTE, Auguste. *Cours de Philosophie Positive*. Volume v. Paris: Schleicher Frères Éditeurs, 1908.

_____. "Quinquagésima sétima lição". In: COMTE, Auguste. *Cours de Philosophie Positive*. Volume vi. Paris: Schleicher Frères Éditeurs, 1908.

_____. "Quinquagésima sexta lição". In: COMTE, Auguste. *Cours de Philosophie Positive*. Volume vi. Paris: Schleicher Frères Éditeurs, 1908.

_____. "Segunda Lição". In: COMTE, Auguste. *Textos Escolhidos*. São Paulo: Abril Cultural, 1978.

_____. "Sumária apreciação sobre o conjunto do passado moderno". In: COMTE, Auguste. *Opúsculos de filosofia social*. São Paulo: Globo, 1972.

COSER, Lewis. *Masters of Sociological Thought*. Nova York: Free Press, 1971.

DEWS, Peter. "Adorno, pós-estruturalismo e a crítica da identidade". In: ZIZEK, Slavoj (org.). *Um Mapa da Ideologia*. Rio de Janeiro: Contraponto, 1996.

DUBIEL, Helmut. "Critical theory and political practice. Domination or emancipation?" In: HONNETH, Axel (org.). *Cultural-Political Interventions in the Unfinished Project of Enlightenment*. Cambridge: MIT Press, 1992.

DURKHEIM, Émile. *As regras do método sociológico*. São Paulo: Martins Fontes, 2003.

_____. "Crime e Saúde Social". In: Revista *Novos Estudos* CEBRAP, 71, março de 2005.

_____. *Da divisão do trabalho social*. São Paulo: Martins Fontes, 1999.

_____. *Ética e sociologia da moral*. São Paulo: Landy, 2003.

_____. *Fato social e divisão do trabalho*. São Paulo: Ática, 2007.

_____. *Formas elementares da vida religiosa*. São Paulo: Martins Fontes, 1996.

_____. *Lições de sociologia*. São Paulo: Martins Fontes, 2002.

_____. "O dualismo da natureza humana e as suas condições sociais". In: DURKHEIM, Émile. *Ciência Social e Ação*. São Paulo: Difel, 1970.

_____. *O Suicídio*. São Paulo: Martins Fontes, 2000.

_____. *Pragmatismo e sociologia*. Florianópolis: Editora da UFSC/Editora da Unisul, 2004.

_____. *Sociologia e filosofia*. São Paulo: Ícone, 2004.

DUVIGNAUD, Jean. *Durkheim*. Lisboa: Edições 70, 1982.

GIDDENS, Anthony. *Capitalismo e moderna teoria social*. Lisboa: Martins Fontes, 1970.

_____. *Política, sociologia e teoria social*. São Paulo: Editora Unesp, 1998.

GIANNOTTI, José Arthur. "A sociedade como técnica da razão". In: GIANNOTTI, José Arthur. *Exercícios de Filosofia*. São Paulo: T. A. Queiroz, 1980.

GOMIDE, Ana Paula de Ávila. *Um estudo sobre os conceitos freudianos na obra de T. W. Adorno*. Tese de doutorado. São Paulo, IP-USP, 2007.

GOULDNER, Alvin. W. *La crisis de la sociología occidental*. Buenos Aires: Amorrortu, 1976.

GOUHIER, Henri. *La Philosophie et son Histoire*. Paris: J. Vrin, 1948.

HABERMAS, Jürgen. *Conhecimento e Interesse*. Rio de Janeiro: Zahar, 1982.

_____. "Técnica e ciência enquanto ideologia". In: ADORNO, T. & HORKHEIMER, M. *Textos Escolhidos*. São Paulo: Abril Cultural, 1980.

_____. "Teoria analítica da ciência dialética". In: ADORNO, T. & HORKHEIMER, M. *Textos Escolhidos*. São Paulo: Abril Cultural, 1980.

_____. *Teoria de la accion comunicativa, I: Racionalidad de la acción y racionalización social*. Madri: Catedra, 1994.

_____. "Theodor W. Adorno – Pré-História da Subjetividade e Auto-afirmação Selvagem". In: FREITAG, Bárbara (org.). *Habermas: sociologia*. São Paulo: Ática, 1980.

HAROLD MIZRUCHI, Ephraim. "Alienation and Anomie: Theoretical and Empirical Perspectives". In: HOROWITZ, Irving Louis (ed.) *The New Sociology. Essays in social science and social theory in honor of C. Wright Mills*. Nova York: Oxford University Press, 1964.

HAWTHORN, Geoffrey. *Iluminismo e desespero: Uma história da sociologia*. Rio de Janeiro: Paz e Terra, 1982.

HILBERT, Richard A. "Anomie and the moral regulation of reality: the durkheimian tradition in modern relief." In: *Sociological Theory*, vol. 4, 1986.

HOHENDAHL, Peter Uwe. *Prismatic Thought: Theodor W. Adorno*. Lincoln: University of Nebraska Press, 1995.

HONNETH, Axel. *The Critique of Power: Reflective stages in a critical social theory*. Cambrigde: The MIT Press, 1991.

HORKHEIMER, Max. "A Presente Situação da Filosofia Social e as Tarefas de um Instituto de Pesquisas Sociais". *Revista Praga*, n 7. São Paulo: Hucitec, 1999.

_____. "Teoria tradicional e teoria crítica". In: ADORNO, T. & HORKHEIMER, M. *Textos Escolhidos*. São Paulo: Abril Cultural, 1980.

HORTON, John. "The dehumanization of anomie and alienation: a problem in the ideology of sociology. *British Journal of Sociology*, vol. XV, n. 4, 1964.

JAMESON, Fredric. *O marxismo tardio. Adorno, ou a persistência da dialética*. São Paulo: Boitempo, 1997.

JARVIS, Simon. *Adorno: A critical introduction*. Cambridge: Polity Press, 2002.

JAY, Martin. *As ideias de Adorno*. São Paulo: Cultrix/ Edusp, 1988.

_____. *A imaginação dialética. História da Escola de Frankfurt e do Instituto de Pesquisas Sociais 1923-1950*. Rio de Janeiro: Contraponto, 2008.

_____. *Marxism and Totality: the adventures of a concept from Lukács to Habermas*. Cambridge: Polity, 1984.

LE BLANC, Guillaume. *Canguilhem et les norms*. Paris: PUF, 1998.

LEO MAAR, Wolfgang. "Adorno: a atualidade da dialética". *Margem Esquerda: Ensaios marxistas*, n. 2. São Paulo, 2003.

LEPENIES, Wolf. *As três culturas*. São Paulo: Edusp, 1999.

LEVY-BRUHL, Lucien. *La philosophie d'Auguste Comte*. Paris: Félix Alcan Éditeur, 1905.

LUKES, Steven. "Alienation and Anomie". In: LASLETT, P & RUNCIMAN, W. G. (ed.). *Philosophy, Politics and Society. Third Series*. Oxford: Basil Blackwell Oxford, 1969.

_____. "Bases para a interpretação de Durkheim". In: COHN, Gabriel (org.). *Sociologia: para ler os clássicos*. São Paulo: LTC, 1977.

_____. *Émile Durkheim. Su vida y su obra*. Madri: Centro de Investigaciones Sociológicas, 1984.

MARCUSE, Herbert. *Razão e Revolução. Hegel e o advento da Teoria Social*. Rio de Janeiro: Paz e Terra, 1978.

MARX, Karl & ENGELS, Friedrich. "Manifesto do Partido Comunista". In: *Estudos Avançados*. Vol. 12, n. 34. São Paulo, Setembro/Dezembro 2008.

MESTROVIC, Stjepan. "Durkheim, Schopenhauer and the relationship between goals and means: reversing the assumptions in the parsonian theory of racional choice.". In: HAMILTON, Peter (ed.). *Émile Durkheim. Critical Assessments*. Vol. III. Londres, Nova York: Routledge, 1995.

_____. "The social world as Will and Idea: Schopenhauer's influence upon Durkheim's thought". In: HAMILTON, Peter (ed.). *Émile Durkheim. Critical Assessments*. Vol. III. Londres, Nova York: Routledge, 1995.

MORAES FILHO, Evaristo (org.). *Comte. Sociologia*. São Paulo: Ática, 1978.

MOYA, Carlos. *A imagem crítica da sociologia*. São Paulo: Cultrix, 1977.

MUSSE, Ricardo. "Diagnóstico da barbárie". Disponível em: <http://p.php.uol.com.br/tropico/html/textos/3107,1.shl> (acessado em 27/07/2008)

_____. "Marxismo: ciência revolucionária ou teoria crítica?" In: ANTUNES, Ricardo & LEÃO REGO, Walquiria (orgs.). *Lukács: um Galileu no Século XX*. São Paulo: Boitempo, 1996.

_____. *O duplo giro copernicano. Adorno e Kant*. Dissertaçãode Mestrado. Porto Alegre, UFRGS, 1991.

_____. "Um diagnóstico do mundo moderno". In: DURKHEIM, Émile. *Fato social e divisão do trabalho*. São Paulo: Ática, 2007.

NETTO, José Paulo. *Capitalismo e reificação*. São Paulo: Livraria Editora Ciências Humanas, 1981.

NISBET, Robert. *The Sociology of Emile Durkheim*. Nova York: Oxford University Press, 1974.

NOBRE, Marcos. *A Dialética Negativa de Theodor Adorno: a ontologia de um estado falso*. São Paulo: Iluminuras, 1998.

OLSEN, Marvin. "Durkheim's two concepts of anomie.". In: hamilton, Peter (ed.). *Émile Durkheim. Critical Assessments*. Vol. II. Londres, Nova York: Routledge, 1995.

ORTIZ, Renato. "Durkheim – arquiteto e herói fundador". In: ORTIZ, Renato. *Ciências Sociais e Trabalho Intelectual*. São Paulo: Olho D'Água, 2002.

_____. "Durkheim – um percurso sociológico". In: ORTIZ, Renato. *Ciências Sociais e Trabalho Intelectual*. São Paulo: Editora Olho D'Água, 2002.

PARSONS, Talcott. "Durkheim e a teoria da integração dos sistemas sociais". In: COHN, Gabriel (org.). *Sociologia: para ler os clássicos*. São Paulo: LTC, 1977.

PINHEIRO FILHO, Fernando. *A mente do todo: o encontro da sociologia durkheimiana com o problema do tempo*. Dissertação de Mestrado. São Paulo, FFLCH/USP, 1996

PIZZORNO, Alessandro. "Uma leitura atual de Durkheim". In: COHN, Gabriel (org.). *Sociologia: para ler os clássicos*. São Paulo: LTC, 1977.

POLLOCK, Friedrich. "State Capitalism: Its Possibilities and Limitations". In: ARATO, A. e GEBHARDT, E. (orgs.). *The Essential Frankfurt School Reader*. Nova York: Continuum, 1993.

POSTONE, Moishe & BRICK, Barbara. "Critical theory and political economy". In: BENHABIB, Seyla & BONSS, Wolfgang (orgs.). *On Max Horkheimer: new perspectives*. Cambridge: MIT Press, 1993.

ROUANET, Sérgio Paulo. *Teoria crítica e a psicanálise*. Rio de Janeiro: Tempo Brasileiro, 1998.

ROSE, Gillian. *The melancholy science. An introduction to the thought of Theodor W. Adorno*. Londres: The Macmillan Press, 1978.

SCHWEPPENHÄUSER, Gerhard. *Theodor W. Adorno zur Einführung*. Hamburg: Junius, 2003.

SHILLING, Chris & MELLOR, Philip A. "Durkheim, morality and modernity: collective effervescence, *homo duplex* and the sources of moral action". *British Journal of Sociology*, vol. 49, 1998.

SLATER, Phil. *Origem e significado da escola da Frankfurt. Uma perspectiva marxista*. Rio de Janeiro: Zahar, 1978.

TARDE, Gabriel. "Criminalidade e Saúde Penal". Revista *Novos Estudos CEBRAP*, n. 71: março de 2005.

TIRYAKIAN, Edward A. "Émile Durkheim". In: BOTTOMORE, Tom e nisbet, Robert (orgs.). *História da análise sociológica*. Rio de Janeiro: Zahar, 1980.

VIALATOUX, Joseph. *De Durkheim à Bergson*. Paris: Bloud & Gay, 1939.

WEBER, Max. *A ética protestante e o "espírito" do capitalismo*. São Paulo: Companhia das letras, 2004.

_____. *Economia e Sociedade*. São Paulo: Editora da UnB, 2004.

WELLMER, Albrecht. *The Persistence of Modernity. Essays on Aesthetics, Ethics, and Postmodernism.* Cambridge: The MIT Press, 1993.

WIGGERSHAUS, Rolf. *A escola de Frankfurt. História, desenvolvimento teórico, significação política.* Rio de Janeiro: Difel, 2002.

ZIZEK, Slavoj. *Eles Não Sabem o que Fazem: o sublime objeto da ideologia.* Rio de Janeiro: Zahar, 1992.

AGRADECIMENTOS

Esse livro é uma versão ligeiramente modificada de minha dissertação de mestrado, defendida em outubro de 2009 pelo Programa de Pós-graduação em Sociologia da Faculdade de Filosofia, Letras e Ciências Humanas da Universidade de São Paulo. Agradeço vivamente aos professores Gabriel Cohn e Renato Ortiz que, juntamente com o meu orientador, o professor Ricardo Musse, compuseram a minha banca de defesa.

Agradeço também aos meus queridos e valorosos amigos que, de formas distintas, mas igualmente fundamentais, contribuíram enormemente para a realização deste trabalho. Em especial à Bruna Trevelin, ao Bruno Carvalho, Carlos Henrique Pissardo, Daniel Garroux, Douglas Anfra, Fabio Pimentel de Maria, Fernando Rugitski, Frederico Ventura, Gabriela Bitencourt, Gustavo Moura Cavalcanti, Ilan Lapyda, Isabel Fragelli, Luana Fúncia, Maria Carlotto, Maria Carolina Vasconcellos de Oliveira, Priscila Faria, Ricardo Crissiuma, Silvio Carneiro, Stefan Klein e Vladimir Puzzone.

A pesquisa que serviu de base para esse livro realizou-se sob financiamento da Capes e sua publicação foi viabilizada graças a recursos da Fapesp.

Esta obra foi impressa em Santa Catarina no outono de 2012 pela Nova Letra Gráfica & Editora. No texto foi utilizada a fonte Leitura em corpo 9 e entrelinha de 14 pontos.